그린메일 1

1

조주환 지음

바다출판사

누구나 쉽게 이해할 수 있는 '소설 M&A'

기업 인수·합병을 총칭하는 'M&A'는 이제 전문가뿐만 아니라 대중에게도 익숙한 용어가 되었습니다. 하지만 시중에서 팔리는 M&A 관련 서적들은 여전히 일반인이 접근하기 어렵게 씌어 있습니다. 그 중 대부분을 차지하는 M&A 이론서나 전략서, 사례 분석집은 M&A 라는 거대한 숲 속의 작은 나무 한 그루에 대해서 상세하게 설명해 놓았을 뿐 그 숲을 조망하고 있지는 못한 것 같습니다.

저는 현장의 전문가나 학자에게나 유용할 책이 아닌, 일반인들 누구나가 접근하기 쉬운 M&A 책을 써보고 싶었습니다. 그래서 독자들이 M&A라는 거대한 숲에 대해서 관심을 갖고, 이해의 폭을 넓혀 가기를 바랐습니다. 그러기 위해서 소설 형식을 빌려 와 재미있고 쉽게 M&A의 세계를 펼쳐 보이기로 맘먹었습니다. 소설이란 장르는 난생 처음 도전해 보는 분야라 말로 표현할 수 없을 만큼 크나큰 창작의 고통이 뒤따랐지만 평소와는 전혀 다른 스트레스가 오히려 절 들뜨게 했습니다.

대기업 중심의 자본에 의한 M&A가 우리나라에 발을 들인 역사는 꽤 오래되었습니다. 하지만 지금 같은 금융 자본에 의한 M&A는 불과

12년 전쯤에야 국내에 알려졌습니다. 저는 올해로 7년째 M&A 전문가로 활동하고 있습니다. 그러다 보니 이 업계에서는 어엿한 중년에 속하게 되었습니다. 최근 들어 M&A 시장에서 활약하는 20대 인재들도 많이 늘어났지만, 처음 제가 20대 후반의 나이로 발을 들여 놓았던 때만 해도 이름 앞에 늘 '최연소' 라는 타이틀이 따라붙곤 했습니다.

저는 지금도 제가 하고 있는 일이 세상에서 가장 재미있고 도전해 볼 만한 가치가 있는 분야라고 생각합니다. 하지만 M&A의 본질이 아닌 실전에 들어가서 일하다 보면 수많은 사람들의 이해가 첨예하게 대립되어 있음을 보게 됩니다. 일에서 오는 재미를 맛보기보다 냉혹하고 비열한 현실 앞에서 때로는 신변의 위협마저 감수해야 할 때가 많습니다.

M&A라는 전장에서 살아남기 위해서 치열하게 싸운 덕에 'M&A의 귀재' 라는 찬사가 자연스레 따라왔지만, 한편으로는 기업 사냥꾼이란 비난도 감수해야 했습니다. 그렇게 극명하게 갈리는 평가 속에서 갈등하다 보니 즐거움보다는 고달픔이 더 많았습니다. 모든 것을 던져 버리고 어디론가 도망쳐 버리고 싶을 때 소설 집필은 저에게 새

로운 탈출구가 되어 주었습니다.

저는 제 자신이 M&A 전문가라기보다 투자가라고 생각합니다. M&A는 투자라는 큰 개념 속의 일부분에 지나지 않기 때문입니다.

이 책을 읽는 독자 중에는 투자를 하고 있거나 투자에 관심을 갖고 계신 분들이 많을 거라고 생각합니다. 그런 분들께 제 소설이 '대박' 비결을 알려 드리진 않지만 기업에 투자하는 데 있어서 많은 것을 생각하게 해드릴 거라 믿습니다.

흔히 M&A를 '금융의 꽃'이라고 말합니다. 그러다 보니 M&A에 관심을 갖고 계신 분들은 M&A 전문가가 되려면 경제학이나 경영학을 전공해야 하느냐고 물어오곤 합니다. 또 회계사나 변호사가 되거나, 금융이나 컨설팅 회사에서 경력을 쌓는 게 유리한지를 알고 싶어 합니다. 물론 이런 분야에 대한 지식과 경험은 절대적으로 필요합니다. 하지만 독자들이 생각하는 분야의 지식은 모두 M&A라는 숲 속의 나무 한 그루에 불과한 것이라고 말씀드리고 싶습니다.

복잡한 용어와 각종 수식으로 가득 찬 M&A 이론서도 결국은 어떻게 하면 최소의 비용으로 기업의 경영권을 장악해서 최대의 수익을 달성할 것인가 하는 문제를 수치적으로 접근한 것입니다.

이 책을 통해 M&A의 이론이나 전략, 기법보다는 M&A라는 숲, 즉 본질에 대해서 말하고자 했던 제 의도가 독자분들께 전달되었으면 하는 바람입니다.

끝까지 포기하지 않고 소설을 완성할 수 있도록 용기를 주신 하나님께 감사드립니다. 또한 글을 쓰는 동안 아낌없는 지원과 성원을 보내 주신 많은 분들이 없었다면 감히 이 책을 낼 엄두도 못 냈을 것입니다. 저의 영원한 비즈니스 파트너인 공형철 회장님을 비롯하여 김대근 변호사님, 권병진 변호사님, 최애경 부사장님, 안양샘병원 내분비내과 변은경 과장님께 감사의 인사를 전합니다. 그리고 조카 예진, 규상, 하늘, 가을, 유리, 규찬, 하영과 늘 넘치는 사랑을 주시는 아버지 조병학 님과 어머니 이순옥 님께 제 사랑을 전합니다.

2008년 봄
조주환

차례

프롤로그

… 친애하는 박찬민 회장님께

우리는 근본적으로 한국의 재벌을 신뢰하지 않습니다. 그럼에도 불구하고 우리가 대한물산에 투자한 이유는, 회장님이 다른 재벌 총수와는 분명히 다를 거란 기대가 있었기 때문입니다. 하지만 지난 3년간 회장님은 우리에게 많은 실망을 안겨 주었습니다.

회장님이 그룹 총수로 취임할 당시보다 대한물산은 오히려 퇴보하였고, 앞으로 더 나아질 전망은 불투명합니다. 우리는 많은 시간을 인내하며 회장님을 지지했지만 계속해서 팔짱만 낀 채 지켜보는 것은 재정적 자살행위라는 결론에 이르렀습니다.

2004년 12월 31일을 기준으로 우리는 회장님에 이어 대한물산의 2대 주주가 되었습니다. 따라서 우리는 모든 수익이 오직 최대 주주에게만 집중되는 이런 터무니없는 경영을 더 이상 좌시하지 않을 것입니다.

대한물산은 회장님 개인의 기업이 아닌 우리 주주들의 것입니다.

2005년 1월 31일까지 주주 가치의 극대화에 대한 구체적인 대안을 제시하여 주시기 바랍니다.

만약 우리의 의견을 무시한다면 주주의 말에 귀를 기울이지 않는 경영진을 우리가 어떻게 다루는지 분명히 보여 드리겠습니다.

2005년 1월 2일

NeoTrust Limited
CEO Jack R. Nelson

그린메일, 예고 없는 협박장

그날은 대한그룹의 2005년 시무식이 있던 날이었다. 오전부터 본사 1층 로비에는 한바탕 소동이 일어났다. 외국인 몇 명이 변호사와 함께 찾아와 박찬민 회장을 만나야겠다는 것을 경호원들이 제지하고 있었다.

"이 사람들이 연초부터 군기가 빠졌나! 시큐리티 대표, 당장 본사로 들어오라고 해!"

비서실 권 상무가 로비 경호 담당 실장에게 호통을 쳤다. 한 시간째 소란이 계속되고 있다는 보고를 받은 직후였다.

"저, 상무님께서 꼭 보셔야 할 게 있습니다."

"뭔데 그래?"

직속상관인 정만철이 알게 될까 잔뜩 예민해진 권 상무에게, 비서실 팀장이 서류 봉투를 건넸다.

"이게 뭔데?"

"외국인들은 방금 돌아갔고, 동행한 변호사가 주고 갔습니다."

"연초부터 재수 없게 말이야."

상무는 신경질적으로 서류 봉투를 찢었다.

"성 팀장! 지금 그 사람들 어디 있다고 했지?"

"방금 돌아갔다고 합니다."

"1층에 연락해서 그 사람들 빨리 잡으라고 해! 어서!"

권 상무는 떨리는 마음을 겨우 진정했다. 봉투 안에는 2004년 12월 30일을 기준으로 한 대한물산 주식 잔고 증명서가 들어 있었다. 여러 개로 분산된 계좌 중 네오트러스트가 3.2퍼센트의 지분을 보유하고 있었다.

"상무님! 서류를 주고 간 변호사가 통화를 원합니다. 5번 전화입니다."

권 상무는 주저 없이 수화기를 들었다.

"권창식입니다!"

"회장님과 만나고 싶습니다."

상대는 자신이 누구라고 밝히지도 않고 단도직입으로 나왔다.

"회장님께서 주주를 직접 만나신 선례가 없습니다. 제가 책임자니 저와 대화하시죠?"

"저희는 책임자가 아닌 결정권자와 얘기할 겁니다. 제 연락처를 남겼으니, 결정되시면 전화 주십시오."

용건만 말한 상대는 대답할 기회도 주지 않고 일방적으로 전화를 끊어 버렸다.

정만철은 권 상무에게 보고받은 즉시, 그 자리에서 바로 전화를 걸었다. 전화한 이가 정만철임을 확인한 상대는, 자신을 네오트러스트의 대리 변호사라고 소개했다.

네오트러스트의 요구 사항은 간단했다. 이미 건네준 주식 잔고 증명서에 따르면, 네오트러스트와 관계사들이 보유한 대한물산의 총지분은 6.8퍼센트로, 박 회장에 이어 2대 주주가 된다. 2대 주주로서 주주 이익을 무시하는 현 대한물산 경영진을 신뢰할 수 없다고 했다. 그래서 다가오는 3월 정기 주총 때 2명의 사외 이사를 추천하겠다고 알렸다. 만약 이사회가 자신들이 추천하는 사외 이사를 받아들이지 않는다면, 주주 제안을 통해 대한물산의 문제를 공론화하겠다고 엄포를 놓았다. 그 다음엔 주주의 정당한 요구를 묵살한 임원진을 상대로 법원에 이사 직무 정지 가처분을 신청하겠다고 했다.

대한그룹의 창사 이래 외국인의 이런 요구는 처음이었다. 비서실은 그야말로 발칵 뒤집혔다. SK처럼 적대적 M&A에 휘말리는 것 아니냐는 우려가 뒤따랐다. 사태의 위중함을 깨달은 비서실은 모든 정보력을 동원해서, 네오트러스트의 실체를 밝히는 데 총력을 기울였다. 급기야 모든 기업이 새로운 마음으로 한 해를 맞이하는 시무식 저녁에 긴급 비상 대책 회의가 소집되었다.

정만철과 최순권 측의 의견이 엇갈렸다. 두 진영이 으르렁거리긴 비상 대책 회의라도 평소와 다를 바가 없었다. 정만철은 조용히 합의하자는 주장을 펼쳤다. 저들이 노리는 게 경영권이 아닌 돈이니, 당장 협상해서 빠른 시일 내에 마무리하자고 했다. 하지만 최순권의 생각은 달랐다. 그는 외국인의 전형적인 그린메일 수법에 쉽게 넘어가선 안 된다며 반대했다. 외국의 경우, 한번 그린메일에 제대로 대응 못한 기업을, 또 다른 세력이 공격하는 일이란 비일비재하다는 게 이유였다.

하지만 두 사람 모두 적어도 한 가지 공통된 의견은 있었다. 네오트러스트가 주주 가치 제고라는 명분을 앞세워 상당한 웃돈을 챙기려 한다는 것이었다. 전형적인 그린메일 전략이었다. 다만 해결 방법에 있어 정만철은 합의를, 최순권은 정면 돌파를 주장했다. 차이가 명백했다. 의사 결정에 있어 정만철이 감을 중시하는 반면, 최순권은 객관적인 데이터를 우선시했기 때문에 문제 해결 방법이 근본적으로 다를 수밖에 없었다.

"부회장님! 모든 경우의 수를 따져도 우리가 주총 때 패할 일은 절대 없습니다!"

"아무리 빈총이라고 해도 안 맞느니만 못하다고 하잖나? 6.8퍼센트는 적은 지분이 아니야!"

"네오트러스트는 분명 증권거래법을 어겼습니다. 금융감독원에 신고도 하지 않고 지분을 모아서 공격하는 건 위법입니다. 부회장님도 5퍼센트 룰에 대해서 잘 아시잖습니까?"

"내가 왜 그걸 모르겠나. KCC가 5퍼센트 룰을 어기고, 현대엘리베이터 주식을 매집했었지. 결국 의결권이 금지되고, 금융감독원 처분 명령을 받았다는 거, 잘 알고 있네. 나 역시 우리가 저들에게 지지 않을 거라고 믿어. 그런데 지금 상황에서 저들과 싸워 봤자, 얻는 게 뭔가? 가뜩이나 시민단체에서 재벌의 지배구조를 개혁해야 한다고 난리인데, 이번 일이 언론에 터지기라도 하면 우리한테 좋을 게 하나도 없지 않은가!"

"부회장님! 그걸 타격으로만 보지 마시고, 우리 대한도 이번 일을 잘 처리해서, 그룹의 지배구조를 재정비하는 기회로 삼으면 되지 않겠습니까?"

그 말에 순간 박찬민의 표정이 일그러졌다.

최순권은 그 모습을 보고 아차 싶었다. 정만철과 설전을 벌이는 데 온 신경을 집중하다 보니, 회장이 바로 옆에 앉아 있다는 사실을 잠시 잊고 있었다. 최순권은 더 이상 말을 잇지 못하고 회장의 눈치만 살폈다.

대한그룹의 지배구조가 취약하다는 사실은, 누구보다 박찬민 자신이 더 잘 알고 있었다. 시카고 MBA 출신에다, JP모건의 기업 정보 분석 분야에서 일한 경험자였기 때문이었다. 그렇다고 부하 직원으로부터 그런 말을 듣는 게 아무렇지 않은 건 아니었다. 그룹을 이끄는 최고경영자로서 매우 자존심 상하는 일이었다. 물론 그룹의 경영권을 물려받기 전부터 복잡한 지분 분포는 어느 정도 예상하고 있었다. 그런데 회장 취임 후 직접 확인해 보니, 그 자신도 정확히 지분 구조를 그려낼 수 없을 만큼 계열사 간 지분이 복잡하게 엉켜 있었다.

지주회사 격인 대한물산을 중심으로, 38개 계열사의 지분이 거미줄처럼 얽히고설켰는데, 그중 박찬민 소유의 지분은 대한물산 10.6퍼센트가 전부였다. 다른 계열사 주식을 단 1퍼센트 이상 보유하지 않고도 그룹 전체를 지배하고 있었다.

취임 초기 그는 이런 취약한 지배구조를 바로잡기 위한 노력도 해봤다. 정만철과 최순권도 모르게 은밀히 맥킨지에 컨설팅을 의뢰하기도 했다. 하지만 아버지가 이뤄 놓은 그룹을 갈기갈기 찢어 버리는 것 같아 송구스러웠다. 때문에 구체적인 실천을 미뤄 두고 있는 참이었다.

"부사장님! 이런 경우, 보통 어느 선에서 합의가 이루어집니까?"

아무 말 없이 두 사람의 설전을 듣고 있던 박찬민이 침착한 목소리로 입을 뗐다.

"회장님! 합의를 생각하시는 겁니까?"

최순권은 깜짝 놀라 되물었다. 누구보다 앞장서서 싸울 것이라고 생각했던 회장이 합의 얘기를 꺼내는 바람에 하마터면 반말이 나올 뻔했다.

"그쪽의 평균 매입 단가가 얼마인지 모르겠지만, 보통은 20~30퍼센트 선에서 합의를 봅니다. 그런데 회장님!"

"그냥 참고로 알고나 있으려고 확인한 겁니다."

회장이 이어지는 최순권의 말을 막았다.

세 사람 사이에서는 한동안 설전만 오갔다. 결국 어떤 결정도 내리지 못한 채, 비상 대책 회의는 자정을 넘겼다.

정부의 출자총액제한제도는, 대한그룹처럼 거대 재벌에는 치명적이었다. 재벌 기업을 겨냥해, 외국 투자자들을 끌어들이려는 김대중 정부의 강력한 구조조정 조치였다. 계열사 간 지분이 거미줄처럼 엉켜서 대주주의 경영권을 지켜 주는 재벌 구조가 반가울 리 없었다.

국민의 정부의 큰 업적 중 하나로 평가받고 있지만, 이로 인해 국내 재벌은 총도 없이 국제금융시장이란 전쟁터로 내몰리는 꼴이 되어 버렸다. 한국이 단기간에 놀라운 경제성장을 이룬 것은 정부와 은행, 그리고 재벌 간의 독특한 연계가 있어서 가능했다. 재벌은 앞장서서 정부의 경제개발 정책을 현실화했고, 그 과정에서 정부는 은행을 통해 아낌없는 지원을 퍼부었다. 그런 가운데 은행은 재벌의 여신 한도를 더 늘려 주고자, 계열사 간 지급 보증을 장려했다. 계열사는 그런 지급 보증의 명분을 세우려고 서로의 주식을 보유하게 되었다.

정부는 재벌들이 이렇게 장기간 길들여진 시스템을 벗어날 수 있는 어떠한 기회도 주지 않았다. 단지 개혁이란 이름으로 몰아세우기에 바빴다. IMF 기간에 정권을 잡은 김대중 정부가 외국인 투자자들을 끌어들이기 위한 명분을 만들어야 했기 때문이었다.

외환 보유고가 바닥난 상황에서 정부는 외국인 투자가 절실했다. 외국인들에게 어떻게든 한국을 매력적인 투자처로 보여 줘야 했다. 그런 마당에 불투명 경영의 대표 격인 재벌을 끌어안을 순 없었다. 이렇게 시작된 재벌 개혁은 외국인 투자자들에게 큰 지지를 얻었다. 그 일환인 출자총액제한은, 계열사가 가진 지분 가운데 순 자산의 25퍼센트를 넘는 경우 의결권을 제한했다. 그 결과, 대한그룹에 우호적이었던 계열사의 지분은 1/5로 줄어들었다. 박찬민의 경영권은 심각한 위협을 받을 수밖에 없었다.

최순권의 의견에 따라 적절히 사모펀드의 공격에 대응하고 싶다는 것이 그의 솔직한 심정이었다. 그러나 대한그룹은 아직 그럴 만한 준비가 되어 있지 않았다. 이것 역시 그의 판단이었다. 준비 없는 싸움의 결과는 뻔했다. 가까스로 이긴다고 해도, 만신창이가 되어 있을 그룹을, 수습할 엄두가 도무지 나지 않았다.

대한그룹은 10년이 넘게 박동수 전 회장의 카리스마로 움직였다. 하루아침에 그룹의 체질이 변하길 기대하긴 어려웠다. 박찬민 자신이 체질 개선을 위해 노력한 점도 있지만, 아버지가 이뤄 놓은 시스템에 안주한 면도 없지 않았다. 그래서 싸움은 가급적 피하고 싶었다. 어떻게든 합의를 봐서 조용히 끝내려고 했다. 그런 그의 발목을 다시 잡은 게 자금이었다.

회장의 호텔 집무실로 들어서기 전, 정만철은 호텔 경호 총괄인 실장에게서 오늘은 자신만 호출되었음을 확인했다. 박찬민의 생각이 자신과 같다는 것을 의미했다.

"서재로 모시겠습니다."

경호원을 따라 서재로 가는 동안 정만철은 습관처럼 두리번거렸다. 그사이 특별히 달라진 점은 눈에 띄지 않았다.

"부회장님께서 애써 주셔야겠습니다."

정만철이 들어서자마자, 창밖을 응시하던 박찬민이 입을 열었다.

그의 아버지 박동수 명예회장이 직접화법을 사용했다면, 박찬민은 핵심을 말하지 않고, 상대방이 알아서 판단하고 행동해 주길 바라는 스타일이었다. 정만철은, 그런 회장이 이렇게 직접적으로 말을 꺼내는 걸로 보아, 짧은 시간 동안 많이 생각하고 내린 결정임을 짐작할 수 있었다.

"저도 회장님 지시만 기다리고 있었습니다. 이미 준비하고 있습니다."

"자금이 문제겠죠?"

박찬민의 목소리가 조금은 흔들렸다. 리더가 약한 모습을 보일수록 자신감을 불어넣는 참모는 더 큰 신뢰를 얻기 마련이다. 이를 놓칠 정만철이 아니었다.

"이미 저쪽과 얘기해서 어느 정도 합의점을 찾았습니다."

"그래요? 말씀해 보세요."

"저쪽 주식 매집에 사용된 자금이 1,680억쯤 된다고 합니다. 원가의 30퍼센트 정도를 올려 주는 선에서 합의가 이뤄질 것 같습니다."

"그게 대략 얼마나 됩니까?"

"2,200개 정도 됩니다."

'2,200억!'

박찬민 개인이 해결하기에 만만치 않은 자금이었다.

"그 정도면 물러설 것 같습니까?"

"비서실 권 상무가 그쪽 변호사와 선이 닿았습니다. 30퍼센트 정도면 큰 이견 없이 합의가 가능하다는 답을 들었습니다."

사모펀드는 자금 여력이 있는 개인이나 기업, 크게는 연금 등의 자금을 모아 전 세계적으로 돈 될 만한 곳에 투자한다. 사모펀드에 투자하는 투자자의 기대 수익은 연간 8~9퍼센트 선이었다. 가끔 투자 금액의 몇 배 수익을 올리며 대박을 터뜨릴 때도 있지만, 어디까지나 간혹 생기는 일이었다. 연간 15~20퍼센트의 수익을 올리는 사모펀드에는 천문학적인 자금이 몰리는 경우도 있었다.

"저쪽이 물산 지분을 사들인 게 작년 4/4분기니까, 반년도 되지 않아 30퍼센트의 수익을 챙겼으니 제대로 수지맞은 셈이죠."

정만철도 분했지만 어쩔 수 없었다. 그렇지만 의미 없는 싸움일수록 빨리 포기하는 것도 아무나 할 수 없는, 사업가들에게 요구되는 중요한 행동력이다.

"회장님께서 지시하신 지주회사 전환하는 문제에 대해서 그동안 제가 너무 소극적이었습니다. 면목 없습니다."

"그게 어디 부회장님 잘못입니까? 말은 그렇게 했지만, 지주회사도 막대한 자금이 필요한데 그게 그리 쉽겠습니까?"

"이번 일만 잘 마무리되면 2년 안에 반드시 지주회사 체제로 가도록 하겠습니다."

"부회장님이 계셔서 늘 안심이 되네요. 그런데 자금 조달은 어떻게 하실 건지……."

정만철이 어떤 방식으로 그룹 자금을 움직일지는 그도 이미 알고 있었다. 하지만 자신의 책임을 부회장에게만 떠넘기는 것이 비겁하게 느껴졌다. 그래도 피하고 싶은 현실이었는지, 자신도 모르게 말끝을 흐렸다.

"일단 그쪽에서 넘겨받는 주식을 담보로 1,200개까지는 조달 가능합니다. 물론 대한물산이 이면으로 은행의 지급보증을 서야 합니다. 아무래도 나머지는 계열사에서 해결해야겠습니다."

"지금 계열사들이 회계감사 준비 중일 텐데, 섣불리 자금을 움직이는 건 무리 아닐까요?"

"그래서 일단 4월 말까지 지급 기일을 연기하려 합니다."

"그쪽에서 수용할까요?"

"그건 제게 맡겨 주십시오."

박찬민에게 정만철이란 인간은 끊고 싶지만 끊을 수 없고, 끊었다가도 다시 찾게 되는 담배 같은 존재였다.

"실장님! 어제 호텔에 가셨다면서요? 회장님도 합의 쪽으로 기우셨나 보죠?"

정만철은 비서실에서 2인자를 결코 용납하지 않았다. 하지만 비서실 권 상무만큼은 예외였다. 그에게 없는 논리적인 사고를 지닌 인물이었고, 그가 유일하게 인정하는 브레인이었다. 박찬민이 그룹 회장으로 취임하고 친구인 최순권을 영입하면서, 자신의 감각만으로는 부사장을 제압할 수 없다고 판단했다. 그때부터 권 상무에게 힘을 실어 주기 시작했다.

권 상무는 그의 추상적인 직감을 구체적인 논리로 정리해 주는 역할을 했다.

"자네, 언제부터 내 뒤에 사람 붙여 놨어?"

권 상무의 귀에는 싫지 않은 핀잔으로 들렸다.

"저도 이제 실장님 행선지 정도는 알아도 되지 않겠습니까?"

얼마 전부터 운전기사가 은연중에 권 상무에게 사소한 정보를 주고 있었다. 하지만 굳이 지적하고 싶지 않았다. 그만큼 권 상무는 그에게 중요한 존재로 자리 잡고 있었다.

"자네의 게임이론을 듣고 싶은데? 이런 경우 어떻게 되는 거야?"

"저같이 평범한 두뇌를 가진 사람이 무슨 게임이론입니까? 폰 노이만이나, 존 내쉬 같은 천재들도 씨름했던 문젠데요."

권 상무는 쑥스러운 듯 머리를 긁적였다.

"그런 천재들 말을 내가 알아듣겠어? 자네 말이나 되니 듣는 척하는 거지."

문제 해결은 골치 아팠지만 그래도 회장이 자신의 손을 들어 준 것이 기분이 좋았는지 정만철은 미소를 지으며 담배를 물었다.

"네오트러스트는 지금쯤 2월 중순까지 주주 제안을 할 것인가, 말 것인가 하는 총을 들고 있다고 생각할 겁니다."

"총을 들고 있다? 표현 한번 무시무시하군."

"그렇습니까? 그럼……."

"아니, 계속해 봐."

"총이란 게 그렇잖습니까? 쏘기 직전에 상대방이 가장 크게 겁을 먹지 막상 쏴 버리면 총이 줄 수 있는 공포는 사라지게 되는 거죠."

"그럼 쟤네들이 주주 제안이란 총을 겨누고 우리가 벌벌 떨면서 백기 들기만을 기다리고 있다? 그렇다면 저들도 2월 중순까지 우리와 합의를 해야겠지. 어떻게 보면 서로 비슷한 위치라고 봐야 하지 않나?"

"그래서 저쪽도 경우의 수를 따져 보겠죠. 제가 볼 때, 저쪽은 주주 제안 여부에 대해서 그다지 신경 쓰지 않을 것 같은데요?"

"쟤들도 돈 때문에 쇼하고 있는 건데, 우리가 2월 중순까지 버티면 초조하지 않을까?"

"좀 더 쉽게 가느냐 그렇지 않느냐의 문제지 분명 승기는 잡았다고 볼 겁니다."

"승기를 잡았다?"

"그린메일이 전쟁으로 말하면 기습 공격인데, 당장 우리 쪽에서 대책을 강구하는 것 자체가 저들에겐 승리의 신호인 겁니다. 애초에 우리가 그린메일에 흔들리지 않았다면, 저쪽도 큰 재미는 기대 안 했을 겁니다. 대한민국 재벌치고 그린메일에 놀라지 않을 기업은 없잖습니까?"

"그럼 쟤들은 주주 제안도 검토하고 있다고 봐야 하나?"

"주주 제안을 하든, 아니면 포기하든 어떤 경우의 수가 생긴다고 해도 자신들이 유리하다고 판단할 겁니다. 그래도 쉽게 풀리길 바라지 않겠습니까?"

"쉬운 길이라면, 합의 쪽에 무게를 더 두겠지?"

"우리가 조용히 합의에 응하는 것이, 저쪽에서 생각하는 베스트죠. 만약 그렇지 않다면, 분명 주주 제안 카드를 사용할 겁니다."

"자기들은 어떤 경우든 손해 볼 게 없다?"

"주주 제안을 하지 않고 우리에게 합의금을 받든, 주주 제안을 해놓고 증권가에 M&A를 부각시켜서 주가 상승을 유도하든, 원하는 수익을 얻는 데 큰 문제는 없습니다. SK 건만 봐도 아시잖습니까?"

"젠장, 뭘 해도 지는 게임에 잘못 말렸어!"

정만철은 시간을 끌면 끌수록 불리하다고 결론을 내렸다. 그래서 가급적 1월 중으로 네오트러스트와 합의를 보려고 했다. 그런데 최순권의 돌발행동으로 일이 걷잡을 수 없게 되어 버렸다.

최순권은 합의를 보더라도 최대한 시간을 끌면, 네오트러스트도 초조해질 거라고 예상했었다. 그렇게 되면, 좀 더 유리한 조건으로 합의를 볼 수 있다고 판단했다. 절대 주주 제안 카드를 사용하지 않을 거라고 봤기 때문이다. 최순권은 그룹의 재무 담당 총괄 이사 자격으로 네오트러스트에 공개적인 협상을 요구하는 서한을 보냈다. 그전까지 정만철과 물밑 협상을 하던 네오트러스트는, 대한그룹이 이중 플레이를 한다며 일방적으로 협상을 거부했다. 전혀 예상치 못한 강경한 반응이었다. 오히려 놀란 쪽은 최순권이었다. 보다 유리한 협상을 위해서 냉정 기간을 두려고 한 협상 전략이 뜻밖의 결과를 초래한 것이다. 정만철과의 정보교류 부재가 낳은 결과였다.

대한그룹은 어떻게 손써 볼 방법 없이, 네오트러스트가 다시 협상에 응하기만을 기다려야 했다. 하지만 2월 초가 됐는데도 움직임이 전혀 없었다. 비서실 전체가 협상 채널을 찾기 위해 모든 라인을 동원했지만 소용없었다. 판사의 판결만을 기다리는 피고인의 초조한 심정이었다. 대한민국 재계 서열 7위의 대한그룹이 자산 2,000억도 안 되는 사모펀드의 선택만을 기다리는 신세가 되었고, 그 결과는 너무나 가혹했다.

주주 제안 마감 전날 네오트러스트의 CEO 잭과 한국 측 변호사가 회장실로 찾아왔다. 이들은 박찬민에게 주주 제안서와 언론 배포용 보도자료를 제시했다. 어떠한 예의나 가식 없이 노골적으로 돈을 요구했다. 짐작했던 대로 처음에 내세웠던 주주 가치 극대화란 표현은 그들에게 구실에 불과했던 것이다.

그들은 주주 제안서를 이사회에 제출하고, 언론에 공개하겠다고 했다. 그리고 박찬민에게 주식 매집 원가인 1,680억 원과 1,800억 원의 프리미엄을 요구했다. 그런 다음 모든 대화 제의도, 어떤 사정도 무시한 채 회장실을 박차고 나가 버렸다. 처음 500억 원가량의 합의금이 3배 이상 뛰어 버린 것이었다. 우선 계약금만 지급하고, 시간을 벌어 계열사 자금을 세탁해서 조달하려 했던 정만철의 계획은 언급조차 힘들게 되었다.

정만철은 계열사 재무이사들을 긴급 소집했다. 계열사를 동원하면 2,200억 원 정도는 마련할 수 있었지만, 시간이 문제였다. 주주제안을 막기 위해 반나절 만에 현금을 마련해야 했다. 최후의 수단을 쓸 수밖에 없었다. 정만철은 대한토건에서 아파트 분양 중도금으로 받아 현금으로 보관하고 있던 2,700억을 사용하기로 결정했다. 마침 대한토건은 회계감사 중이었다. 우선 현금으로 CD(무기명 양도성 예금증서)를 매입하고, 명동 사채시장의 이 회장에게 자금을 빌리면서 그 CD를 담보로 맡겼다.

그렇게 네오트러스트에 고가의 프리미엄을 지급하면서 위기를 넘기게 되었다.

어느 회계사의 죽음

"페이퍼 컴퍼니 만드는 거 복잡하니?"

"무슨 목적으로 어느 나라에 만드느냐에 따라 다른데, 왜?"

서주연 변호사는 자신의 사무실에서 이정수 회계사와 통화 중이었다. 그는 주연이 한국에서 편하게 대화할 수 있는 유일한 말동무였다. 두 사람은 이정수가 1년간 미국에 교환학생으로 머무르면서 알게 되었다. 당시 미국에 있던 주연은 그가 한국으로 돌아간 후에도 꾸준히 연락하고 지냈었다. 그 덕분에 자신이 한국으로 돌아와서 생활하는 데 이정수에게 많은 도움을 받을 수 있었다.

"아는 분이 뭘 좀 부탁했는데, 혹시나 해서."

"너 요즘 회계감사 때문에 정신없다며 투잡 뛰는 거니?"

"투잡은 무슨? 개인적으로 존경하는 기업 오너가 한 분 계신데, 도울 일이 없을까 해서 물어본 거야."

"페이퍼 컴퍼니가 필요한 거야?"

"그게 말이야……."

이정수는 주연에게 뭔가 말할 게 있는 것처럼 머뭇거렸다.

"너, 사람 궁금하게 만들어 놓고 치사하게 이러기야?"

"주연아! 사실 이건 그분에게 정말 중요한 문제거든?"

"정수야! 여기 변호사들은 어떤지 모르겠지만, 미국 변호사들은 고객의 비밀을 생명보다 더 소중하게 여기거든?"

이정수는 아차 싶었다. 생각 없는 자신의 말에 한때 미국의 연방 검사를 꿈꿨던 주연의 자존심이 상했을 것이 분명했다.

"그럴 의도는 아니었는데, 불쾌했다면 용서해라."

"용서는 무슨, 네가 너무 신중해서 그런걸 뭐."

"너처럼 똑똑하고 예쁜 사람이 맘까지 넓으니, 세상 참 불공평하다."

"네가 뭘 잘못했는지 확실히 아는구나?"

두 사람 사이에 기분 좋은 농담이 오가는 동안 잠시 굳어 있던 분위기가 풀렸다.

"내가 알기로는 페이퍼 컴퍼니의 대부분이 케이만 군도나 버진 아일랜드, 버뮤다제도에 집중적으로 몰려 있어. 어느 나라에 만드느냐에 따라 다르다는 말의 의미는 뭐야? 그럼 이 나라들 말고 또 다른 곳이 있다는 거야?"

"그 세 나라 말고도 다른 나라에도 있어. 물론 네 말대로 대부분이 그 나라들에 몰려 있긴 해. 내가 어느 나라냐에 따라 다르다고 한 건, 그 회사의 뱅크 어카운트를 어느 나라에 열 것인가를 말한 거야."

"주연아! 날 회계사가 아닌 아무것도 모르는 학생으로 생각하고 쉽게 얘기해 줄래? 너야 그쪽 전문가니까 잘 알겠지만, 난 무슨 말인지 통 모르겠다."

"페이퍼 컴퍼니는 말 그대로 서류상의 회사잖아. 그러니까 그 회사가 어느 나라에 설립되었느냐는 중요하지 않아. 어느 나라에 계좌를 개설하느냐가 훨씬 중요한 거지. 너도 알겠지만, 네가 말한 나라들은 모두 조세 회피 지역이잖니? 세금 안 내려고 본사만 그 나라에 세우는 거야. 실제 영업은? 전 세계를 대상으로 하는 거지. 다시 말해 페이퍼 컴퍼니의 계좌를 어느 나라에 개설하느냐가 굉장히 중요한 거야."

"나라마다 페이퍼 컴퍼니의 어카운트 개설 규정이 다르니까 그런 거구나?"

"딩동댕! 참 똑똑한 학생이군요."

주연은 간단하게 설명했지만, 역시 이정수는 회계사답게 단번에 이해했다. 주연은 늘 도움만 받던 자신이 이번에는 거꾸로 이정수를 도울 일이 생긴 것 같아 선약을 30분 미루려 했다. 그런데 통화하는 사이, 약속한 클라이언트는 벌써 도착해서 주연을 기다리고 있었다.

"현금 거래니? 내가 어떻게 도와주면 될까?"

페이퍼 컴퍼니를 생각한 사람들의 의도는 으레 비슷했다. 마음이 급해진 주연은 바로 본론을 꺼냈다.

"바쁜가 보구나?"

"빨리 도와주고 싶어서 그런다! 왜?"

"서주연 변호사님께서 이렇게 호의를 베풀어 주시고 황송한데?"

주연은 다이어리를 펴고 메모할 준비를 했다.

"설립이야 내가 늘 하는 일이니까 간단하게 처리할 수 있지만, 우선 거래 목적이 중요하니까 얘기해 봐."

"회사 이름은, 그분한테 물어 보고 나서 말해 줘도 되지? 현금이 아니라 그 회사 워런트warrant거든?"

"대주주가 워런트를 챙겨 놨나 보구나?"

"챙기신 건 아니고, 외국 펀드가 가지고 있던 걸 사놓으신 거야!"

이정수가 정당하게 구매한 거라고 해명 아닌 해명을 했다. 이정수가 굉장히 존경하는 분이라고 말했던 게 기억났다. 그런 사람에게 챙겼다는 표현을 썼으니, 그가 정색을 하는 건 당연하다고 생각했다.

기업마다 대주주들은 경영권 방어를 위해서든, 시세 차익을 위해서든, 편법 증여를 위해서든 다양한 목적을 갖고 워런트를 몰래 숨겨 놓는 경우가 많다. 주연은 이번 역시 그런 경우 중의 하나일 거라고 너무 빨리 단정해 버린 것이 이정수에게 미안했다.

"제삼자를 내세워서 그 사람 명의로 파킹해 놓으면 되는데, 굳이 복잡하게 할 이유 있을까?"

"그분은 창원 상공회의소의 회장님이야. 워낙 구설수에 오르는 걸 싫어하시는 분이기도 해. 그래서 가급적 본인이 워런트에 개입하지 않는 구조를 원하셔. 너도 알겠지만, 제삼자 명의란 게 잘되면 문제 없는데 항상 거기서 문제가 불거지잖아?"

"그럼 본인이 워런트를 실물로 소유하고 계시겠구나?"

"주거래 은행에 보관하고 계신다고 들었어."

"그분이 정수 널 굉장히 신뢰하시나 보구나? 워런트가 어디에 있는지도 알려 주시니까."

"사실, 나……. 그분이 이사장으로 계신 장학재단 출신이야. 내겐 아버지 같은 존재셔."

"아! 그랬구나. 알았어. 그럼 내가 필요한 서류랑 절차 정리해서, 네 메일로 보내 줄게."

"그러지 말고 오늘 저녁이나 함께하자! 네가 여의도로 올래?"

"내가?"

여의도로 오라는 말에 주연은 잠시 망설였다. 여의도라면 대한물산 사옥이 있는 곳이었다. 아버지의 숨결이 남아 있기도 하지만 가족의 피눈물이 고여 있는 곳이었다.

"네가 서초동으로 오면 안 되겠니?"

"그러지 말고 한번 넘어와라! 3월 촌데 여기는 벌써 벚꽃이 잔뜩 피었어. 굉장히 운치 있거든?"

주연의 사무실 인터폰이 계속 울렸다.

"알았어. 그럼 7시까지 63빌딩 앞으로 갈게."

"그리고 주연아!"

"응? 왜?"

"아니다. 저녁에 만나서 얘기하자. 수고해!"

주연은 전화를 끊고 서둘러 서류를 챙겨서 로펌 접견실로 뛰어나갔다.

"회계사님. 전무님께서 찾으시는데요?"

여직원이 통화를 끝낸 이정수에게 메모지를 건네 주었다. 거기에는 당장 전무실로 올라오라는 내용이 적혀 있었다.

'올 것이 왔구나!'

이정수는 힘없이 일어서, 비상계단을 뚜벅뚜벅 걸어 올라갔다.

"전무님! 이정수 회계사님 오셨습니다!"

"들어오라고 해요."

스피커폰에서는 전무의 짜증 섞인 목소리가 흘러나왔다. 이정수는 그 소리만 듣고도, 전무가 자신을 왜 불렀는지 알 수 있었다. 문을 열고 들어서자 고급 가구와 긴 커튼, 창밖의 한강이 한눈에 들어왔다. 국내 1위의 회계법인 전무 방으로 전혀 손색이 없어 보였다.

"부르셨습니까?"

마침 컴퓨터 모니터를 보고 있던 전무는 그를 안경 너머로 슬쩍 쳐다보곤 귀찮다는 듯 시선을 돌렸다. 임원의 이런 태도에 주눅 들지 않을 직원은 없었다. 그 역시 어찌할 바를 모른 채, 초조하게 문 앞에 서 있었다.

"바쁘시면 나중에 다시……."

이정수는 망부석처럼 계속 서 있을 수 없어 용기를 내서 말을 꺼냈다.

"아니, 이리 좀 오지."

전무는 소파에 앉으라고 권하지도 않고 그를 책상 앞으로 불렀다. 잠시 머뭇거리던 이정수는 발소리도 내지 않고 조심스럽게 걸음을 옮겼다.

"자네 올해 몇이지?"

"예? 스물아홉입니다."

갑자가 나이를 묻자, 이정수는 얼떨결에 대답했다.

"스물아홉이라……."

"회계감사는 이번이 처음인가?"

"예, 그동안에는 감사팀 어시스턴트만 했습니다. 이번처럼 감사팀으로 정식 발령되어 일해 보긴 대한토건이 처음입니다."

"대한토건 대표이사님이 이번 감사팀에 똑똑한 친구가 새로 왔다더니, 말하는 걸 보니 자네가 맞는 것 같군."

'똑똑한 친구?'

전무의 말에 이정수는 숨이 막혀 왔다.

"자네는 회계감사가 뭐라고 생각하나?"

"예? 기업이 갑(GAAP, Generally Accepted Accounting Practices : 재무회계 기준)에 부합되게 재무제표를 작성했느냐를 확인하는……."

"됐어. 배우긴 제대로 배웠군."

더 이상 들을 필요가 없다는 듯 전무는 이정수의 말을 끊었다.

"자네 우리 회계법인이 대한그룹에서 받는 일년 수수료가 얼만 줄 아나?"

'역시 짐작대로군.'

이 문제가 아니고선 전무가 자신을 호출할 일이 없었다.

"잘은 모르지만, 상당한 걸로 알고 있습니다."

"그렇지! 대한그룹에서 아주 많은 돈을 받고 있지."

이번에도 전무는 그의 말을 끊었다.

"우린 대한그룹 계열사 전체를 회계감사하고, 컨설팅까지 하고 있어. 대한이 아니면 여전히 우리가 1위를 유지하긴 힘들지. 자네 주변에는 회계사 동기가 많이 있겠지?"

"예."

"그럼 동기들 연봉 수준이 어느 정돈지 알겠군?"

"그렇습니다."

"모르긴 몰라도, 자네가 동기들보다 배는 더 많이 받을 것 같은데. 그렇지 않나?"

"그렇게 알고 있습니다."

전무는 쉽사리 본론을 꺼내지 않았다. 계속해서 다른 질문으로 이 정수의 심장을 조여 왔다. 덕분에 그는 여전히 숨이 막혔다.

"자네 능력이 뛰어나서, 자네를 남들보다 더 좋게 대우한다고 생각하나?"

"……"

대답할 수 없는 질문이었다.

"물론 우리 회사 입사가 힘든 만큼 우수한 인재가 들어오지. 하지만 능력만 있다고 고액의 연봉을 받을 수 있을까? 세상은 그렇게 합리적으로 돌아가지 않아."

"전무님 저는 그저……."

먼저 말을 꺼내는 게 나을 듯싶었다.

"자네가 대한토건 재무이사에게 그랬나? 왜 현금 대신 CD를 보유하고 있느냐고, CD 조성 경위에 대해서 오늘까지 해명하지 않으면, 감사 의견을 한정으로 주고 주석에 그 내용을 달겠다고?"

"예."

전무는 더 이상 참을 수 없다는 듯 벌떡 일어났다. 콧잔등의 안경을 벗으며 격양된 어조로 말했다.

"현금이든 CD든, 둘 다 현금과 등가물 기준으로 유동자산으로 잡혀 있으면 그만이지 현금 대신 왜 CD를 보유하고 있느냐고 따지는 게 회계감사 업무인가?"

"보통 토목 업체가 거액의 현금을 보유하고 있지도 않지만, 더욱 CD 형태로 보유한 경우는 드뭅니다. 아무래도 없는 현금을 CD로 돌려놓은 것 같아서……."

"야! 너 뭐 하는 새끼야! 네가 검사야! 네가 뭔데 해명하라 마라야! 그딴 쓸데없는 짓거리 하라고 남들 배로 돈 주는 줄 알아?"

"전무님! 회계사는 기업의 채권자와 주주들에게 정확히 기업의 상황을 알려 줘야 할 의무가 있고, 전 그게 회계사의 도덕적 양심이라고 알고 있습니다. 대한토건 CD는 분명히 짚고 넘어가야 합니다!"

이정수는 전무의 갑작스러운 욕설에 심장이 마구 뛰었다. 하지만 그 역시 많이 고민해 온 문제였기에 그냥 묻어 둘 수 없었다.

"뭐! 회계사의 도덕적 양심? 그래! 네놈의 밥줄이 끊기고도 그런 도덕을 외치는지 한번 보자! 마지막 기회를 주려고 부른 건데, 오늘부터 넌 해고야!"

전무는 밖으로 휙 나가 버렸다. 각오는 했지만 이렇게 심한 모욕을 당하리라곤 상상도 못했기 때문에 이정수는 기가 막힐 뿐이었다. 하지만 감사 중에 회계사를 해고한다는 것은 있을 수 없는 일이었다. 그렇다면 전무는 협상을 하려는 것이 분명했다. 일단 겁을 준 다음 좋게 달래려는 것 같았다. 지금이라도 뛰어나와 잘못했다고, 앞으로 회사 방침에 잘 따르겠다고 애원하는 자신을 상상하며 회심의 미소를 짓고 있을지 몰랐다.

열쇠는 이정수가 가지고 있었다. 하지만 전무는 해고를 통보하며 강하게 나왔다. 불리한 상황에서 역으로 강하게 밀고 나가 유리한 국면으로 전환하려는 의도였다.

이정수는 전무가 나간 지 한참이 지났지만, 책상 앞에서 한 발자국도 움직일 수 없었다. 짧은 시간이었지만 수많은 생각이 그의 머릿속을 스쳐 지나갔다.

입사만으로 인생의 성공이 보장되는, 국내 최고 회계법인의 합격 통지서를 받았을 때, 뛸 듯이 기뻐하던 부모님의 모습이 떠올랐다. 입사 2년 차부터 받은 억대의 연봉과 성과급으로, 노점상을 하며 자신을 뒷바라지한 부모님을 위해, 처음으로 작은 아파트를 사 드렸던 기억이 생생했다. 아직은 고백하지 못했지만 여전히 맘속 한 공간을 차지하고 있는 주연의 얼굴까지, 돌이켜 보면 지난 몇 년간은 너무나 행복했다. 자신의 삶에 그런 시간은 다시 찾아오지 않을 것 같았다. 누구에게도 뺏기고 싶지 않은 성공한 인생이었다. 그래서 두려웠다.

'잘못했다고 말할까? 그래, 내가 모른 척한다고 문제될 거 없잖아!'

생각이 거기까지 미치자 당장이라도 전무를 찾아 나서고 싶었다. 그러나 그의 마음과 달리 발이 떨어지지 않았다.

'내가 CD 매입 경위를 물었을 때, 대한토건 재무이사는 분명히 당황하는 기색이었어. 막상 회사에는 현금이 없었으니까! 맞아! 그걸 감추기 위해서 CD로 대체해 놓은 거야! 이런 중대한 문제를 알면서도 모른 척해야 하다니……'

그는 창밖으로 눈을 돌려 유유히 흐르는 한강을 바라보았다. 초봄의 햇살이 강 표면에 되비쳐서 보석처럼 밝게 빛났다. 유난히 평온해 보이는 한강을 보니 맘까지 포근해지는 기분이었다.

그가 다시 전무 책상 쪽으로 시선을 돌리자, 방 안의 찬 기운이 전신을 휘감아 왔다. 휴대전화를 열어 주연에게 전화를 걸었지만, 전원은 꺼져 있었다.

다시 창밖을 내다보았다. 햇살이 너무 눈부셨다.

'카뮈의 《이방인》에서, 주인공이 권총을 쏘기 전에 봤던 눈부신 태양이 저런 걸까?'

순간 그의 마음속에는 무거운 짐을 벗었을 때의 홀가분함과 새로운 짐을 가득 진 답답함이 교차하고 있었다. 나중에 누군가는 그의 선택이 옳았다고, 또 어떤 사람은 어리석은 선택이었다고 말하겠지만 이미 마음을 정한 상태였다. 그는 크게 심호흡을 한 후 한결 가벼운 발걸음으로 방을 나왔다.

"아무래도 힘들겠습니다. 오늘 중으로 막지 못하면 저도 어떻게 할 수 없습니다."

자신에게 달려와 빌 줄 알았는데, 다시 아래층으로 내려갔다는 비서의 말을 전해 들은 전무는 그렇게 누군가에게 전화로 통사정하고 있었다.

"이정수 회계사입니다! 요청한 자료 때문에 전화드렸습니다. 아시겠지만 저희도 보고서 작성할 시간이 필요합니다. 더 이상 시간을 드리기 곤란합니다. 일단 제가 그리 가겠습니다."

전화를 끊고, 회사의 인트라넷에 접속해서 외근 행선지에 대한토건이라고 입력했다. 그러고 나서 서류 뭉치를 가방에 잔뜩 집어넣고 사무실을 나왔다. 엘리베이터에 탄 이정수는 지하 6층을 눌렀다.

"잠시만! 같이 갑시다!"

문이 닫히려는데 어디선가 다급한 목소리가 들렸다. 이정수는 급히 열림 버튼을 눌렀다. 세 명의 남자가 뛰어와 엘리베이터에 탔다.

"아휴, 고맙습니다."

그중 한 남자가 숨을 크게 몰아쉬며 인사를 건넸다.

'이 사람들도 지하 6층으로 가나?'

지하 6층 버튼이 눌러진 것을 본 남자들은 아무 말 없이 서로 다른 곳을 쳐다봤다. 지하 6층은 회계사 전용 주차장이었다. 하지만 엘리베이터 안의 세 남자 모두 처음 보는 얼굴이었다.

좀 이상한 기분이 들었지만, 이정수는 대한토건 문제로 머리가 너무 복잡한 나머지 사소한 데까지 신경 쓸 여력이 없었다. 지하 6층에서 엘리베이터 문이 열리자, 먼저 내린 그의 뒤를 세 명의 남자가 바짝 따라붙었다. 그때까지도 이정수는 아무런 낌새를 채지 못하고 있었다. 갑자기 한 남자가 등 뒤로 다가와 그의 팔을 잡으려는 순간, 동행으로 보이는 넥타이를 맨 남자가 그의 행동을 저지했다. 그러고 나서 남자는 턱으로 위를 가리켰다. CCTV가 설치되어 있었다. 거기 말고도 주차장 곳곳에는 CCTV가 즐비했다. 남자들은 제각기 흩어졌다.

이정수는 차에 올라 시동을 걸었다. 차를 천천히 후진해서 완전히 뒤로 뺀 다음 기어 위치를 D로 옮기는 순간이었다. 웬 남자가 운전석 창문을 두드렸다. 얼핏 보니 아까 엘리베이터에 함께 탔던 남자들 중 한 명이었다.

"왜 그러시죠?"

이정수는 창문을 반쯤 열고 물었다.

"이정수 회계사님이시죠?"

"그렇습니다만, 절 어떻게 아시죠?"

"대한토건 직원입니다."

엘리베이터에 탔을 때만 해도 전혀 모른 척하던 남자들이었다. 대한토건 직원이라는 말에 그는 본능적으로 잠금 버튼을 눌렀다.

"지금 대한토건으로 가는 길이니까, 하실 말씀 있으시면 거기서 하시죠."

"어린놈의 새끼가 어디서 겁도 없이 한몫 챙기려고 들어! 너 문 안 열어?"

남자는 분에 못 이겨, 두 손바닥으로 운전석 창문을 내리쳤다.

이정수는 남자의 위협적인 행동에 깜짝 놀라 액셀을 있는 힘껏 밟았다. 차는 요란한 소음을 울리면서, 금세 주차장을 빠져나왔다. 마치 100미터를 전력질주하고 막 결승선에 들어온 사람처럼 심장이 터질 듯 쿵쾅거렸다.

주차장을 빠져나왔지만 위험한 순간을 무사히 탈출했다는 안도감을 느낄 사이도 없었다. 거칠게 뛰는 심장이 완전히 가라앉기도 전에 또 다른 위험이 닥쳤다. 앞서 달리던 흰색 밴이 급정거하더니 문이 열리고 서너 명의 건장한 사내들이 뛰어내렸다.

이정수는 앞을 가로막고 서 있는 흰색 밴과의 충돌을 피하기 위해 급브레이크를 밟았다. 지면과의 마찰로 엄청난 굉음이 일었다. 차를 빠르게 후진한 다음 기어를 D로 놓고 액셀을 밟았다. 곧이어 핸들을 급하게 왼쪽으로 꺾었다. 그의 차는 밴의 범퍼를 살짝 건드리면서 다행히 차선을 바꿀 수 있었다. 그는 연속으로 이어지는 다급한 상황에 경찰에 신고하는 것도 잊은 채 운전에만 주력했다.

그의 차가 간신히 마포대교에 진입할 무렵이었다. 이번에는 어디선가 나타난 네 대의 차가 차 주위를 에워쌌다. 사방이 막혀 도저히 차선을 바꾸고 빠져나갈 수 없었다. 차라리 그 자리에 차를 세웠더라면, 일이 어떻게 돌아갔을지 모르는 일이었다. 하지만 이정수는 계속된 긴장과 불안에 마음을 졸였던 탓인지, 생각이 거기까지 미치지 않았다. 자신의 의지와는 다르게 포위한 차들이 이끄는 대로 따라갔다.

긴박한 상황에서도 맨 처음 머릿속에 떠오른 사람은 주연이었다. 어떻게든 전화를 해야겠다는 생각이 들었다. 답답한 그의 마음 따위는 아랑곳없이 주연의 휴대전화는 꺼져 있었다. 보조석에 휴대전화를 내던지려다가 다시 통화 버튼을 눌렀다. 어느새 추격자들이 그의 손에 들린 전화기를 봤는지, 차들은 더욱 바짝 따라붙었다.

"주연아! 나야 정수! 나 지금 쫓기고 있어! 몰라 왜 그런지 모르겠어. 젠장, 그 회사 때문에 그런 것 같아! 주연아! 내 오피스텔 비밀번호가 770428이거든? 거실 탁자 위에 노트북이 있어. 내 문서함을 열면 회계감사 폴더가 있는데……."

이정수의 시체는 반포대교 북단의 두 번째 교각에 걸려 있었다. 시체가 발견되기 전까지, 사람들은 그가 어딘가에서 머리를 식히고 있을 거라고만 생각했다.

3월 초순이지만 후덥지근한 날씨 탓에 한강의 수온이 꽤 오른 상태였다. 사망 시점이 얼마 지나지 않았지만, 시체는 형체를 알아보기 힘들 정도로 부패해 있었다. 사건을 담당한 용산 경찰서 담당 형사가 사회부 기자에게 브리핑한 내용은 그게 다였다. 요즘 뭔가를 계속 고민하는 것처럼 보였다는 회사 동료의 진술을 근거로, 경찰은 그가 직장 생활에 적응하지 못해 비관 자살한 것으로 잠정 결론짓고, 서둘러 수사를 종결했다.

한강에서 매년 100구가 넘는 시체가 발견되고 자살이 보편화되어 버린 세상이었다. 사망자가 일류 대학 출신의 유능한 회계사였다는 것 외에, 사회부 기자의 관심을 끌 만한 내용은 아무것도 없었다. 전도유망한 한 청년의 죽음은, 그렇게 신문 사회면을 조그맣게 장식하는 것으로 마무리되었다.

정기 주주총회에 참석하기 위해, 오랜만에 대한그룹 사옥 23층의 회장실을 찾은 박찬민은 좌불안석이었다. 초조함을 감추려는 듯 책상 주위를 빙빙 돌았다.

"회장님! 명예회장님이십니다!"

박찬민은 일부러 헛기침을 해서 목소리를 가다듬고, 스피커폰의 응답 버튼을 눌렀다.

"연결해요."

"예, 알겠습니다."

"아비다!"

비서의 목소리가 끝나기 무섭게 낯익은 목소리가 그를 긴장시켰다.

"아버님!"

"오늘 주주총회가 아무 탈 없이 끝났다는 얘기 들었다. 애썼다."

수화기 너머로 차분하고 절제된 음성이 들려왔다.

2005년 2월에 있었던 SK그룹의 경영권 다툼 소식이 연일 신문 1면을 장식했다. 국내 굴지의 재벌 기업 SK와 소버린의 대결이었다.

소버린은 2003년 기업 총수의 갑작스러운 구속을 틈타 기습적으로 SK의 대주주가 되었다. 그 후 1년 동안 소버린은 1조 원에 가까운 막대한 시세 차익을 올렸다. 소버린의 욕심은 거기서 멈추지 않았다. 1조 원으로는 자신들의 욕심을 채울 수 없다는 듯, SK 경영진을 향한 소버린의 공세는 계속되었다.

소버린이 주장하는 바는 크게 두 가지로 요약되었다. 첫째는 그룹 총수를 이사회에서 끌어내리려는 의도가 다분한 정관 개정 요구였다. 법원에서 유죄가 확정된 이사를 이사회에 계속 남게 하는 건 주주가 범법 행위를 묵인하는 것인 만큼, 금고 이상의 유죄가 확정된 자는 이사가 될 수 없다는 게 이유였다. 둘째는 SK가 에너지 기업인데 반해 다양한 회사의 주식을 보유하고 있어 글로벌 경쟁력을 키울 수 없으니, 기업 가치 상승을 위해 SK가 보유한 계열사 주식을 매각해서 주주에게 돌려줘야 한다는 것이었다. 주주 우선주의 논리로 경영진을 압박했던 것이다.

이러한 소버린의 공격에 사활을 걸고 대응하는 SK 경영진의 모습은, 언론에겐 독자를 끌어들일 수 있는 흥미진진한 뉴스 거리였다. 이 사태로 인한 뜨거운 논쟁이 일어난 곳은 언론뿐이 아니었다. 전문가 집단, 학계 역시 마찬가지였다. 단기 이익만 추구하는 국적도 알 수 없는 외국 자본에 우량 기업을 넘겨주는 건 매국 행위나 다름없다는 의견과, 글로벌 시대에 역행하는 불투명한 재벌의 지배구조를 이번 기회에 바꿔 버려야 한다는 주장이 팽팽히 맞섰다. 연일 이어지는 분쟁에 투자자들의 관심은 절정에 달했다.

결국 이 싸움은 SK의 승리로 끝났지만, 정작 승리의 축배를 든 쪽은 소버린이었다. 소버린의 대주주는 2년간의 게임을 통해 1조 원가량을 벌어들였다. 덕분에 자신의 모국에서 최대 자산가로 등극했으니, 수지맞는 장사로는 비할 데가 없었다.

"SK 때문에 우리 대한이 크게 부각되지 않은 것이 그나마 다행인 줄 알아라."

"저도 이번에 많은 것을 느꼈습니다. 내년부터는 이런 일이 생기지 않도록 철저히 준비하겠습니다."

"그래, 점점 그룹을 이끌어 가기가 힘들 게다. 네게 너무 일찍 짐을 넘긴 것 같구나."

"……"

"그래, 얼마에 합의를 한 거냐?"

"그쪽에서 매입한 금액보다 1,800억을 더 줬습니다."

"1,800억? 1,800억이면 2배가 아니냐?"

"우리가 세금까지 부담하기로 했으니 2배가 넘습니다."

'이런 날도적놈들!'

박동수는 마음 깊은 곳에서 불쑥 울화가 치밀었지만, 행여 아들의 심기를 흔들까 봐 애써 표현하지 않았다.

"바빠도 이번 주말에는 꼭 한남동에 오거라. 손녀 얼굴 잊겠어."

"그렇잖아도 주총도 끝났고 해서 집사람과 함께 가려고 했습니다."

"많이 피곤했을 텐데 푹 좀 쉬어라. 네 건강이야 정연 어미가 오죽 잘 챙기겠냐만, 건강이란 본인 스스로 챙겨야 하는 게다. 알겠니?"

"예, 아버님."

박동수는 궁금한 것이 많았지만 묻지 않았다. 그룹 회장인 아들에게 예의를 갖추기 위해서였다. 박찬민도 그런 아버지의 배려를 느낄 수 있었다. 전화를 끊고 잠시 소파에 앉았지만 이내 인터폰이 울렸다.

"회장님! 부회장님 대기 중이십니다."

"어서 모시세요."

박찬민은 기다렸다는 듯 서둘러 대답했다.

잠시 후, 노크 소리와 함께 정만철을 뒤따라 건장한 사내 한 명이 들어왔다.

사내는 한눈에 봐도 운동으로 잘 단련된 단단한 체구를 가진 자였다. 하지만 깔끔한 무테안경이 잘 어울리는 이지적인 얼굴은 상반된 이미지를 자아냈다.

"알아보셨습니까?"

박찬민은 두 사람이 자리에 앉기가 무섭게 질문을 던졌다.

"명함을 두고 가서 어렵지 않았습니다."

"그래요? 누굽니까?"

"회장님! 이번 일은 크게 신경 쓰지 않으셔도 됩니다. 제가 직접 편집장을 만났습니다. 편집장 말로는, 그 변호사가 제보하겠다는 내용의 대부분이 추측성이어서, 어디에 보내도 기사화되기 힘들 거랍니다."

"그럼 그런 내용을 변호사가 제보했다는 겁니까?"

"한국 변호사는 아니고 미국 변호사입니다."

정만철의 옆에 있던 사내가 차분히 대답했다.

그 말에 박 회장은 더욱 갈피를 잡기 힘들었다. 미국 변호사가 무슨 이유로 신문사까지 찾아가서 대한토건 회계감사와 담당 회계사의 죽음이 관련 있다고 말했는지 점점 궁금해졌다.

"최 실장! 그 변호사가 누군지 알아봤겠지?"

궁금증을 참기 힘들어진 박찬민은 정만철의 옆 사내에게 직접 물었다.

"예."

"제가 말씀드리겠습니다."

사내가 대답하려 하자, 정만철이 끼어들었다.

"저도 최 실장의 보고를 받기 전에는 동명이인이라고 생각했습니다."

정만철이 자꾸 말을 돌리자, 답답한 박찬민이 단도직입적으로 물었다.

"저도 아는 사람입니까?"

"서주연 아시죠? 서 회장의 외동딸."

"주연이요? 주연이가 한국에 돌아왔습니까?"

"회장님도 기억하실 겁니다. 어릴 적에는 회장님과 한집에서 살기도 했으니까요."

정만철은 회장과 서주연이 오누이처럼 가깝게 지냈다는 사실을 잘 알고 있었다. 하지만 그 이름을 들으면 박찬민이 얼마나 동요할지는 미처 짐작하지 못했다.

'서. 주. 연.'

13년의 긴 시간 동안 기억 저편에 꽁꽁 숨겨 두었던 이름이었다. 그 이름이 전혀 예상치 못한 사람의 입에서 흘러나오자, 그의 온몸에서 그나마 남아 있던 힘까지 모조리 빠져나갔다.

박찬민에게 서주연은 어머니보다, 아니 지금의 아내보다 더 포근한 이름이었다. 그 이름을 다시 떠올리는 것만으로도, 연초의 그린메일로 인해 누적된 긴장이 한순간에 녹아내렸다. 한결같이 자신의 곁을 지켜 온 아내도 못한 일을, 13년 전의 기억 한 토막이 깨끗하게 해결한 셈이었다. 방금 전까지 그를 초조하게 만들었던 모든 일들이 어느새 한꺼번에 사라져 버렸다.

자리에서 일어난 박찬민은 창가로 천천히 걸어갔다. 을지로와 종로 일대가 한눈에 들어왔다. 30대 후반의 젊은 나이로 대한그룹 총수직에 화려하게 오른 후, 자신의 의지보다는 그룹의 이해를 위해서 뛰어야 했던 지난 4년이었다.

'이 자리가 내가 있어야 할 곳인가?'

그룹을 물려받으면서 각오는 했었다. 하지만 여전히 대한그룹 총수는 부담스러운 자리였다. 그 사실은 누구보다 박찬민 자신이 가장 잘 알고 있었다.

"회장님!"

13년 전 앳된 얼굴의 주연이 머릿속을 맴돌았다. 좀 더 따뜻한 기억 속에 머물고 싶었지만, 정만철은 그를 가만두지 않았다. 박찬민이 자신을 부르는 소리에 놀라 뒤돌아보니 정만철이 서 있었다.

"회장님! 서주연은 죽은 서 회장의 하나밖에 없는 딸입니다! 명예회장님과 서 회장이 어떻게 갈라섰는지 잘 아시잖습니까?"

박찬민은 아무런 대꾸도 하지 않고 창밖으로 다시 몸을 돌렸다.

"토건 감사에 대한 의혹을, 다른 사람도 아닌 서 회장의 딸이 제기했다는 건 그냥 넘길 문제가 아닙니다."

"최 실장!"

그의 시선은 여전히 창밖에 머물렀다.

"예!"

사내는 벌떡 일어나 정만철의 옆으로 걸어왔다.

"그 회계사 말인데, 분명 최 실장 애들이 한 짓 아니지?"

사내는 옆에 있는 정만철의 눈치를 살폈다. 정만철이 괜찮다는 신호로 고개를 끄덕이자, 창에 비친 박찬민의 얼굴을 바라보며 말했다.

"부회장님께 보고드린 대로 그 회계사가 한강으로 뛰어들었지, 우리 애들이 어떻게 한 게 아닙니다."

"더 자세히 얘기해 봐!"

박찬민의 추궁에 사내는 다시 정만철의 눈치를 살폈다.

"부회장님께서 알려 주셨다면서, 회계법인 전무에게서 전화가 왔었습니다."

"뭐라고 하던가?"

"회계사가 고집을 꺾지 않을 것 같으니, 겁이라도 줘야 하는 것 아니냐고……."

"그래서?"

"그 전무는 화난 목소리로 시간이 없으니 서둘러 달라고 했습니다. 연락을 받고 그쪽으로 바로 이동했습니다. 회계사가 63빌딩에서 나오는 것을 보고 차에 태우려고 했는데, 먼저 눈치 채고 원효대교 쪽으로 달아났습니다."

박찬민은 눈을 감고 사내의 설명을 들었다. 쫓고 쫓기는 영화의 추격 장면이 떠올랐다.

"마침 용산 쪽에 동생들이 대기하고 있었습니다. 그래서 원효대교 남단 쪽으로 오라고 지시했고, 차에 함께 타고 있던 동생들이 내려서 회계사 뒤를 쫓았습니다."

"대낮에 추격전을 벌였단 말인가?"

박찬민은 어이없다는 표정을 지으며 사내를 바라봤다.

"회장님! 제 동생들은 모두 프로입니다. 사람들 이목이 있는데, 그런 식으로 티 나게 쫓지 않았습니다. 그 작자는 원효대교에서 차를 버리고, 용산 방면으로 한참을 뛰어갔습니다. 그러다가 무슨 생각을 했는지 북단에서 내려오는 동생들을 보고 갑자기 한강으로 뛰어든 겁니다."

설명을 듣던 박찬민은 정만철을 쏘아보았다.

"회장님! 경찰에서 이미 자살이라고 결론 내린 일입니다. 더 이상 관심을 갖거나 묻지 않으시는 게 좋겠습니다."

박찬민은 그의 말이 무엇을 의미하는지 깨달았다. 사내의 말은 단지 형식적인 변명일 뿐이었다. 사건의 내막까지 파고들어 책임을 떠안을 필요가 없다는 뜻이기도 했다.

박찬민도 더 묻는 것이 두려웠다.

"최 실장은 그만 나가 봐!"

사내가 나간 후, 박찬민과 정만철 사이에는 긴 침묵이 흘렀다. 창밖 풍경을 보고 있던 박찬민은 유리창에 비친 정만철을 한참 동안 바라보았다.

"토건의 CD, 오래 끌고 갈 수 없겠죠?"

뭔가 결심한 박찬민이 먼저 말을 꺼냈다.

"상황이 워낙 급하다 보니 토건 자금을 쓰긴 했습니다. 이번 회계 감사는 어떻게든 넘겼지만, 의혹이 더 커지기 전에 정리를 해 놔야 안심하겠습니다. 빠른 시일 내에 대책을 마련해서 보고드리겠습니다."

"아버님도 이번에 토건 자금에 대해서 알고 계십니까?"

"아닙니다! 저는 절대 보고드리지 않았습니다! 본사나 계열사에서 명예회장님 비선 라인에서 수시로 보고가 올라가긴 하지만, 토건 쪽은 명예회장님 사람들이 없어서 아마 모르실 겁니다."

"주연이 명함 갖고 계시죠?"

"회장님께서 연락하셔서서 잘 타이르는 게 좋을 것 같습니다. 괜한 잡음까지 만들 필요는 없겠죠?"

정만철은 신문사 임원에게 받아 놓은 명함을 꺼내 건네주려 했다.

"책상 위에 두세요. 부회장님도 그만 나가 보시죠."

명함을 직접 받지 않고, 책상에 놓고 나가라는 말에 정만철은 잠시 멈칫했다. 그는 담담하게 반응하는 박찬민에게 다시 뭔가를 얘기하려다 말고, 포기한 눈빛으로 회장실을 나왔다. 박찬민은 여전히 굳은 자세로 미동도 하지 않고 창밖을 주시했다.

회장실을 나온 정만철은 왠지 불길한 예감을 지울 수 없었다.

"부사장 비서실에 연락해서, 부사장 좀 내 방으로 올라오라고 해요."

"예, 실장님."

그의 그룹 내 공식 직함은 부회장이었지만, 회장 비서실장을 겸하고 있어 직원들은 주로 실장으로 호칭했다.

"그리고 한 시간 후에 회의할 테니, 비서실과 전략팀 간부들은 한 명도 빠짐없이 참석하라고 해요."

비서실을 나온 정만철은 16층 부회장실로 내려가기 위해 엘리베이터 앞에 서 있었다. 회장실에서 최 실장이라고 불렀던 사내가 불쑥 그의 옆으로 다가왔다.

"먼저 내려가 있지."

사내가 다가오자, 정만철은 수행 비서를 먼저 엘리베이터에 태웠다. 엘리베이터 문이 완전히 닫히길 기다렸던 정만철이 입을 열었다. 쥐새끼 한 마리 찾아보기 힘들 정도로 조용한 복도인데도 사내에게 속삭였다.

"내가 다른 지시 하기 전까지 그 변호사한테 애들 붙여서 24시간 철저히 감시해."

"예! 실장님."

사내는 짧게 대답하고 비상구 계단을 통해 대한그룹 본사를 빠르게 빠져나갔다.

'하루하루가 살얼음판이로군.'

정만철은 넥타이를 느슨하게 풀며 엘리베이터에 탔다.

16층, 부회장실 앞에서 엘리베이터 문이 열렸다. 정만철이 엘리베이터에서 내리자 복도를 따라 걷고 있던 최순권의 뒷모습이 보였다.

'저 녀석이 나서지만 않았어도 이렇게까지 되진 않았을 텐데.'

화가 치민 정만철은 최순권의 뒷모습을 보고도 일부러 부르지 않았다.

갑작스러운 부회장의 호출에 허겁지겁 달려온 최순권은 정만철이 자신의 등 뒤에서 이를 갈고 있는지도 모르고 부회장실로 들어갔다.

"부회장님! 지난번 일은 제 실수였습니다. 다시 한 번 사과드립니다. 오늘 주주총회를 무사히 끝낼 수 있었던 건 다 부회장님 덕분……."

먼저 도착해서 자리에 앉아 있던 최순권은 정만철이 들어오자 자리에서 벌떡 일어서며 말했다.

"그냥 앉아 있어!"

정만철은 그의 미안한 기색에도 아랑곳하지 않고 말을 끊었다. 한 달 만의 만남이었지만, 정만철의 화는 여전히 풀리지 않은 듯 보였다.

"딴은 그룹과 회장님을 위해서 한 행동인데 어쩌겠나, 이미 지난 일인데."

방금 전과 다른 차분한 어조였다.

"회장님 지시대로, 앞으로 나에게 보고 체계만 잘 지켜 주게."

승자의 여유 있는 훈시였다. 회장은 부회장과 부사장 모두에게서 별도의 보고를 받고 있었다. 하지만 이번 네오트러스트 사건 이후, 부사장은 부회장을 거쳐서 회장에게 보고하라는 지시가 내려졌다. 최순권에게 내린 일종의 징계였다.

"방금 회장님 뵙고 내려오는 길이네, 토건 때문에 심기가 아주 불편하셔."

"토건 일이라면?"

정보 라인이 막혀 버린 최순권은 정만철에게 아쉬운 소리를 할 수밖에 없었다.

"누가 토건 CD를 언론에 문제 삼겠다고 했어."

대한토건 자금을 급하게 쓰도록 만든 장본인이 자신이었기 때문에, 최순권은 아무 말도 할 수 없었다.

"토건 CD를 바로 정리하지 않으면, 문제가 커질 것 같아."

"또 자금 문제가 걸리겠군요."

부회장은 자금만큼은 절대 자신과 상의하려 들지 않았는데 무슨 일인가 싶었다.

"회장님의 물산 주식을 담보로, 은행 대출을 받아 정리하면 어떻겠습니까?"

"아예 광고를 하지그래!"

최순권의 제안은 단번에 일축되었다.

"저도 그 점이 걸리긴 합니다만."

정만철이 칭찬을 하든 질책을 하든 최순권은 그저 인정할 수밖에 없었다.

"계열사들 차명으로 관리하고 있는 역외펀드 있지? 물산 주식이 얼마나 되지?"

최순권은 정만철이 왜 자신을 호출했는지 이제야 알 것 같았다. 토건 자금 문제를 다른 계열사 자금을 세탁해서 해결하기가 부담스러웠던 것이다.

"끝자리까지는 정확하지 않은데, 대략 1,100만 주 정도 됩니다."

"1,100만 주라, 스티브 지금 어디 있나?"

"여의도에 간다고 들었습니다."

정만철 역시 최순권만큼이나 스티브를 경계했다.

"아무래도 그 주식을 매각해야겠어. 1,100만 주면 적은 물량도 아니고, 국내보다는 해외 증권사 창구를 통한 거래라야 모양새가 좋겠지."

최순권이 보기에는 정만철 머리에서 나올 만한 생각이 아니었다. 권 상무의 아이디어임이 분명했다.

"그렇긴 하지만, 가뜩이나 회장님 지분이 적은데, 이 물량마저 매각해도 되는지 모르겠습니다."

"지금 그런 거 따질 상황이 아니야! 언론에서는 가만있지만, 인터넷에서는 토건 담당 회계사 자살과 관련해서 이상한 얘기들이 나돌고 있다고."

최순권도 이미 비서를 통해서 들은 이야기였다.

"알겠습니다. 제가 스티브와 매각을 추진하겠습니다."

"가능하면 큰 덩어리로 말고, 쪼개서 여러 군데 나눠서 팔도록 하게."

"뭘 걱정하시는지 알고 있습니다. 가급적 사가는 쪽 의결권도 위임받아 보겠습니다."

"그럼 수고하고 중간 중간 경과 보고하게. 나도 회장님께 보고해야 하니 말이야."

"알겠습니다, 부회장님! 회장님께서 벤처 투자만 하지 않았다면, 이렇게 어렵게 해결할 문제도 아닌데 말입니다."

최순권은 나름대로 정만철과 아쉬운 마음을 나누고 싶어서 회장의 아킬레스건인 벤처 투자 실패 애기를 꺼냈다.

"자네! 회장님이 아무리 친구라고 해도 그렇지. 회장님 앞에서 행여 그런 말은 입 밖에 꺼내지도 말게! 알았나?"

또다시 정만철의 질책이 이어졌다. 무안해진 최순권은 속으로 생각했다.

'역시 부회장과는 한 배를 탈 수 없는 운명이야.'

숨길 수 없는 진실

4월의 오후를 물들이는 따사로운 햇살은 현기증이 날 정도로 아름다웠다. 그 속에서 자기만의 색을 가진 세상의 모든 것들이 더욱 선명해진 빛깔을 뽐내고 있었다.

흔히 5월을 계절의 여왕이라고 부른다. 하지만 5월은 숨 막히는 여름으로 향하는 통로일 뿐이다. 진정한 봄을 만끽하려면 4월을 붙잡아야 한다. 누가 4월을 잔인한 달이라 했는가!

연희동으로 향하는 택시 안에서 주연은 몇 번을 망설였다. 한국에 돌아가면 제일 먼저 가보리라 맘먹었지만, 막상 용기가 나지 않아 수백 번을 미뤘었다. 하지만 더 이상 견딜 수 없었다. 주연에게 필요한 건 이제 용기가 아니라 위로였다. 하필이면 왜 연희동이 생각났는지 자신도 몰랐다. 그냥 그곳에 가면 위로받을 수 있으리란 막연한 기대뿐이었다.

주연은 정수의 음성 메시지를 확인하고 처음에는 장난인 줄 알았다. 그날따라 계속된 클라이언트 미팅으로 메시지를 확인한 시간이 오후 5시가 넘어서였다.

왜 실없이 사람을 놀라게 하느냐고 따지려는데 전원이 꺼져 있었다. 분명 저녁 7시에 여의도에서 만나자고 했었다. 벚꽃을 보며 근사한 저녁을 먹을 예정이었다. 다시 메시지를 확인했다. 성우가 아닌 다음에야 그처럼 완벽하게 긴박한 상황을 연기할 순 없었다. 설사 장난이라고 해도 일단 오피스텔로 가봐야겠단 생각이 들었다. 만약 장난이었다면 웃으면서 정강이를 걷어차 주면 되었다. 그런데 그렇지 않다면? 주연의 마음속에 갑자기 두려움이 엄습해 왔다.

사무실에서 정수의 오피스텔이 있는 논현동까지는 15분이면 충분한 거리였다. 장난이면 가만두지 않겠다며 억지로 불안한 마음을 달랬다. 하지만 여전히 그녀가 알던 정수는 이런 종류의 장난과 거리가 멀다는 생각에 또 한 차례 가슴이 방망이질 쳤다.

정수의 집은 14층이었다. 현관문 비밀번호가 꽤 낯익다고 생각했었는데, 한 자씩 누르면서 알게 되었다. 비밀번호는 그녀의 생년월일이었다. 그 이유를 미처 궁금해하기도 전에 집 안 물건이 어지럽게 널린 거실이 눈에 들어왔다. 테이블 위에 있다던 노트북은 어디에도 없었다. 누군가가 심하게 헤집고 다닌 오피스텔은 쑥대밭이었다. 한국 생활에 서툰 주연으로선 이럴 때 어떻게 해야 할 줄 몰랐다. 갑작스러운 공포와 떨림으로 이곳이 한국이라는 사실도 잊은 채, 911을 연신 눌러 댔다.

정수가 한강에서 시체로 발견됐다는 소식을 들었을 때의 충격은
이루 말할 수 없었다. 주연은 정수와 다시 대화할 수 없다는 말에 자
신의 귀를 의심해야 했다.

자살을 결심한 사람이 다른 사람이 부탁한 일 처리로 고심할 리
없었다. 주연이 아는 한 정수보다 속 깊은 사람은 주변에서 찾아보기
힘들었다. 그런 사람이 점심때 한 저녁 약속을 저버리고 자살을 하다
니 말도 안 되는 일이었다. 정수의 죽음을 단순 자살로 종결했다는
경찰의 말에 주연은 분한 나머지, 슬퍼할 수도 없었다. 이런 엉터리
가 세상에 어디 있단 말인가!

주연은 어이없는 상황을 어떻게든 바꿔 보려고 노력했다. 담당 형
사에게 음성 메시지를 몇 번이나 들려 줬다. 하지만 돌아오는 대답은
황당하기 그지없었다. 신경쇠약증에 걸린 사람은 이보다 더 심한 말
도 한다는 것이었다. 주연이 그 멍청한 형사에게서 더 이상 기대할
건 없어 보였다.

주연은 로펌의 동료 변호사를 통해 정수의 회계법인 동료를 알게
되었다. 그로부터 정수가 올해 처음으로 대한토건 회계감사에 투입
되었다는 정보와 함께 보고서를 얻었다.

'젠장, 그 회사 때문에 그런 것 같아!' 라는 정수의 음성이 귓가를
맴돌았다. 주연은 혹시라도 건질 게 있을까 해서 열심히 보고서를 읽
었다. 더욱이 대한토건이 대한그룹의 계열사란 사실이 정수의 죽음
에 어떤 기여를 했는지 꼭 알아내고 싶었다. 하지만 정작 그녀는 한
국 기업의 회계 기준에 대해선 아무것도 아는 게 없었다.

그녀가 기억하는 대한그룹 사람들은 자신의 집안과 떼려야 뗄 수

없는 증오의 대상이었다. 13년 전 사랑하는 사람을 뺏어 가더니 그 다음에는 아버지, 그리고 지금은 가장 믿고 의지했던 친구마저 빼앗아 가 버렸다. 주연은 절대 그들을 용서할 수 없었다. 그녀가 아는 한 용서는 강한 자만이 하는 것이었다.

정수의 죽음 후, 주연은 보름 동안을 뭔가에 홀린 사람처럼 지냈다. 불현듯 그 사람이 보고 싶었다. 포근하고 서글픈 마음이 교차하면서, 그 옛날 그랬듯이 그 사람의 위로를 받을 수 있을까 해서 택시를 탔다.

택시는 반포대교를 지나 강변북로를 타고 달렸다. 성산대교에서 연희 입체교차로 방면으로 우회전하자 목적지가 보였다. 연희 삼거리까지 오는 데 25분밖에 걸리지 않았다. 그토록 와보고 싶었고, 한 번은 와야 했던 곳인데, 30분이 채 안 걸리는 거리였다.

인생이란 선생은 나중에 교훈만 던져 줄 뿐, 당장의 결정이나 판단에 대해선 약간의 힌트도 주지 않는다. 책임은 언제나 자신의 몫이다. 무심한 세월 속에서 평생을 불확실이란 적들과 싸워야 하는 게 인생이었다. 무책임한 세월은 열일곱 소녀를 이제 누가 봐도 완벽한 서른 살 여성으로 만들어 놓았다.

주연이 상념에 잠겨 있는 동안 어느새 택시는 목적지에 도착해 있었다. 택시에서 내린 주연은 열심히 주위를 두리번거렸다. 어디를 봐도 자신의 기억 속 풍경과 일치하는 곳은 없었다. 익숙한 건 4월의 따뜻한 햇살밖에 없었다. 언덕 위쪽의 예전 살던 집을 찾아봤지만,

빽빽하게 늘어선 신축 빌라에 가려 보이질 않았다.

　이곳에 오면 그동안 꾹꾹 참았던 울음이 터져 버릴 것만 같았다. 사랑했던 사람과의 추억 때문에, 돌아가신 아버지에 대한 그리움 때문에 돌아오길 주저했었다. 하지만 막상 와보니 자신도 알아보기 힘들 정도로 동네가 확 달라져 있었다. 주연은 차라리 잘된 일이라고 여겼다.

　주연이 연희동으로 이사 온 해는 1985년이었다. 초등학교 5학년 때였다. 그녀의 아버지, 대한물산 서정식 회장은 몇몇 친분 있는 기업인들과 야산을 매입해서 산 중턱에 빌라를 지었다. 똑같은 모양의 2층 단독주택 4채가 세워졌다.

　언덕 경사를 따라 아래부터 위까지 빌라가 계단식으로 자리를 잡았다. 당시의 기업 서열에 따라 맨 윗집은 서 회장이 차지했다. 그는 외동딸 주연을 위해 바로 뒤의 산을 더 매입했다. 딸에 대한 애정이 각별했던 그는 매입한 부지에 공원을 만들었다. 공원 중앙의 정자는 서 회장이 직접 만든 것이었다. 그는 인부들과 함께 일하며 공사장 먼지를 마시는 것도 마다하지 않았다. 그때의 모습이 세간에 알려져 섬유재벌인 대한물산 회장의 새로운 면모가 화제가 됐었다. 유명 여성 월간지에 기사화되기도 했었다.

　공원은 그의 가족만 드나들 수 있었다. 공원 안쪽에 아래쪽 집과 연결되는 문이 있었다. 공원 옆길 쪽으로 난 출입문은 일 년에 두세 번, 청소용 차나 장비가 들어오는 용도였다. 평소에는 잠겨 있었다.

주연의 집 거실에서 내려다본 전망은 꽤 훌륭했다. 빌라가 자리 잡은 부지가 비교적 높다 보니 거실 창의 커튼을 열면 연희동 일대가 한눈에 들어왔다. 멀리 한강과 63빌딩이 선명하게 보일 정도였다.

애초 산 중턱에 세워진 집이라 일반 도로에서 빌라까지 연결되는 길을 만들어야 했다. 그 길을 이용하는 사람은 오직 빌라에 사는 사람들밖에 없었다. 산 중턱에서 아래를 굽어보는 듯 지어진 빌라는 사람들에게 신비감마저 주었다. 연희 삼거리에 들어서면 제일 먼저 산 중턱의 빌라가 눈에 들어왔다. 사람들은 산 위의 집을 보며 마치 중세 영주가 사는 성을 보는 것 같은 위엄을 느꼈다. 이 때문에 마침 바로 밑 주택가에 살던 당시 대통령이 자신의 집을 내려다보는 게 기분 나쁘다고 하자, 안기부에서 빌라를 철거하려 했다는 소문도 돌았다.

택시에서 내린 주연은 빌라와 연결되는 골목까지 도로를 따라 천천히 걸었다. 빌라로 연결되는 길과 일반 도로의 분리 지점에서 잠시 걸음을 멈췄다. 생각해 보니 그녀 스스로는 단 한 번도 이 길을 직접 걸어 본 기억이 없다. 서 회장은 이곳으로 이사 온 이후부터 애지중지하는 외동딸이 걸어 다니도록 허락하지 않았다.

그녀는 학교를 오고 갈 때도, 교회를 가거나 친구를 만나러 갈 때도 차를 타야 했다. 그런 점 때문에 친구 사귀기가 어렵다며 가끔 아버지에게 투정을 부리기도 했었다. 미국으로 이민 가기 전 한 번쯤은 걸어 볼 기회가 있었지만, 그 사람의 등에 업힌 채였다. 주연에게 이 길은 오늘이 처음이나 다름없었다.

주연은 복잡한 심정으로 빌라를 향해 걷기 시작했다. 무거운 마음에 발걸음 역시 천근만근이었다. 차로 다닐 땐 몰랐는데, 경사가 제법 가팔랐다. 4월 중순의 봄볕이 꽤 뜨거웠다. 중간 정도에 이르자 주연의 이마에 땀이 송골송골 맺혔다.

'그 추운 날, 날 업고 이 길을 걸었다니!'

조금만 더 올라가면 보일 것 같은데, 예전 집은 아직도 보이지 않았다. 기억 속 그 길이 맞는지 의심스러울 정도로 너무나 많이 변해 있었다. 13년 전에는 단독주택 몇 채와 길 주변의 풀과 나무가 다였다. 지금은 한눈에 봐도 고급스러운 빌라들이 길을 따라 어림잡아 서른 채는 자리 잡고 있었다. 2층 단독주택 4채뿐이었던 산 중턱 위로는 이제 대규모 아파트 단지가 들어서 있었다.

빌라로 이사 오던 날, 그녀의 아버지는 우리 집이 연희동에서 제일 높다며 어린애처럼 좋아했었다.

'아빠가 살아 계셔서 저 아파트를 보셨다면 얼마나 실망하셨을까?'

서운해했을 아버지를 떠올리자 주연은 금세 서글퍼졌다. 잠시 멈춰서 뒤를 돌아보았다. 새로운 건물과 주택들로 많이 변했지만, 주연이 다니던 교회나 그 사람이 늘 데려다 주던 고등학교까지 주연의 기억 속 풍경이 군데군데 남아 있었다.

'이 길이 분명 맞긴 하구나.'

잠깐의 휴식을 끝낸 주연은 언덕 위쪽으로 걸었다. 10분쯤 걸었을까, 기대했던 첫 번째 단독주택은 보이지 않고 그 터에 5층 빌라가 들어서 있었다. 혹시나 했는데, 역시나 두 번째 단독주택이 있던 자리에도 똑같은 모양의 빌라가 있었다. 5층 높이에 가린 탓인지 세 번째 집과 예전 집은 보이지 않았다. 더 올라가 봐야 같은 빌라만 있겠구나 싶었다.

'내가 살던 곳, 그 사람과 추억이 남아 있던 곳이 이렇게 사라져 버렸구나.'

그나마 남아 있던 힘이 밀물에 조금씩 허물어져 가는 모래성처럼 빠져나가고 있었다. 처음 이곳에 올 때의 두려움과 기대감이 실망감으로 바뀌었다.

'다시 내려갈까?'

주연은 기억에 남아 있는 아름다운 풍경까지 허물고 싶지 않았다. 실체는 사라져 버렸을지언정 추억만이라도 간직하고 싶었다. 하지만 잠시 망설이던 주연은 다시 발길을 위쪽으로 향했다.

실망하게 되더라도 두 눈으로 꼭 확인하고 싶었다. 13년이란 시간 내내 한 사람에게 미안해하며 살아왔다. 그러나 이제 무너져 버린 공원을 보면서, '봐라. 당신도 어쩔 수 없지 않느냐'라고 말하고 싶었다. 자신만의 잘못이 아니니, 이젠 더 이상 원망 말라고 울부짖고 싶었다.

지난 세월 마음속에 가둬 두었던 설움이 복받쳐 와 왈칵 눈물이 쏟아졌다. 사랑하는 친구가 억울하게 죽었다고 엉엉 울며 하소연하고 싶었다. 기다려 달라고 말하고 정작 약속을 못 지킨 그녀였지만, 당신 역시 왜 자신을 찾지 않았느냐며 따지고 싶었다. 한편으론 더 빨리 지키지 못한 약속의 끝을 무너져 버린 공원을 보면서 확인하고 싶었다. 목적지가 가까워 올수록 발걸음이 점점 빨라졌다.

세 번째 빌라 터를 지나면서 주연은 자신의 눈을 의심하지 않을 수 없었다. 당연히 헐렸으리라 짐작했던 곳에는 예전의 공원이 그대로 있었다. 남은 힘을 다해 뛰다시피 해서 공원 쪽을 향해 올라갔다. 공원 바로 아래 주연의 집도 변함없이 그대로였다. 주연은 문 앞에서 그대로 주저앉아 버렸다.

주연의 집만 유일하게 세월의 거센 파도를 이겨 낸 듯했다. 대문과 차고 문은 페인트칠이 벗겨진 채 심하게 색이 바래 있었다. 이젠 기억 속에서나 꺼내 볼 영상인 줄 알았는데, 이렇게 두 눈으로 볼 수 있게 되자, 주연은 진심으로 집주인에게 감사했다. 의도나 이유는 묻지 않고 무조건 집과 공원을 지켜 줘서 고맙다고 말하고 싶었다.

대문의 초인종을 눌렀다. 몇 번을 눌렀지만 안에서는 아무 대답이 없었다. 주인도 없는 집에 함부로 들어갈 순 없었다. 밖에서라도 조금이나마 훔쳐보고 싶은 마음에 공원 쪽으로 올라갔다. 가봐야 자물쇠로 잠긴 높은 철문만 보게 되겠지만, 아쉬운 마음에 공원 입구로 향했다.

막상 가서 보니 주연의 예상과 전혀 달랐다. 공원을 가로막는 높다란 철문은 어디에도 없었다. 공원 문은 활짝 열려 있었다. 주연은 그 앞의 조그만 푯말을 읽었다.

"이 공원은 사유지입니다. 자유롭게 이용하셔도 좋으니 내 공원처럼 아껴 주세요."

그녀의 아버지 서 회장은 공원에 누구도 침범하지 못하도록 높은 담을 쌓았었다. 하지만 그런 아버지에 비해 이 공원의 주인은 남들과 나눌 줄 아는 여유를 갖고 있는 것 같았다.

덕분에 주연은 공원 안을 맘껏 둘러볼 수 있었다. 마치 타임머신을 타고 어린 시절로 되돌아간 기분이었다. 그네도, 미끄럼틀도, 나무도, 벤치도, 구름다리도, 중앙의 정자까지 옛 모습 그대로 그 자리를 지키고 있었다. 어릴 적 뛰놀았던 그 공원과 달라진 게 하나도 없었다.

주연은 공원 안쪽에서 아랫집으로 내려가는 문이 아직도 있는지 알고 싶었다. 혹시나 너그러운 집주인 덕에 집까지 볼 수 있게 될까 내심 기대했다. 하지만 이번은 기대와 달랐다. 문은 콘크리트 벽으로 막혀 있었다. 아무리 맘 좋은 주인이라지만 모르는 사람이 사유 영역까지 침범하도록 방치할 순 없을 터였다.

주연은 공원의 중앙 정자 앞, 벤치를 한참이나 쳐다봤다. 산 위에서 불어오는 4월의 순풍이 주연의 긴 머리카락을 어지럽게 날렸다. 주연은 부드럽게 흩날리는 머리칼을 쓸어 올렸다. 시선을 아래로 향하자, 탁 트인 전망이 한눈에 들어왔다. 그녀의 아버지도 이 자리에 이렇게 서서 그녀와 함께 산 아래를 굽어봤었다. 아버지는 대한민국에서 여기처럼 전망 좋은 공원은 없을 거라며 좋아했었다.

미국으로 떠나던 크리스마스 아침, 부녀는 마지막으로 이곳에 들러 다시 못 볼지도 모를 경치를 맘껏 감상했다. 울적한 기분을 털어내고 싶었던 주연이 이 공원이야말로 세상에서 가장 전망 좋은 곳이라며, 아버지의 평상시 말을 흉내 냈다. 그녀의 장난기 어린 말에도 아버지는 아무 말이 없었다. 조용히 하늘만 올려다볼 뿐이었다.

주연은 그때의 아버지처럼 먼 하늘을 보았다.

'그 사람도 이곳에 와봤을까?'

'그 사람은 지금 어디서 무얼 하고 있을까?'

주연의 마음속엔 스스로 대답할 수 없는 질문들이 계속 맴돌았다.

자신의 발아래 아랫집은 지붕에 세워진 안테나 말고는 눈에 들어오는 게 없었다. 잠시 후 주연은 서류가방에서 휴대전화를 꺼냈다.

"실장님! 서주연입니다. 제가 지금 부르는 주소의 소유주가 누군지 좀 알아봐 주세요. 등기부 열람하면 바로 가능하겠죠?"

시계를 보니 오후 5시가 넘었다.

'벌써 시간이 이렇게 됐나?'

공원을 나와 내려가려던 주연은 다시 한 번 초인종을 눌렀다. 여전히 아무 기척이 없었다. 이때 주연의 휴대전화가 울렸다.

"접니다, 실장님! 벌써 알아보셨어요? 아! 요즘은 인터넷에서 확인하니 빠르겠군요."

"정확히 말씀해 주시겠어요? 니코스홀딩스요? 소유주가 법인으로 되어 있다구요?"

법인이 직원 복지 차원에서 콘도나 리조트 회원권, 골프장 회원권 등을 소유하는 일은 흔했다. 하지만 주택가의 빌라 소유는 조금 의아한 일이었다. 법인의 소유주가 세금을 피할 목적으로 법인 명의로 소유하는 경우도 있었지만, 공원까지 딸린 집이 괜찮은 투자가치가 있을지 의심스러웠다.

주연은 다시 휴대전화의 통화 버튼을 눌렀다.

"실장님! 방금 그 회사의 법인 등기부 등본 출력해서 제 책상에 놓아 주시겠어요?"

언덕을 내려오면서 주연은 다시 한 번 빌라 쪽을 바라보았다.

'왜 법인이 저런 오래된 빌라를 샀을까?'

설마 하는 생각에, 빨리 사무실로 들어가서 니코스홀딩스 임원 중

아는 사람이 있는지 확인하고 싶었다. 다시 휴대전화가 울렸다. 생소한 번호였다.

"서주연입니다."

"안녕하십니까? 대한그룹 회장님 비서실입니다. 회장님께서 통화를 원하시니 연결해 드리겠습니다."

상대방은 자신의 의사는 묻지 않고 일방적으로 전화를 돌렸다.

"주연이니? 찬민 오빠야!"

낯선 음성이 통화 대기음을 끊고 들려왔다. 수화기 너머로 들리는 목소리에 주연은 잠시 걸음을 멈췄다.

"주연아! 듣고 있니?"

'끊어 버릴까?'

주연은 전화를 끊을지 말지 망설였다. 왜 하필 옛날 집 앞에서, 그 것도 이 사람에게서 전화가 온 건지, 우연치곤 참 씁쓸했다.

폴더를 닫으려던 주연은 휴대전화를 다시 귀에 대고 말했다.

"듣고 있어요."

"한국에 온지 몰랐어. 한국에 왔으면 오빠에게 연락을 했어야지."

"제가 왜 그래야 하죠?"

주연의 냉정한 대답에 잠시 짧은 침묵이 흘렀다.

"주연아! 우린 친남매나 다름없는데, 왜라니?"

"전 한 번도 그렇게 생각해 본 적 없습니다."

"내가 널 얼마나 찾았는지 아니?"

"괜한 일 하셨네요."

"주연아! 그러지 말고 우리 만나자! 오빠가 만나서 할 얘기가 많다. 그래야 서로에게 쌓인 오해도 풀리고 그러지 않겠니?"

"전 오해한 거 아무것도 없어요. 그렇게 절 만나고 싶으시면, 모든 걸 처음으로 되돌려 놓으세요. 아빠도, 아빠 회사도, 내 인생도."

10여 년 전의 순수했던 소녀를 기대하진 않았지만, 주연의 쌀쌀맞은 대답에서 둘 간의 높은 담을 실감할 수 있었다. 박찬민은 누가 그 담을 쌓았는지 따지기보다 어떻게든 대화의 물고를 트고 싶었다.

"서 회장님과 아버님이 다퉜다는 걸, 오빠 아주 나중에 알았다."

"다투다니요? 재벌 회장은 과거도 맘대로 바꿀 수 있다고 생각하나 보죠?"

"주연아! 그러지 말고 오빠 말을 좀 들어 보라니까?"

"들을 이유 없으니 다시는 연락하지 마세요."

주연은 거칠게 폴더를 닫았다.

대한그룹의 모체는 대한물산이었고, 대한물산의 창업주는 서정식 회장이었다. 서 회장과 박 회장은 재계에서 부러워할 만큼 끈끈한 동업관계를 유지했다. 지분은 서 회장이 많았지만, 회사 운영은 박 부회장이 주도했다. 부회장은 대주주인 서 회장을 존중했고, 그런 부회장을 전적으로 신뢰한 서 회장은 회사 운영의 전권을 부여했다. 뿐만 아니라, 한때는 한집의 아래층과 위층에 함께 살 정도로 가족 이상으로 가깝게 지냈다.

그러다 보니 자연스럽게 서 회장의 외동딸인 주연과 박 회장의 외동아들인 찬민은 친남매처럼 지냈다. 지금도 주연의 기억 속에는 박찬민이 다정한 오빠의 모습으로 남아 있었다.

그러나 당시 박동수 부회장은 서 회장을 속이고, 그에게 외화 밀반출 혐의를 씌웠다. 그룹 총수였던 아버지는 졸지에 한낱 범죄인으로 전락해서 대한물산을 빼앗겼다. 박찬민이 아무것도 몰랐다고 하지만 그의 아버지가 빼앗은 회사를 그대로 물려받은 이상 박동수 회장과 다를 게 전혀 없었다.

주연은 박 회장 부자를 절대 용서할 수 없었다. 세상에서 가장 사랑했던 아버지는 죽는 순간까지 고향에 돌아가고 싶어 했다. 그런 아버지를 고향에 모셔오지 못하고, 외국 땅에 그대로 묻어야 했던 슬픔과 분노는 말로 설명할 수 없었다. 거기다 주연이 가장 아끼고 사랑했던 사람과 생이별을 하게 만들었다.

점차 시간이 흐르면서 맘속 분노는 점점 커져만 갔다. 한국으로 돌아와 통쾌한 복수를 꿈꿨지만, 주연이 할 수 있는 일은 아무것도 없었다. 대한그룹은 거대한 성이었고 자신은 무기 하나 없이 그 앞을 서성이는 연약한 여자일 뿐이었다. 이런 형편을 깨닫는 데는 그리 오래 걸리지 않았다. 다시 전화벨이 울렸다. 이번 역시 처음 보는 번호였다.

"서주연입니다!"

"오빠다! 끊지 말고 들어! 오빠 진심으로 너와 네 가족을 돌보고 싶다."

"동정 따윈 필요 없어요. 모든 걸 처음으로 돌려놓을 수 없다면 다시는 연락 말아요."

"왜 우리가 이런 대화를 해야 하니?"

"나보다 그쪽이 더 잘 알지 않나요? 제 연락처는 어떻게 안 거죠?"

한국 재벌의 정보력을 모르는 바 아니었으나, 정작 주연이 묻고 싶은 것은 따로 있었다.

"신문사에 기사를 제보하러 다닌다는 얘길 들었다."

"짐작은 했어요. 대한그룹은 필요하면 사람도 죽이나 보죠?"

"너, 말이 너무 심하구나."

"정수는 제 친구예요. 그 애가 미국에 교환 학생으로 왔을 때 만났죠. 정수가 자살했다던 날, 우린 저녁 약속을 했다구요. 그런데 정수가 죽기 직전 제 휴대전화에 음성 메시지를 남겼어요. 그게 뭔지나 아세요?"

"난 네가 도대체 무슨 말을 하는지 모르겠다. 오빠는 네 연락처를 알게 돼서 기쁜 맘에 전화를 한 것뿐이야."

"왜죠? 왜 정수같이 착한 애를 죽였냐구요?"

"주연아, 그건 사고였다. 죽이다니, 우리가 왜 사람을 죽이겠어?"

"조금 전에는 무슨 말인지 모르겠다면서요. 사고였다구요? 신문에는 정수가 자살한 걸로 났었죠. 그런데 사고라니, 역시 오빠 뭔가 알고 있단 말이네요?"

박찬민은 주연의 유도 신문에 걸려들었다. 모른다고 했던 이정수의 죽음에 대해서 언급하는 실수를 해버렸다.

미국 연방 수사관이 범인을 취조할 때 자주 쓰는 수사 기법이 있다. 수사관은 범인이 저질렀다고 의심되는 죄보다 더 큰 죄를 강력하게 추궁한다. 물론 수사관은 범인의 죄가 그 정도까지는 아니라는 것을 알면서 말이다. 더 큰 죄를 추궁당한 범인은 실제 저지른 범죄를 자백해서 자신의 주장을 입증하려 한다.

미국에서 한때 연방 검사가 되려고 했던 주연이었다. 이런 수사 기법은 익숙했다. 쉽게 입을 열지 않을 것 같던 박찬민에게 요긴하게 써먹은 것이다.

"우리 13년 만인데, 꼭 이런 얘길 해야 하겠니?"

당황한 박찬민은 어떻게든 화제를 돌리고 싶었다.

"제가 신문사를 찾아다니며, 정수가 타살되었을 가능성에 대해 말했지만 누구 하나 관심조차 보이지 않더군요."

"제발 말도 안 되는 소리 그만 해!"

박찬민은 억울하다는 듯 소리를 높였다.

"말이 되는지, 안 되는지는 제가 꼭 밝혀 내고 말 거예요."

주연은 마음이 약해질까 봐 더욱 단호하게 말했다. 주연의 마음은 말할 수 없이 착잡했다. 박찬민은 주연이 어릴 적부터 친오빠처럼 의지했던 사람이다. 그런 사람과 13년 만에 통화하면서 이런 피맺힌 말들을 주고받게 된 상황이 믿기지 않았다.

"휴대전화에 오빠 전화번호 찍혔을 테니 언제든지 연락해."

"……"

"주연아, 듣고 있니?"

잠깐이지만 옛날 정겨웠던 시간을 떠올리며 감상에 잠겼었다. 주연은 마음을 굳게 다잡았다. 서로 원치 않는 세월을 살았다고 하지만 그는 모든 것을 얻었다. 그에 비해 자신은 너무나 많은 것을 잃지 않았는가!

"다시는 연락하지 마세요."

"오빠 네가 한국에 있다는 소식을 듣고 며칠을 잠도 못 잤다."

"이만 끊습니다."

"부모님들의 오해를 우리가 풀어야 되지 않겠니? 오빠 진심으로 그러고 싶다."

주연은 서둘러 휴대전화 폴더를 닫고 배터리를 아예 빼버렸다. 고통을 참기 위해 입술을 꽉 깨물었다.

어둠이 짙게 내린 회장실에는 박찬민 혼자 남아 있었다. 그는 전화기를 손에 든 채 멀리 남산을 바라보며 긴 한숨을 내쉬었다.

주연을 설득하려고 전화한 것은 아니었다. 복수심 때문에 주연이 자신을 미워하고 있을 줄 알았지만, 자신의 답답한 삶을 누군가에게는 속 시원하게 털어 놓고 싶었다. 가장 가까운 아내에게조차 말할 수 없었던 심정이었다.

행복했던 어린 시절을 함께한 주연은, 그에게 고향 같은 존재였다. 늘 보고 싶었다. 주연이 미국에 있는 동안 여건만 되면 자신이 주연을 찾아 나서고 싶었다. 그런데 그런 사람에게 죄를 감추고 모른 척해야 하는 현실이 못 견디게 힘들었다. 차라리 대한그룹의 모든 비밀을 안고 있는 편이 더 나았다.

갑자기 서 회장 가족이 미국으로 떠난다고 했을 때 그는 마침 유학을 준비하고 있었다. 아버지의 말로는, 서 회장이 대한물산의 해외 계열사를 미국에 통합시키는 일을 직접 주도해서라고 했다. 그것도 고작 1년 정도만 가 있을 거라고 했다. 하지만 현실은 달랐다. 서 회장이 미국으로 떠난 직후 검찰에서 서 회장을 외환관리법 위반 혐의로 체포하려 들었다. 곧이어 서 회장이 미국으로 도주했다는 뉴스가 연일 신문의 헤드라인을 장식했다.

당시만 해도 주연은 자신의 아버지를 삼촌이라고 불렀다. 그러나 박찬민은 서 회장에게 '회장님'이란 존칭을 바꾸지 않았다. 자신의 아버지보다 서 회장을 더 존경해서였다. 그랬기에 서 회장이 수년 동안 대한물산의 남미 지사와 거래한 것처럼 꾸며 미화 5,000만 달러를 빼돌렸다는 신문기사를 도저히 믿을 수 없었다.

믿기 힘든 일은 줄지어 벌어졌다. 서 회장의 구명에 누구보다 앞장설 줄 알았던 대한물산 부회장인 아버지가 궁지에 몰린 서 회장에게 완전히 등을 돌렸다. 오히려 서 회장이 그런 사람인지 몰랐다며 냉정하게 관계를 끊으려 했다.

학생 신분이었던 박찬민은 아버지가 주연 가족에게 하는 일을 두고 볼 수밖에 없었다. 사태를 수습할 엄두는커녕 아무런 힘이 없었다. 결국 내쫓기듯 미국 유학길에 올랐다. 박찬민은 서 회장 가족의 소식을 알아보기 위해 백방으로 수소문했다. 그렇지만 유학생 신분으로, 도망자 신세가 된 서 회장 가족을 찾기는 거의 불가능한 일이었다.

그러는 동안 그의 아버지는 대한물산의 회장이 되어 섬유 분야에만 집중했던 기존 방향을 탈피해 사업 분야를 늘려 갔다. 어느새 대한물산은 기업을 사들이는 방식으로 몸집을 키워 재계 7위의 재벌 그룹이 되어 있었다.

주연은 서초동 로펌으로 돌아왔다. 법원에 제출할 서면을 작성 중
인 몇몇 변호사들을 빼고 다들 퇴근했는지 사무실이 조용했다.

　목이 말라 물 한 잔을 마시고 와보니, 자신의 방 책상에 법인 등기
부 등본이 놓여 있었다. 그때서야 전화로 부탁한 게 떠올랐다. 소파
에 가방을 던져 놓고 등기부 등본을 펼쳐 봤다.

　서류에 적힌 대표이사, 이사, 감사는 전혀 모르는 사람들이었다.
몇 번을 봐도 떠오르는 얼굴이 없었다. 잠깐 고민하던 주연은 PC를
켜고 인터넷에 접속해서 검색창에 니코스홀딩스라고 입력했다. 그녀
에겐 생소한 이름의 회사였지만 꽤 많은 신문기사가 검색되었다. 그
런데 기사에서는 니코스홀딩스라는 회사 이름보다 닥터 하이에나라
는 단어가 더 자주 사용되었다. 회사의 별명 같았다. 별명에서 느껴
지듯이 회사는 그동안 꽤 많은 기업 인수를 성사시킨 듯 보였다. 또
한 일관된 기사 논조로 짐작해 보아, 평판도 그리 나쁘진 않았다.

　'닥터 하이에나.'

　그와는 전혀 어울리지 않는 표현이었다. 혹시 그가 빌라와 조금이
라도 연관되어 있지 않을까 기대했던 주연은 허탈한 미소만 나왔다.

　희미하지만, 13년 전 그날 새벽에 있었던 그와의 대화를 더듬어
봤다. 그가 말하길 앞으로는 아버지의 차 대신 대구 1공장의 전무 차
를 몰게 됐다고 했다. 주연은 휴대전화를 열어 마지막 통화 번호를
저장했다.

　박찬민이라면 의외로 그를 쉽게 찾을 수 있을지도 몰랐다. 작지만
그래도 실낱같은 희망이 보였다. 대한물산에서 근무한 직원이었으
니, 정확하진 않아도 회사에 남은 최종 단서가 있을 것이었다. 주연

은 너무나 간절하게 그의 소식을 알고 싶었다. 그렇다고는 해도 박찬민에게 부탁하긴 싫었다. 혹시 아직까지 대한물산에서 근무하고 있으면 어쩌나 하는 생각 때문에 두려워졌다. 만일 그렇다면 그를 다시 만난 기쁨보다 실망감이 더 클 것 같았다. 그러나 주연이 아는 한 그는 절대 그럴 사람이 아니었다.

주연은 자신이 운영하는 블로그에 들어갔다. 대한물산과 싸우는 주연의 유일한 무기였다.

'누가 회계사를 죽였는가!'

좀 자극적인 제목이긴 했지만, 주연이 블로그를 통해 말하고 싶은 내용을 정확히 표현한 문장이었다. 블로그에 죽은 이정수의 사진과 두 사람이 나누었던 이메일, 대한토건의 감사 보고서 등을 올렸다.

기업 회계에 대한 이해가 없었던 주연은 대한토건 감사 보고서의 문제점을 조목조목 지적할 수 없었다. 다만 이정수가 죽기 몇 주 전부터 고민했다던 대한토건의 CD와 관련한 의문을 제기했다. 오늘도 수십 개의 리플이 달렸다. 주로 친구의 죽음을 이용해 기업의 돈을 뜯어내려 한다는 악성 리플이었다. 간혹 회계 전문가라고 하는 사람들의 조언이 올라왔지만, 대부분이 조언을 핑계로 주연을 만나려고 하는 사람들이었다.

인터넷이 1인 미디어의 새로운 지평을 열어 놓은 것은 사실이다. 하지만 거대 조직이 맘만 먹으면 이조차도 얼마든지 통제 가능한 매체가 또한 인터넷이었다. 정부가 언론을 통제하는 시대는 이미 지났다. 인터넷은 기업이 언론을 통제하는 시대의 도래를 알리는 신호였다.

메일함을 열어 보니 제목만 봐도 열어 볼 엄두가 나지 않는 메일이 수북이 쌓여 있었다. 안 봐도 무슨 내용일지 훤했다. 원색적인 비난의 글들일 것이다. 주연은 메일을 보낸 사람들이 궁금하기도 했지만, 진실을 밝히려는 자신을 무슨 근거로 이렇게 비난하는지 답답했다. 메일을 한꺼번에 삭제하려는데, 눈에 띄는 메일 두 통이 있었다.

한 통은 포털 사이트 운영진이 보낸 메일이었다. 다른 한 통은 〈데일리스톡〉이란 인터넷 증권 정보지 기자가 보낸 메일이었다.

사이트 운영진이 보낸 메일은 주연이 며칠 전부터 짐작하고 있던 내용이었다.

저희 사이트는 여러 회원들이 함께 모여 즐거움을 나누는 공간이 될 수 있도록 서비스 운영 원칙에 따라 운영 중에 있습니다. Disclosure님의 블로그에는 상대방의 명예를 훼손시키는 게시물이 포함되어 있어, 다른 사용자들이 볼 수 없게 제한하였습니다. 저희가 보내 드리는 안내 메일과 운영 원칙을 참고하셔서 문제가 되는 부분을 수정 또는 삭제하시길 권합니다. 그 후 징계 해제 신청을 해주십시오.

블로그 폐쇄는 어느 정도 예상하고 있었다. 이미 두 번의 경고 메일을 받았었다. 주연은 마지막 남은 무기마저 무력화되자 암담하기 그지없었다. 그런데 별 기대 없이 열어 본 나머지 메일이 그나마 주연의 기분을 달래 주었다.

뜻밖에도 주연이 제보한 내용이 내일 기사화된다는 연락이었다. 자신을 〈데일리스톡〉 증권부 기자라고 밝힌 사람이 보낸 것이었다. 대한토건의 CD와 관련한 의혹을 다뤘는데, 내일 오전 증권 섹션의 헤드라인 기사로 채택되었다는 소식이었다. 〈데일리스톡〉은 주식 투자자에게 꽤 영향력 있는 인터넷 매체였다.

주연은 천군만마를 얻은 기분이었다. 수많은 악성 리플에 시달리면서 블로그를 운영해 온 자신의 노력이 결코 헛되지 않았다는 사실을 확인한 셈이었다. 지금까지 없던 새로운 용기가 생겨났다.

다음 날 대한토건의 회계감사와 관련한 회계사의 갑작스러운 사망 기사는 기대 이상의 파장을 몰고 왔다. 사실 여부를 떠나서 독자들은 의혹투성이 기사에 큰 관심을 보이기 마련이다. 언론은 이러한 독자들의 심리를 잘 알 뿐만 아니라 그것을 적극 활용해 전략적으로 기사를 만들어 냈다. 〈데일리스톡〉의 대한토건 기사에 투자자의 관심이 집중되었다. 그러자 인터넷에서 비슷한 내용의 기사가 급속도로 번져 갔다. 상황이 이쯤에 이르자, 더 이상 모른 척할 수 없었던 주요 일간지도 단신 기사를 실었다.

일반적으로, 여론에서 회계감사의 의혹이 제기되면 해당 기업은 적극적으로 해명을 하거나 반박 기사를 낸다. 그런데 이상하게 대한토건은 아무런 대응이 없었다. 대신 감사를 담당했던 회계법인이 해명에 나섰다.

가까운 과거만 해도 IMF 지원하에서 수많은 기업들이 파산하거나 워크아웃, 법정관리에 들어갔다. 대마불사大馬不死라는 한국 기업 특유의 배짱은 대우, 기아, 한보 등 굵직굵직한 재벌 그룹의 파산으로 이어졌다. 거대 재벌 몰락의 이면에는 분식 회계가 큰 비중을 차지하고 있었다. 그리고 거기에는 반드시 회계법인이 연루되어 있었다. 과거 기업 비리 사건에서는 해당 경영진만 형사처분됐었다. 그러다

IMF 이후 담당 회계법인도 민형사상의 책임이 커졌다. 대한토건 사건을 담당 회계법인이 적극 해명하고 나선 이유도 이러한 변화를 보여 주는 단적인 예였다.

엔론은 미국에서 가장 혁신적이고 존경받는 에너지 기업이었다. 하지만 회계 부정을 저질러 하루아침에 60조라는 투자 자금이 공중으로 사라져 버렸다. 미국의 장거리 통신 업체 2위였던 월드컴 역시 11조의 분식 회계로 결국 파산하고 말았다. 회계법인 역시 이러한 결과에서 자유롭지 못했다. 미국의 5대 회계법인인 아더앤더슨은 엔론의 분식 회계에 관여하고, 회계장부를 파기해서 연방 검찰의 수사를 방해한 혐의로 창업 89년 만에 파산하고 말았다. 엔론과 월드컴의 최고 경영자들은 종신형에 가까운 법원의 선고를 받았다. 미국 법원이 엔론과 월드컴 파산과 관련해서 담당 회계법인까지 파산시킨 이유는 미국식 자본주의에 이들이 너무나 큰 상처를 안겨 줬기 때문이었다.

그때까지 미국 국민들은 CNN 국제 뉴스를 통해서나 기업 비리를 접한다고 생각했다. 자신들과 전혀 상관없는 다른 나라의 이야기라고만 생각했기 때문이다. 아메리카 스탠더드는 곧 글로벌 스탠더드라는 집단 최면에 빠져 있던 미국의 본모습이었다. 거기서 깨어난 미국인들은 사베인스 옥슬리 법Sarbanes Oxley Act을 만들어 기업과 회계법인을 더욱더 강력히 통제했다. 기업과 회계법인 모두 믿을 수 없다는 불신에서 생겨난 법이었다.

이러한 미국의 영향인지, 기업 비리에서 비교적 자유로웠던 국내 회계법인에 대한 처벌 수위가 점차 높아졌다. 대한민국 건국 이래 최대의 분식 회계라는 오명을 쓴 대우 사태가 한 예였다. 기업의 분식 회계 뒤에는 반드시 회계법인이 있다는 것을 안 여론은 가만있지 않았다. 한 기업의 몰락으로만 보기에는 그에 따른 국민의 고통이 이루 말할 수 없었기 때문이었다. 회사가 숨기고자 마음먹으면, 도저히 분식 회계를 찾아 낼 수 없다는 것이 회계법인의 입장이지만, 그건 변명에 불과할 뿐이었다.

회계법인은 감사 대상인 기업에서 일 년에 적게는 수천만 원, 많게는 수십억 원을 감사 수수료로 받는다. 과연 이런 상황에서 해당 기업의 경영진을 향해 감사의 칼날을 들 수 있는가는 상식 수준의 문제였다.

대한토건을 담당했던 회계법인의 적극적인 해명은 오히려 대한그룹의 꼭두각시 노릇을 한다는 언론의 지탄을 받았다. 의혹의 핵심은, 그동안 한 번도 수천억 원을 CD로 보관한 적이 없던 대한토건이 왜 지금에 와서 CD 형태로 보유하고 있느냐였다. 이런 의혹에 대해 이자가 일반 예금보다 높아서 그런 줄 알았다는 회계법인의 해명은 너무나 궁색했다.

언론은 대한토건의 직접적인 해명을 요구했다. 2주 후 대한토건의 재무이사는 CD를 다시 정기 예금으로 돌려놨다며 해당 계좌를 공개했다. 예금 계좌 공개로 뭔가 큰 건수를 기대했던 언론은 허탈해했다. 주연도 마찬가지였다. 하지만 해당 CD를 현금화해서 정기 예금에 넣은 건지, 전혀 관련 없는 자금을 넣은 건지는 계좌 추적을 하지 않는 이상 알 수 없었다. 그렇다고 수사기관에서 이미 정리된 사안을 재수사할 리는 만무했다. 수사한다 해도 기업에서 단순한 자금 이동이었다고 해명하면 기소할 방법이 없었다.

그렇게 대한토건의 회계감사와 이정수의 죽음은 사람들에게 잊혀졌다. 대한토건의 재무이사가 CD에 대해 해명하기 일주일 전, 대한물산의 외국인 지분이 4퍼센트 낮아진 데에 관심을 갖는 사람은 아무도 없었다.

회계법인이 비난을 받으면서 여론을 상대한 이유는 따로 있었다. 그룹 계열사의 차명 계좌로 관리하던, 케이만 군도의 페이퍼 컴퍼니 보유의 대한물산 지분을 처분하기 위해서였다. CD를 정상화하는 데 필요한 시간을 벌려는 고도의 전략이었다.

4월의 증권가를 뜨겁게 달군 대한토건 사건은 그렇게 단순한 해프닝으로 끝나 버렸다.

아주 은밀한 시작

크리스마스를 앞둔 명동 거리는 차도車道와 인도人道의 경계가 무너진 채 사람과 차들이 한데 엉켜 있었다. 인도는 더 이상 버틸 수 없다는 듯 힘없이 사람들을 차도로 토해 냈고, 차도는 순식간에 사람들에게 점령당해 인도가 되어 버렸다. 새벽부터 내린 폭설은 용광로처럼 뜨거운 도심의 빌딩과 상가를 새하얗게 덮었다. 정오가 돼서야 눈발이 약해지기 시작했고, 기온이 한층 떨어진 탓에 쌓인 눈은 녹지 않았다. 오랜만에 내린 함박눈으로 하얗게 변해 버린 명동은 평일인데도 축제 분위기였다. 눈이 녹기 전에 한 번이라도 더 밟아 보려는 사람들로 가득한 명동은 유력 정치인의 선거 유세장을 방불케 했다. 화이트 크리스마스를 기대하는 사람들에겐 반가운 눈이었지만, 도로 위 차 안에 갇힌 사람들에겐 끔찍한 악몽이었다.

기사는 조심스럽게 기어를 파킹으로 놓고 시계를 보았다. 오후 4시 25분이었다. 3시 30분에 터널로 진입했으니, 걸어도 15분이면 충분한 거리를 차로 이동하는 데 55분이나 걸린 것이다. 다시 룸미러를 올려다보았다. 진청색 작업복 차림의 젊은 청년이 뒷자리에 곤히 잠들어 있었다. 청년은 차만 타면 잠들어 버리는 습관이 있었다. 기사는 그런 청년을 보며 이 차가 편안하고 넓은 실내를 갖춘 BMW L7인 것이 얼마나 다행스러운지 몰랐다. 잘나가는 투자회사의 오너가 왜 저런 허름한 작업복 차림으로 지쳐 쓰러져 있는지 궁금했지만 묻지 않았다. 쓸데없는 것을 물어 지금처럼 좋은 직장을 잃고 싶지 않았다. 그저 오늘처럼 지시한 장소에 나가 청년을 차에 태우면 그뿐이었다.

강남 고속버스 터미널에서 남산 3호 터널을 지나기까지 2시간이 넘게 걸린 지옥 같은 교통 체증에 짜증이 나지 않을 사람은 없겠지만, 곤하게 잠든 청년을 깨우고 싶지 않았던 기사는 오히려 지루한 정체가 고마웠다. 차 안은 고요했다. 오직 청년의 숨소리만 반복적으로 들릴 뿐이었다. 기사가 청년에 대해 가장 확실히 알고 있는 것이 저 숨소리였다. 비슷한 환경에서 100명의 숨소리를 들려준다고 해도 구별해 낼 자신이 있었다. 그런데 오늘따라 청년의 숨소리가 예사롭지 않았다. 최근 한두 달 사이에 부쩍 피곤한 숨소리가 자주 들렸다. 기사가 청년의 거칠고 불규칙한 숨소리를 걱정하고 있는 순간, 뒷자리 팔걸이에 놓여 있던 휴대전화가 강하게 진동했다.

"접니다. 강 대표님!"

방금 전까지도 깊은 잠에 빠져 있던 청년이 흐트러짐 없이 전화를 받았다.

"서울에 도착하셨습니까?"

"예, 한 시간쯤 되었습니다."

"며칠 동안 공기 청정기 야간 생산조에서 근무하셨다면서요?"

"신입사원 수습 과정이라는데 회사 방침에 따라야죠."

"출장 다녀와서 지금 보고받았습니다. 최 사장님! 정말 부탁드립니다. 지금이라도 사무직으로 부서를 옮기셨으면 합니다. 사장님 같은 분께서 애들하고 작업을 하시다니요?"

"지금보다 더 열악한 환경에서도 일해 봤으니 그런 말씀 마세요. 그보다, 강 교수님은 아직 연락 없으신 거죠?"

"면목 없습니다. 형님 때문에……."

"아휴, 그런 말씀 마세요. 저희도 수소문하고 있으니 조만간 연락이 되겠죠. 저는 서울에 일주일 정도 있어야 할 것 같습니다. 인사부에는 아버지가 위독하다고 말하고 휴가를 냈으니 처리 좀 부탁합니다."

"여러모로 사장님께 죄송하고 감사합니다."

"감사는요. 나중에 연락드리겠습니다."

혜성전자 강 대표와의 전화 통화로 잠에서 깬 영준은, 자신이 생각한 것보다 시간이 훨씬 지났음을 알았다. 창밖으로 본 교통상황은 최악이었다. 톨게이트가 이 정도라면 명동은 훨씬 심각할 게 분명했다.

"전 여기서 내릴게요."

영준은 오랜만에 단잠을 자다 깨어났더니 차 안이 답답하게 느껴졌다.

"여기서 말입니까? 급하신 일이라도."

기사는 영준이 갑자기 서두르자 영문을 모르고 긴장했다.

"여기가 이 정도면 명동은 더할 겁니다. 전 그냥 여기서 걸어가겠습니다. 양 기사님은 연희동에 차 대놓고 퇴근하세요."

"아직 5시도 안 됐는데 퇴근이라니요? 근처에서 대기하고 있겠습니다."

양 기사는 퇴근하란 영준의 지시에 정색하고 말했다.

영준은 얼마 전 퇴근 문제로 부사장에게 잔소리를 듣던 양 기사의 모습이 떠올랐다. 영준의 출퇴근 시간이 일정치 않다 보니 생기는 일이었다. 양 기사도 본의 아니게 회사의 출퇴근 방침을 따를 수 없었던 것뿐이다. 회사의 오너는 영준이었지만 자신의 목줄을 쥐고 있는 사람은 영준이 아니라 대표이사인 부사장이란 것쯤은 양 기사도 잘 알고 있었다. 영준 역시 이런 양 기사의 입장을 모르는 것은 아니었다.

"명동에 잠깐 들렀다가 이모 집에 갈 거예요. 괜히 저 때문에 차에서 시간 죽이지 마시고 퇴근하세요. 부사장님께는 잘 말해 놓을게요."

"그래도……."

양 기사가 더 말할 새도 없이 영준은 바로 차 문을 열었다.

"사장님! 그러고 가시게요?"

차에서 내리려던 영준은 다시 차 문을 닫으며 씩 웃었다.

"이거 가져가셔야죠. 여기 있습니다!"

양 기사는 조수석에 있던 쇼핑백을 집어 영준에게 건네주었다. 그리고 윈도 버튼 옆의 뒷좌석 전동 커튼 버튼을 눌렀다. 커튼이 천천히 창문을 가리자, 영준은 혜성전자 로고가 새겨진 작업복을 벗고 쇼핑백 안의 옷으로 갈아입었다.

"옷장에 코트가 몇 벌 있긴 하죠?"

"제일 따뜻해 보여서 챙겨 왔습니다."

양 기사는 보조석에 둔 두꺼운 오리털 점퍼를 집어 들었다.

"저 챙기는 사람은 양 기사님뿐이라니까요?"

영준은 양 기사가 골라온 점퍼가 맘에 들었는지 어린아이처럼 활짝 웃었다. 점퍼를 입은 영준은 요미우리 자이언츠 로고가 새겨진 야구 모자를 눌러쓴 다음 갈색 뿔테 안경을 꺼내 썼다. 룸미러에 비친 청년은 방금 전에 곤히 잠든 때와는 180도 다른 모습이었다. 영준이 따뜻한 차에서 내리자마자 후회하게 만들기라도 하려는 듯 매서운 바람이 세차게 뺨을 때렸다. 하지만 2시간이 넘도록 차 안에 갇혀 있던 영준에겐 신선한 가을바람처럼 느껴졌다.

회현 지하도를 지나 지상으로 나오자마자, 영준은 걷기를 백번 잘했다고 생각했다. 이미 인도는 사람들로 물샐틈없이 붐비고 도로 위는 더 이상 전진하는 것을 포기한 차들로 가득 차 있었다. 아예 차에서 내려 빌딩마다 장식된 크리스마스트리를 감상하는 사람도 있었다.

'눈이 더 오려나?'

오후 5시도 되지 않았는데 잔뜩 흐린 하늘 때문에 거리의 차들은 모두 헤드라이트를 켜고 달렸다.

빌딩과 상점마다 화려하게 장식한 크리스마스트리와 사방에서 들려오는 캐럴, 거리에 서 있는 차들의 헤드라이트 불빛, 그리고 불빛에 반짝이는 하얀 눈. 명동 거리는 크리스마스를 기다리기에 너무나 완벽해 보였다. 하지만 영준은 이 모든 크리스마스 소품들은 자신과 아무런 상관이 없다는 듯 고개를 숙이고 걷다가 떠밀리듯 인파에 휩싸였다.

서울 역삼동에 위치한 골든캐슬 호텔의 29층은 돈이 있다고 해서 아무나 묵을 수 있는 곳이 아니었다. 임페리얼 스위트란 이름으로 다른 객실과는 독립적으로 운영되는 공간이었다. 대한그룹 박찬민 회장의 개인 집무실이기도 한 이곳은 호텔 안의 또 다른 요새였다. 호텔을 운영하지 않는 대한그룹의 박찬민 회장은 회장에 취임한 2001년 말부터 골든캐슬 호텔과 장기 계약을 맺어 사용하고 있었다. 아버지인 박동수 명예회장이 서울 시내 소재의 여러 호텔을 매년 번갈아 가며 사용했던 것과는 달랐다.

박찬민이 홍콩의 국제적 호텔 체인인 골든캐슬을 선택한 이유는 단 하나였다. 다른 대기업이 소유하고 있는 호텔을 임대하는 것이 자존심을 상하게 했기 때문이다. 처음 골든캐슬 측에서는 29층 전체를 차지하는 임페리얼 스위트를 특정인에게 장기 임대하는 것에 난색을 표했다. 하지만 그의 끈질긴 설득에 장기 계약을 맺을 수밖에 없었다. 단 국빈급 VIP가 투숙을 원할 경우 그 기간만큼은 아무 조건 없이 양보한다는 단서를 특약사항에 포함시켰다. 한국을 방문하는 외국의 유명 가수나 배우, 국빈급 정치인이 이 호텔 29층에 묵을 수 있었던 이유도 그 때문이었다.

을지로 대한그룹 사옥에도 회장 집무실이 있었지만, 박찬민은 공식적인 일이 아니면 대부분 이곳에서 업무를 처리했다. 그룹 회장이 개인 사무실로 사용하는 만큼 이곳에 출입할 수 있는 사람은 엄격히 제한되어 있었다. 또한 호텔이 제공하는 보안 시스템 외에 대한그룹 계열사인 대한시큐리티의 첨단 보안 시스템이 29층 전체를 철저하게 보호하고 있었다.

실시간으로 도청 여부를 확인할 수 있는 센서와 전파 차단기가 설치되어 있었다. 때문에 이곳에 오면 휴대전화를 사용할 수 없었다. 뿐만 아니라 열다섯 명의 경호원이 스물네 시간, 삼교대로 근무하고 있어 마치 백악관을 연상케 했다.

그는 머리가 복잡하고 일이 잘 풀리지 않을 때면 기분 전환을 위해 강남 야경이 한눈에 들어오는 초호화 욕실의 욕조에 누워 음악을 들었다. 사운드에 굉장히 민감해서 특히 욕실 음향 시스템에 공을 많이 들였다. 천장과 벽, 그리고 바닥까지 오디오와 연결된 서라운드 시스템의 스피커는 최상의 사운드를 제공했다. 욕실의 음악과 야경이 절묘한 조화를 이루었다. 유럽에서 직접 공수한 제품들은 욕실의 사치스러움을 한 단계 더 끌어올리기에 충분했다.

박찬민은 욕조에 누워 하얀 눈으로 뒤덮인 강남 대로를 멍하니 바라보고 있었다. 마침 스피커에서는 조니 미첼의 '보스 사이드즈 나우 Both Sides Now'가 흘러나왔다. 그의 눈에는 크리스마스를 앞둔 강남 거리가 조니 미첼의 노래처럼 쓸쓸해 보였다.

"회장님! 부회장님이 로비에서 대기 중입니다. 어떻게 할까요?"

욕실과 연결된 인터폰에서 여비서의 목소리가 들려왔다.

'벌써 그렇게 되었나?'

시계를 보니 오후 4시 50분이었다.

"5시 10분까지 서재로 모셔요."

"알겠습니다, 회장님!"

박찬민은 욕조에서 나와 샤워부스에서 몸을 씻은 후 서둘러 옷을 갈아입었다. 거실을 가로질러 회의실로 개조한 서재로 들어갔다. 서재 벽은 갤러리라 불러도 손색이 없을 만큼 유명 화가의 작품들이 빼곡히 걸려 있었다. 모던한 느낌의 가구들은 모두 그의 취향을 살려 미국의 디자이너가 직접 제작한 것이었다.

"회장님! 저희들 왔습니다!"

박찬민이 소파에 앉아 냉녹차를 마시고 있을 때 정 부회장의 목소리가 들렸다.

"들어오세요!"

서재를 지키고 있던 경호원이 문을 열자 제일 먼저 대한그룹의 부회장이자 비서실장인 정만철이 들어왔다. 그 다음으로 박찬민의 개인 회계사이자 그룹 재무 담당 부사장인 최순권이 뒤를 따랐다. 마지막으로 대한그룹 주식을 총괄하고 있지만 공식적인 직함이 없는 변호사 스티브 유가 들어왔다. 서재에 들어온 순서는 대한그룹의 공식 서열인 셈이었다. 오직 이 세 사람만이 박찬민의 서재에 들어올 수 있었다.

정만철은 대한그룹의 모체인 대한물산의 창업주, 서정식 회장의 비서로 입사했다. 그 후 30년 만에 그룹 내 서열 2위에 오른 입지전적인 인물이었다. 그는 조직 내 힘의 향방을 감지하는 동물적인 감각을 가지고 있었다. 때문에 서정식 회장이 대한그룹에서 쫓겨났을 때도 주위의 예상을 뒤엎고 박동수 회장의 수석 비서로 승진할 수 있었다. 이어 박찬민이 그룹 회장으로 취임하던 2001년 말 당시에는 세대교체에 대한 그룹 내 여론에도 불구하고 당당히 부회장으로 승진까지 했다.

박동수·박찬민 부자는 개인 재산은 물론 그룹의 모든 자금 관리를 정만철에게 맡길 정도로 그를 철저히 신뢰했다. 그가 그룹의 궂은일을 앞장서서 원만히 처리해서였다. 박찬민은 그룹 회장 취임 초기에 정만철을 내보낼까도 생각했지만 그 없이 대한그룹이 제대로 돌아갈 수 없다는 것을 아는 데 그리 많은 시간이 걸리지 않았다. 정만철은 그룹 계열사의 자금을 세탁해서 박찬민의 경영권 유지를 위해 지출되는 자금을 동원했으며, 주로 명동 사채 시장과 은밀한 거래 관계를 유지했다. 그는 사채 자금을 끌어들이는 데 탁월한 수완이 있었다.

최순권은 박찬민의 대학 동창으로 회계법인의 임원으로 있었다. 그러다 박찬민이 그룹 회장으로 취임하면서 재무이사로 스카우트된 인물이었다. 그는 제도권 금융과 해외 자금을 동원하는 데 귀재로 알려져 있었다.

박찬민 입장에서는 각자의 분야에서 최고의 경력을 자랑하는 정만철과 최순권 모두 절실히 필요했다. 하지만 두 사람 간에는 묘한 신경전이 끊이지 않았다. 정만철은 최순권이 자신보다 직급이 낮음에도 불구하고 회장의 친구인 데다 많이 배웠다는 이유로 자신을 무시한다고 생각했다. 최순권 역시 자신을 존중해 주지 않는 정만철의 태도가 맘에 들지 않았다.

그룹의 공식적인 직함이 없는 스티브 유에 대해서는 알려진 것이 거의 없었다. 연초 네오트러스트라는 신생 사모펀드의 그린메일로 한바탕 곤욕을 치른 후 그룹의 체계적인 주식 관리의 필요성을 느낀 박찬민이 영입해 온 한국계 미국인이라는 것 이외에는 주식과 국제 금융 거래에 탁월한 실력자라고만 알려져 있었다.

스티브는 서재로 들어서자마자 자신의 노트북 PC를 프로젝션에 연결해서 브리핑할 준비를 했다. 늘 그렇듯 박찬민의 오른쪽에는 정만철이, 왼쪽에는 최순권이 앉았다.

정만철은 주위를 두리번거렸다. 그러면서 박찬민의 귀에 대고 뭔가를 속삭이는 최순권에 대한 경계를 늦추지 않았다.

'네놈이 회장님 친구면 친구지 감히 내 앞에서 건방지게 친구 행세를 하려 들어?'

최순권은 기회가 있을 때마다 자신이 회장의 친구임을 확인시키려 했다. 그런 최순권이 정만철에게는 언제나 눈엣가시였다.

"준비 다 됐습니다!"

약간 어눌하긴 했지만 스티브는 완벽하게 한국어를 구사했다. 스티브의 말에 모두 아무 말 없이 스크린을 바라봤다.

"보시는 바와 같이 지난 9월부터 오늘까지 우리 쪽에서 매집한 주식은 총 740만 주로 전체 지분의 6.95퍼센트입니다."

"시장에서 우리의 개입을 눈치 채지 못했겠죠?"

너무 민감한 문제다 보니 박찬민은 분명히 확인하고 싶었다.

"물론입니다. 모두 800명의 노숙자 명의가 동원되었고 3개월 동안 조금씩 매집한 겁니다. 누군가 사전에 알고 관심 있게 지켜봤다면 모를까 절대 노출될 일은 없습니다. 퍼펙트하다고 보셔도 됩니다. 그동안 제가 지휘했던 수많은 주식 매집 작전 중에 이번처럼 완벽했던 적은 없었습니다. 부회장님이 아니었다면 이런 식으로 주식을 매집하는 건 불가능했을 겁니다."

'누군가?'

박찬민은 상대의 말 한마디, 한마디를 놓치는 법이 없었다. 그래서 누군가 사전에 알고서 지켜봤다면 계획이 노출될 수도 있다는 스티브의 말이 여간 거슬리는 것이 아니었다. 이런 그의 성격을 잘 알고 있는 정만철은 헛기침으로 주위를 환기했다. 다음 지시를 기다리고 있던 스티브는 박찬민이 아무 말 없이 스크린만 응시하자 자신이 뭘 잘못했나 하는 표정을 지었다.

'스티브의 입에서 퍼펙트란 말이 나왔다면 괜히 최악의 상황까지 가정할 필요는 없다!'

프로 중의 프로 입에서 나온 퍼펙트란 단어였다. 너무 예민하게 반응할 필요는 없었다. 박찬민은 수고했다는 말로 스티브의 설명에 동의했고, 정만철은 만족스러운 미소를 지으며 최순권을 바라봤다.

"6.95퍼센트면 우리가 애초에 계획한 12퍼센트에서 많이 모자라는군, 스티브. 12퍼센트는 돼야 내 지분과 합쳐 내년 정기 주총을 대비할 텐데 말이야."

맘속에 하나의 걱정이 가시고 또 다른 걱정이 생겼는지 박찬민의 표정이 다시 어두워졌다. 당초 목표치를 많이 밑도는 성과였다. 물론 이번에 매집한 주식과 자신을 지지하는 기관투자자의 지원만 있으면 내년 정기 주총은 문제없을 것 같았다. 하지만 좀 더 확실하게 지분을 확보하지 못한 것이 못내 아쉬웠다.

"이 정도면 훌륭하게 성공한 겁니다. 염려 마십시오."

친구인 최순권이 걱정 말라고 했지만 박찬민의 귀에는 잘 들어오지 않았다.

"실례지만, 스타벅스 명동점이 어디 있습니까?"

사람에 떠밀리다시피 명동 입구에 도착한 영준은 주위를 한참 두리번거리다 팔짱을 끼고 지나가는 한 쌍의 커플에게 물었다. 비서 말로는 명동 입구에만 가면 쉽게 찾을 수 있을 거라고 했다. 하지만 사람들이 붐비는 곳에 오랜만에 나온 영준의 눈에는 도무지 보이질 않았다.

"명동점은 여기보다 지하철 명동역에서 찾기 쉬운데……."

두 손으로 남자의 왼팔을 꼭 붙잡고 걷던 여자가 영준에게 고개를 돌리며 말했다. 여자의 말을 듣고 보니 비서가 명동 입구가 아닌 명동역을 말한 것 같았다.

"명동성당 가기 전 사거리에서 우측으로 쭉 올라가면 나오는데 거기가 명동점일 겁니다."

함께 걷던 남자가 200미터 앞의 작은 사거리를 가리켰다.

"아, 예. 고맙습니다!"

방향을 확인한 영준은 자신을 지나쳐 앞서 가는 연인의 모습을 보며 문득 부럽다는 생각이 들었다. 크리스마스를 함께 기다리는 연인처럼 아름다운 커플은 세상에 없을 것이다.

영준은 이렇게 많은 사람들 틈에서 걸어 본 적이 없어서 그런지 굉장히 어지러웠다. 잠시 길 옆에 서서 주위를 빙 둘러보았다. 언젠가 이모에게 대한민국에서 현금이 제일 많이 움직이는 명동에 왜 이렇게 쓰러져 가는 건물이 많은지 물어본 적이 있었다.

"지난번 너 만나러 갔다가 바람맞은 날 있잖아? 너희 회사엔 와인바도 있더라?"

"이모 지금 비꼬는 거야?"

"비꼬긴! 난 언제 그런 데서 폼 나게 일해 보나 해서 그러지!"

"말이 나와서 얘긴데 이모 거래처 아저씨들 너무 구질구질한 거아냐? 건물 좀 깨끗하게 리모델링하고 사무실도 좀 꾸미고 그러면좋을 텐데."

"왜?"

"왜긴, 사채도 비즈니슨데 회사가 그게 뭐야?"

"영준이 네가 아직 현금의 힘을 모르는구나? 너희 회사에서 한 시간에 동원할 수 있는 현금이 얼마쯤 되니?"

"이모! 우리 회사도 총알 만만치 않거든?"

"얼마나 되냐니까?"

"글쎄, 매일 보고받진 않지만 계좌에 2,000개 이상은 늘 있을 거야."

"너 지금 계좌에 있는 걸 현금이라고 하는 거니?"

"주식, 채권 말고 정기예금 계좌니까 현금 아냐?"

"너 백억 현금으로 인출해 봤어?"

"미쳤어? 인출 못할 거야 없지만 누가 백억을 현금으로 인출해!"

"그럼 너희 계좌에 있는 2천억은 현금이 아니고 그냥 자금인 거야. 돈에 꼬리표가 없어야 진정한 현금인 거지."

"꼬리표?"

"네가 은행에서 현금으로 인출하지 않는 이상 모든 돈에는 꼬리표가 있기 마련 아니니? 현금으로 인출한다고 해도 십억만 넘어도 노출되는 건 시간문제고."

"그렇게 따지면 꼬리표 없는 돈이 어디 있어?"

"넌 이모 거래처 분들을 사채업자라고 무시하겠지만 그분들, 네 생각처럼 그렇게 만만한 사람들 아니야!"

"난 그 양반들이 뭘 하든 관심 없고, 그러니까 이모 거래처 사람들은 이모 말대로 그 꼬리표 없는 자금을 움직인다는 말이지?"

"네가 허름한 사무실이라고 무시하는 분들, 30분이면 수백억 정도의 현금을 동원하는 분들이라고! 물론 검찰도 그 출처를 밝히지 못하는 그런 현금 말이야. 그분들이 건물 꾸밀 줄 몰라서 저렇게 놔뒀겠니? 건물이야 어떻든 말든 대기업 간부나 은행 임원들, 알 만한 정치인들까지 굽실굽실하는데 뭐 하러 귀찮게 건물에 돈을 들이냐는 거지. 그게 바로 현금의 힘이란다. 네가 말하는 자본의 힘과 현금의 힘은 분명 다른 거야. 알겠니?"

"이모! 솔직히 말해. 예전에 할머니가 저 아저씨들한테 현금을 대줬지?"

"글쎄? 그건 나보다 네가 더 잘 알지 않니?"

"황 할머니 후계자께서 이거 왜 이러시지? 저 아저씨들이 할머니 가게를 주거래 은행이라고 하던데 그래서 그런 거 아냐? 혹시, 요즘도 이모가 돈 대주고 있는 거 아냐?"

"무슨 소리니? 이모 손 놓은 지 오래된 거 알면서?"

영준은 금방이라도 쓰러질 것처럼 보이는 명동 한복판의 건물들을 바라보며, 현금과 자금의 다른 점을 이해시키려던 이모의 말을 떠올렸다.

'한국식 천민자본주의의 메카군.'

영준의 머릿속에는 잔뜩 기대에 부푼 표정으로 명동을 오가며 상점을 드나드는 사람들과 허름한 건물 안에서 출처를 알 수 없는 은밀한 자금을 돌리고 있을 사채업자들의 모습이 분할된 영화 화면처럼 떠올랐다. 영준은 명동처럼 미스터리적인 곳은 세계 어디에도 없을 것이라고 생각하며 다시 걸음을 명동성당 쪽으로 옮겼다. 남자가 알려준 대로 조그만 사거리에서 우측으로 돌아 150미터쯤 걷다 보니 스타벅스 간판이 보였다.

영준은 평소 비서가 사다 주는 스타벅스의 카페모카를 즐겨 마시긴 했지만, 이렇게 직접 매장에 나와 보긴 처음이었다. 스타벅스는 젊은 층에게 익숙한 커피 브랜드였다. 중·장년 층에까지 알려진 것은 최근 스타벅스 명동점이 서울에서 가장 비싼 땅이란 통계 발표가 나오면서부터였다. 매년 건설교통부가 발표하는 전국 표준지 공시지가에 의하면, 대한민국에서 가장 비싼 땅은 평당 1억이 넘는 우리은행 명동지점이었다. 10년이 넘는 동안 단 한 번도 대한민국 최고가의 땅값 '공인 1위' 자리를 내준 적이 없었다. 그렇기 때문에 지방에 사는 사람들도 우리은행 명동지점이 대한민국에서 가장 비싼 땅이란 '상식' 쯤은 갖고 있었다. 그런데 올해, 중·장년 층에겐 낯선 커피 전문점이 그 1위 자리를 차지했다고 보도되면서 스타벅스는 다시 한번 세간의 화제가 되었다.

평당 공시지가가 1억 3884만 원이니 시세는 3억 이상이라는 얘기가 된다. 51평인 이 땅을 사려면 최소 150억이 있어야 한다는 계산이 나온다. 금싸라기 땅이란 표현도 이 땅의 가치를 충분히 반영하기엔 부족하다. 부동산 전문가들은 스타벅스 명동점이 대한민국 최고가의 땅값으로 등극한 원인을 최고의 입지 조건 때문이라고 분석했다. 우선 지하철 4호선 명동역과 버스 정류장에서 가깝고 유명 쇼핑몰인 밀리오레를 끼고 있다. 더욱이 이 자리는 명동 최고 상권인 중앙통의 입구이기도 하다. 상권의 모든 장점을 거의 완벽하게 갖추고 있는 셈이다.

하지만 영준은 단순히 이곳이 최적의 상권이기 때문에 가치가 높아졌다고만 보지 않았다. 그렇다면 스타벅스가 이 자리에 매장을 열기 전인 5년 전에도 지금처럼 가장 비싼 땅이어야 했다. 스타벅스가 들어서기 이전, 이곳에는 많은 상점들이 들어섰다 철수하길 반복했다. 결국 땅값을 높인 것은 상권이 아닌 스타벅스였다. 부동산 전문가들은 스타벅스의 브랜드 가치가 2004년에 이미 2조를 넘었다는 사실을 간과하고 있었다.

미국의 경제지 〈비즈니스 위크〉와 〈인터브랜드〉는 매년 세계 100대 브랜드를 발표한다. 스타벅스는 2005년 93위를 차지했다. 국내 기업으로는 삼성이 유일하게 100위권 안에 들었다. 국내 대기업들은 풍부한 자금과 맨 파워를 자랑하지만, 창업한 지 18년밖에 안 되는 커피 체인의 브랜드 가치도 따라가지 못하고 있다는 얘기였다. 유학파 박사급 인재가 즐비하지만, 그 인재들이 샐러리맨 출신의 한 기업가보다 브랜드 가치의 중요성에 대해서 인식하지 못하고 있는 것이 현실이었다. 똑똑한 인재들도 조직 안에 모아 놓으면 집단 우둔화 상태로 빠지는 것을 보여 주는 단적인 예였다.

스타벅스 간판을 보니 문득 영준의 머릿속에 몇 년 전 일이 떠올랐다. 외국 투자 회사와 국내 중견 건전지 제조 기업의 인수를 놓고 승부를 벌였었다. IMF 시절 단기적인 자금난을 견디지 못하고 도산하는 우량 기업들이 많았는데 이 회사도 그중 하나였다. 국내 기업이 헐값에 외국으로 넘어가는 것을 지켜볼 수만 없어 뛰어든 인수전이었다. 영준은 그 일을 지금까지 결코 잊을 수 없었다. 승승장구하던 영준이 처음으로 패배의 쓴맛을 봐서가 아니었다.

법정관리 상태인 기업의 인수를 놓고 법원에 인수 제안서를 제출하면서 영준은 승리를 확신했다. 자신이 상대 외국 투자 회사보다 적어도 30~40억은 더 써냈다고 예상했기 때문이었다. 하지만 법원의 최종 결정을 통보받는 순간 영준은 경악을 금할 수 없었다. 외국 투자 회사는 모두가 예상했던 인수 금액보다 무려 300억을 더 써냈고 법원의 낙점을 받았다. M&A를 하면서 처음 경험한 쓴 패배였다. 영준은 상대가 외국 기업이어서 반드시 이기고 싶었다. 그만큼 많은 공을 들였는데 그처럼 처참하게 패할 줄은 꿈에도 상상하지 못했었다.

영준은 충격에 휩싸였고, 며칠 밤을 새우며 다시 한 번 그 기업의 방대한 재무 분석 자료를 검토했다. 자신도 평가한 기업 가치에 비하면 적지 않은 금액을 썼다고 생각했는데, 영준의 머리로는 외국 기업이 정신이 나가지 않고서야 어떻게 300억의 거금을 더 써낸 건지 도무지 알 수 없었다. 내 회사가 아니다 싶으면 두 번 다시 처다보지 않는 영준이었다. 그러나 이번만큼은 예외였다. 왜 졌는지 꼭 그 이유를 알고 싶었다. 영준은 상대 회사가 법원에 제출한 인수 의향서를 입수했다. 추가로 300억을 제시한 이유가 기업이 보유한 브랜드 가치 때문이었다는 내용을 확인하는 순간 뭔가에 얻어맞은 것 같은 충격을 받았다.

'망한 기업이 보유한 브랜드 가치를 현금으로 환산해서 인수가액에 포함시키다니!'

영준은 알을 깨고 다른 세상으로 나온 기분이었다.

브랜드가 돈이라는 말을 수없이 들어온 영준이었다. 하지만 브랜드의 중요성을 강조하려는 한낱 구호쯤으로 알았다. 이렇게 직접적으로 현금과 연결되는 날이 올 것이라곤 생각조차 해본 적이 없었다. 그때부터 영준은 새로운 눈으로 기업의 브랜드 가치에 접근하기 시작했다.

일반적으로 브랜드를 무형자산이라고 하지만, 세계적인 추세는 이미 브랜드 가치를 유형자산으로 인정하는 쪽으로 움직이고 있다. 단지 대차대조표에 무형자산으로 표기될 뿐이었다. 브랜드 가치를 현금으로 계량화하려는 다양한 시도는 그저 마케팅 전문가들의 연구 영역 차원이 아니었다.

스타벅스만 봐도 브랜드가 현금과 직결되는 것을 보여 주고 있었다. 스타벅스는 불과 몇 년 만에 국내 최고가 땅값의 위치를 바꿔 놓았다. 임대료가 비싼 강남의 역삼동, 삼성동 일대 고층 빌딩이나 여의도, 종로의 빌딩 1층에 상점을 오픈하기란 쉽지 않다. 건물 이미지를 우려하는 건물주의 깐깐한 심사를 거쳐야 하고 보증금만 수십억 원에 달한다. 하지만 최근에는 건물주들의 스타벅스 모시기 경쟁이 치열해졌다. 스타벅스는 브랜드가 곧 현금인 시대가 시작되었음을 보여 주고 있었다.

임대 보증금을 받지 않을 테니 제발 자신의 건물에 입점해 달라고 사정하는 건물주도 있다. 기업 입장에서 거액의 임대 보증금은 2, 3년 동안 묶여 있는 현금성 자산이다.

기업에서의 현금 흐름은 사람으로 따지자면 혈액 순환과 같다. 특히 프랜차이즈 사업을 하는 기업은 현금 흐름이 곧 생명이다. 그런데 이 돈을 내지 않아도 된다는 것은 수십억 원의 새로운 투자 여력이 생긴다는 것을 의미한다. 기적 같은 일이었다.

사람들이 커피를 주문하기 위해서 출입문까지 길게 늘어서 있었다. 영준에겐 낯선 광경이었다. 스타벅스의 브랜드 파워가 새삼 실감됐다.

'우리나라 사람처럼 줄 서기 싫어하는 민족이 또 어디 있을까? 그런 사람들이 커피 한 잔을 마시기 위해 저렇게 인내하며 줄을 서다니……. 저런 게 바로 브랜드의 힘이 아닐까?'

영준은 꽁꽁 언 몸을 따뜻한 카페라테 한 잔으로 녹이고 싶은 마음이 간절했다. 그렇지만 긴 대기 줄에 합류하고 싶지는 않았다. 자리를 잡기 위해 서둘러 2층으로 올라갔다. 영준이 우려한 대로 2, 3층 어디에도 빈 의자 하나 보이지 않았다. 영준처럼 빈자리를 찾기 위해 서 있는 사람들이 앉아 있는 사람만큼 많았다. 매장 안에는 커피를 즐기는 젊은 여성, 중년 여성, 노신사 등 다양한 연령층이 있었다. 브라질이나 동남아의 커피가 미국 브랜드를 입고 한국 커피시장을 점령하고 있는 생생한 현장이었다.

브랜드는 소비자의 감각이 아닌 의식을 공략한다. 감각은 유동적이어서 새로운 자극에 쉽게 반응한다. 하지만 무의식을 포함한 인간의 의식 세계는 한번 정복당하면 그걸로 끝이다. 웬만한 외부 충격에도 쉽게 흔들리지 않는다.

영준이 보기에 매장 안 사람들이 이곳을 찾은 이유는 커피의 맛과 향, 매장 분위기 등에 좌우되는 감각 기관에 끌려서가 아니었다. 그들 대부분은 습관처럼 당연하게 이곳을 찾아온 사람들이었다. 이미 스타벅스라는 브랜드에 의식을 정복당했기 때문이었다.

영준은 혹시나 하는 맘에 한 층을 더 올라가서야 운 좋게 창가 쪽 한 자리를 차지할 수 있었다. 마치 오늘 같은 날 영준처럼 혼자 이곳을 찾은 사람을 위로해 주려는 특별석 같아 보였다.

영준은 무슨 횡재라도 한 것처럼 재빨리 자리에 앉았다. 워낙 사람이 많다 보니 테이블 간의 구분이 없어져 멀리서 보면 모두가 일행으로 보일 정도였다. 그러다 보니 옆자리 말소리와 등 뒤의 대화까지 한꺼번에 들리는 통에 도무지 집중할 수가 없었다. 커피 값에 비해 의자도 테이블도 기대 이하였다. 고급 인테리어도 아니고 그렇다고 안락한 소파가 있는 것도 아니었다. 여러 사람들과 엉켜 있는데도 이곳에 온 사람들 중 그 누구도 이런 것을 문제 삼을 것처럼 보이지 않았다. 영준의 눈에 비친 스타벅스의 고객 충성도는 경이로울 정도였다.

영준은 점퍼 주머니에서 MP3를 꺼내 귀에 꽂고 안주머니에서 PDA를 꺼냈다. MP3를 재생시키자 방금 전까지 귀에 들리던 사람들의 잡음이 흘러나오는 노랫소리에 묻혀 점점 사라졌다. 영준이 음악에 빠져들자 이제야 모든 준비가 된 것 같았다.

영준은 창밖으로 시선을 돌려 맞은편에 있는 YOU&I 명동점을 바라봤다.

`YOU&I.`

재계 서열 7위의 대한그룹 모기업인 대한물산이 보유한, 20대 여성을
위한 캐주얼 브랜드로 전국에 62곳의 직영점 운영

2003년, 2004년 여성 캐주얼 분야 브랜드 인지도 1위

2003년, 2004년 여성 캐주얼 분야 고객만족도 1위

2003년 1,600억 매출 170억 영업 이익

2004년 2,400억 매출 480억 영업 이익

영준의 손은 PDA를 켰고, 머릿속에는 이미 저장된 YOU&I 관련
데이터가 거침없이 열거됐다.

'오늘도 빠졌겠지?'

영준은 익숙한 터치펜 놀림으로 증권사 홈페이지에 접속한 다음,
대한물산의 주가를 확인했다. 어제보다 1퍼센트 빠진 16,000원으로
장을 마감했다. 대한물산 기사가 최신 종목 뉴스 화면을 가득 채웠다.

영준은 3층 건물 전체가 통유리로 된 YOU&I의 매장을 바라봤다.
매장 안 모든 사람의 움직임을 볼 수 있었다.

대한물산 자금 악화설로 인해 오늘도 1퍼센트 빠져 16,000원으로 마감

대한물산 4/4분기에만 주가 60퍼센트 하락

대한물산 주 채권 은행인 하나은행 임원, 조만간 대한물산 본사 방문
예정

대한물산 외국인 투자자 최근 현저한 주가 하락에 대해 강한 불만 표시

대한물산 외국인 투자자 조만간 회동할 듯

은퇴한 대한그룹 박동수 명예회장 경영 복귀설

대한물산 소액 주주 인터넷 동호회 결성, 조직적으로 항의 움직임

금융감독원 최근 시장에 일고 있는 대한물산 자금 악화설에 대해 조회 공시를 할 예정이지만 아직 시기는 미결정

대한물산 소액 주주 금융 감독원의 미온적인 태도에 분통

대한물산 담당 회계법인 더원에서 2005년 연말 강도 높은 회계감사 예정 시사

기사 헤드라인만 봐도 그 내용은 대충 미루어 짐작할 수 있었다. 영준은 PDA를 내려놓고 다시 YOU&I 매장을 주의 깊게 바라보았다. 깔끔한 유니폼에 여유로운 웃음으로 손님을 대하는 매장 직원의 모습이 눈에 띄었다. 서비스 교육이 잘돼 있음을 한눈에 알 수 있었다. 3층 전체가 손님들로 가득했지만, 직원들의 응대는 매우 능숙해 보였다. 주식시장에서 대한물산은 금방이라도 부도가 날 것처럼 난리였지만 정작 YOU&I 매장 직원들의 표정에는 의욕이 넘쳐났다.

"아무래도 자금 때문이겠지?"

한참을 말없이 스크린만 바라보던 박찬민이 힘없이 입을 열었다.

미국에서 MBA를 마친 그는 바로 귀국하지 않고 JP모건에 입사해서 2년간 애널리스트로 근무했었다. 박동수 명예회장은 아들에게 서둘러 귀국해서 경영 수업을 받으라고 지시했지만 그룹을 이끌어 갈

후계자로, 세계적인 투자 은행에서 폭넓은 비즈니스 안목을 갖출 필요성을 느껴 그 스스로 내린 결정이었다.

박찬민은 1999년 봄에 귀국했다. 다른 재벌 2세처럼 그룹의 말단 임원부터 시작하긴 싫었다. 여론의 눈치를 봐가며 후계자 수업을 받고 싶지 않아서였다. 귀국 후 자신감이 넘쳐 난 그는 대한그룹과 상관없이 자신의 능력을 인정받고 싶었다. 그래서 선택한 것이 벤처기업 투자와 M&A였다. 당시만 해도 M&A는 미국에서 이미 큰 시장으로 자리 잡았지만 한국에서는 여전히 생소한 단어였다. 때마침 정부에서도 다양한 벤처기업 육성 정책을 내놓으면서 그의 적극적인 행보에 힘을 실어 주는 듯했다. 하지만 사람들은 그가 어떤 의도를 갖고 사업을 하든지, 그를 대한그룹의 후계자로만 봤지 한 사람의 비즈니스맨으로 봐주지 않았다.

그는 나름의 소신을 갖고 공격적으로 벤처기업에 투자하면서 20개가 넘는 기업을 사들였다. 하지만 여론은 그가 재벌의 문어발식 확장 방식을 그대로 벤처기업에 써먹는다며 따가운 시선을 보냈다.

그때 박찬민이 내놓은 이론이 벤처 연방제였다. 재벌 모기업이 모든 계열사를 좌지우지하는 것과 다르다는 자신만의 독특한 벤처 운영 방식을 설명하기 위해 내세운 논리였다. 연방 국가인 미국의 중앙 정부가 연방을 유지하기 위한 외교권, 군사권만을 갖고 주 정부의 자율성을 인정하는 독립적인 구조를 유지하는 것처럼, 자신도 투자한 벤처기업 운영에 미국의 연방제 시스템을 그대로 적용하겠다는 것이었다.

당시 박찬민은 재벌 답습이라는 여론의 비난을 견디는 한편 인수

철학 없이 그룹의 자금 동원력을 이용한 마구잡이식 M&A를 한다는 업계의 비판에도 대응해야 했다. 이 모든 비판과 의구심에 맞서는 벤처 연방제 이론은 어느 정도 설득력 있는 논리로 보였다. 연방제하에서 중앙 정부가 주 정부의 독립성을 인정하듯 각 기업의 독립성을 인정하는 것으로 기존 재벌의 수직적 지배구조 답습이란 여론의 비판을 피할 수 있었다.

또한 서로 연관 없는 기업을 무분별하게 인수한다는 업계의 비판에도 같은 논리를 폈다. 미국이 국가적 문제가 생기면 중앙 정부를 중심으로 각각의 주 정부가 힘을 모아서 위기를 극복하는 것처럼, 비록 자신이 인수한 회사들이 상호 연관성이 없어 보여도 얼마든지 연합해서 시너지를 창출할 수 있다는 논리를 폈다.

벤처 연방제 이론이 주요 경제신문에서 특집 기사로 다뤄지면서 그에게는 벤처 전도사란 수식어가 붙기 시작했다. 여론은, 대기업 후계자가 이처럼 벤처기업에 관심을 갖는 것은 대기업과 벤처기업 간 새로운 관계 정립의 중요한 모델이라며 힘을 실어 주었다. 자금은 풍부했고 여론은 다시 자신의 편이 되어 주었다. 거칠 것이 없었다.

너무 과열된 것이 아니냐는 우려도 있었지만 그리도 빨리, 그리도 허망하게 벤처 열풍이 식을 줄 그 누구도 예상하지 못했었다. 끝없이 상승할 줄 알았던 벤처 열기는 가파른 상승세와는 비교할 수 없을 정도로 빠르게 주저앉고 말았다. 2000년 4월 미국의 나스닥 시장이 붕괴된 검은 월요일을 시작으로 한국 벤처기업의 주가는 끝도 없이 하락, 아니 폭락에 폭락을 거듭했다. 벤처 열기는 거품이었고, 거품은 작은 바람에도 한순간에 공중으로 흩어져 버리기 마련이었다. 거품이 날아가 버린 빈 잔에는 대신 성난 투자자의 분노가 채워졌다. 설상가상으로 그가 투자한 기업들이 각종 머니게임에 연루되어 신문 사회면을 장식해 나갔다. 기사 끝에는 반드시 대한그룹 후계자인 박찬민이 투자한 기업이란 꼬리표가 달리면서 묘한 여운을 남겼다.

투자한 벤처기업들이 하나 둘씩 도산하면서 그를 따라다니던 '벤처 전도사'란 수식어는 순식간에 '버블 메이커'라는 악명으로 변해 버렸다. 성난 소액 주주들은 엉뚱하게 대한그룹 사옥으로 몰려가 시위를 벌였다. 어찌 보면 벤처 몰락의 가장 큰 피해자는 그 자신이었다. 그렇다고 재벌 후계자가 소액 주주들 틈에 끼어 함께 울부짖을 수도 없었다. 투자자들에게 시달리며 그로기 상태였던 그는 잠시나마 포기의 수건을 던질 뻔했다. 하지만 그의 아버지 박동수 회장은 누구도 예상치 못한 방식으로 사태를 정면 돌파했다.

바로 그룹 경영권의 조기 승계였다. 아직 마흔도 되지 않은, 그것도 벤처 투자 실패로 여론의 뭇매를 맞고 있는 그에게 재계 서열 7위인 대한그룹의 경영권을 물려줄 것을 예상한 사람은 아무도 없었다.

여론은 박동수 회장의 의도대로 움직여 주었다. 박찬민의 벤처 투자 실패를 연일 비판하던 여론의 초점이 젊은 후계자가 과연 대한그룹을 잘 이끌어 갈 수 있을지를 걱정하는 쪽으로 변했다. 제대로 물타기를 한 것이었다. 그렇게 아버지의 뚝심으로 대한그룹의 총수 자리에 올랐다. 하지만 그는 경영권을 물려받으며 아버지 박동수 회장에게 증여받은 대부분의 자금을 벤처기업의 투자 대출금 상환에 써야 했다.

그는 주로 은행 대출을 통해 조성한 자금으로 벤처기업을 인수했고, 그때마다 반드시 대한그룹 계열사에서 이면으로 지급보증을 서 주었다. 만약 기업의 주가가 폭락하거나, 도산해 버리면 금융기관의 부채를 고스란히 계열사에서 떠안아야 했다.

대한그룹 회장으로 취임하면서 모든 벤처기업과의 연결고리를 끊어야 했던 박찬민은 막대한 대출 자금을 상환해야 할 처지였다. 금융기관이 이면으로 지급보증을 서주었던 계열사에게 상환을 요구한다면, 돌이킬 수 없는 사태가 발생될 수밖에 없었다. 때문에 그는 가장 먼저 대출금 상환을 서둘러야 했다.

대한그룹의 경영권이 달려 있는 대한물산 주식 이외 대부분은 현금으로 증여세를 내고 대출금을 상환했다. 물론 그중에는 정만철 부회장이 계열사 자금을 세탁해서 조성한 비자금이 포함되었지만 부회장의 수완에만 의지하는 데도 한계가 있었다. 그렇게 대출금 상환에 개인 자금을 쏟아 붓다 보니, 경영권 안정을 위해 대한물산 주식을 매집해야 할 절박한 상황일 때 회장 개인이 동원할 수 있는 자금은 그리 많지 않았다. 결국 정만철이 또다시 계열사 자금을 세탁할 수밖에 없었다. 그 금액이 점점 더 커지면서 박찬민의 심적 부담은 말로 표현할 수 없었다.

"준비해 주신 4,000억이면 충분할 줄 알았는데, 주가가 생각보다 빠지지 않아서 추가 매집에 어려움이 있었습니다."

"몇 달 동안 시장의 신뢰를 포기하면서까지 주가를 끌어내리려고 했는데 덜 빠진 이유가 뭐지?"

자금은 부족하고 주식은 매집해야 하는 상황이다 보니, 주가를 인위적으로 끌어내려 저가에 매집하는 방법밖에 없었다. 여의도 증권가와 언론에 잘 돌아가고 있는 대한물산이 곧 부도날 것처럼 정보를 흘렸다. 그리고 주가가 떨어지면 저가에 조금씩 매집해 왔다.

단지 소문에 불과한 대한물산 자금 악화설이 이렇게까지 시장에 직접 영향을 미치게 된 데에는 이유가 있었다. 최순권 부사장은 사전에 증권사의 유명 애널리스트와 주요 경제지 기자들을 포섭했다. 그리고 그들로 하여금 대한물산 위기론에 대한 여론을 주도하게 했다.

이 과정에서도 정만철과 최순권의 역할은 절대적이었다. 정만철은 주식 매집을 위해 계열사의 자금을 편법으로 동원했고, 최순권은 증권가, 언론, 금융 당국을 상대로 로비를 했다. 하지만 당초 10,000원 이하로 떨어질 거라 예상했던 주가는 12,500원을 최저로 더 이상 떨어지지 않았다. 외국인이 이 기간에 크게 동요하지 않은 것이 그 이유였다. 그들이 주식을 팔았다면 박찬민은 지분을 조금만 매집하고도 안심할 수 있었다. 하지만 외국인은 여전히 그의 경영권을 위협할 수 있는 20퍼센트대의 지분을 유지하고 있었다.

"평소 30,000원대를 유지하던 대한물산 주가가 12,500원까지 빠졌다는 것은 분명 시장에 직접적으로 영향을 미쳤다는 증거입니다. 하지만 외국인 지분이 이 기간에도 크게 변동되지 않은 것은 평소 그들의 투자 패턴대로 이번에도 냉정성을 잃지 않았기 때문으로 보입니다."

"부사장도 스티브와 생각이 같나?"

박찬민은 스티브의 분석이 너무 원론적이라는 생각이 들었다.

"저도 스티브의 생각에 동의합니다. 외국인들은 시장의 소문보다는 자신들 나름대로 분석한 데이터를 바탕으로 투자를 결정하기 때문에 이번 역시 크게 흔들리지 않았을 겁니다. 여름에 골드만삭스 부사장이 대한물산 분석 자료를 보여 준 적이 있는데, 올 연말 목표가를 60,000원까지 예상했었습니다. 그들 나름대로 분석한 결과이기 때문에 갑작스러운 자금 악화설에도 인내심을 갖고 지켜봤던 것 같습니다."

박찬민 역시 오랜 미국 유학 생활과 JP모건에서 근무한 경험으로 비춰 볼 때 애초부터 외국인들이 성급히 주식을 매각할 거란 기대는 하지 않았다.

"모든 일이 계획대로 된다면 얼마나 좋겠습니까? 그래도 지금처럼 어려운 상황에서 회장님 지분을 7퍼센트나 늘렸다는 것에 의미를 두셔야 할 것 같습니다. 이제는 일의 수습 방안에 관해서 논의해야 합니다."

그가 뭔가 주저하고 있을 때 확실하게 매듭짓는 사람은 늘 정만철이었다. 정만철이 이렇듯 박찬민에게 직언을 할 수 있는 것은 자신의 뒤에 박동수 명예회장이 있기 때문이었다.

"수습 방안이라니요? 무슨 문제라도 있습니까?"

수습 방안이란 표현이 맘에 걸렸던 박찬민은 담배를 집어 들며 정만철을 바라봤다. 뭔가 감추고 있는 눈치였다.

"아닙니다. 그동안 어수선했던 시장 분위기를 되돌리는 일이 시급해서 드린 말씀입니다."

"그렇지 않아도 제가 준비해 봤습니다."

최순권이 서류 가방에서 파일 몇 개를 꺼내 나눠 주었다.

"언론과 증권가에 어떻게 대응할 것인가, 소액 주주를 어떻게 달

랠 것인가, 그리고 채권단과 금융감독원 문제를 어떻게 수습할 것인가에 대한 자료입니다."

"회장님이 너무 자주 모습을 보이시는 건 그리 좋은 방법은 아닌 것 같은데?"

정만철은 사안마다 회장이 나서야 한다는 파일 내용이 썩 맘에 들지 않았다.

"대한물산 한 대표가 나서는 것보다는 그룹 차원에서 적극적으로 나서야 단기간에 효과를 볼 수 있습니다."

물러설 최순권이 아니었다.

"그래도 인터넷을 통한 소액 주주 간담회까지 회장님께서 나서시는 건 비서실에서 절대 용납할 수 없네."

정만철은 파일을 탁자 위에 툭 던졌다.

또다시 두 사람의 설전이 시작되려 할 때 인터폰이 울렸다.

"회장님! 명예회장님께서 거의 도착하셨다고 합니다."

'아버님이?'

"무슨 일이라도 있나?"

"특별한 말씀은 없으셨고, 기다리시라고 전해 받았습니다."

"알았어요. 도착하시면 이곳으로 모셔 오세요."

"알겠습니다, 회장님."

예정에 없던 명예회장의 방문 소식에 그는 물론 다른 사람들도 조금은 긴장하고 의아해하는 눈치였다.

정만철만은 명예회장의 방문을 미리 알고 있었는지 태연했다.

"자, 그럼 정리해 봅시다. 부사장님 계획대로 제가 여기저기 얼굴을 내미는 건 그룹 이미지 관리상 최선의 방법은 아닌 것 같습니다. 그래도 웬만한 건 제가 직접 나서서 해명할 테니 부사장님은 부회장님과 상의해서 일정을 잡아 보세요."

그는 절대 정 부회장, 최 부사장 일방의 의견을 따르지 않았다. 시장의 신뢰 회복에 대한 수습 방안 문제도 두 사람의 의견을 모두 수용하는 듯 절묘하게 균형을 잡았다.

"그럼 내일 금융감독원 부원장님, 조사국장 미팅을 시작으로 일정을 잡겠습니다."

"내일부터? 올 크리스마스도 조용히 보내긴 힘들겠군요."

한참 동안 건너편 매장을 지켜보던 영준은 귀에서 이어폰을 빼냈다. 평온한 음악 소리가 사라지고 여기저기서 대화 소리가 들려왔다. 머리가 흔들리는 것 같았다. 그때 바로 등 뒤에서 굳이 신경 쓰지 않았는데도 생생하게 대화가 들려왔다.

"야! 왜 이렇게 늦었냐?"

"내가 전화했잖아. YOU&I에 잠시 들른다고!"

'YOU&I?'

YOU&I라는 말에 영준은 여자들의 대화가 궁금해졌다. 이어폰을 귀에 꽂고 음악을 듣는 척하면서 의자에 등을 바짝 붙였다.

"넌 우리가 이렇게 기다리고 있는데 옷을 사야 하니?"

"그게 아니라, 지난주에 산 니트가 맘에 안 들어서 명동에 나온 김에 다른 걸로 교환하려고 잠시 들른 거야. 너도 알잖아, 내 연두색 니트! 근데 사람들이 어찌 그리 많은지."

"야! 너 그 니트, 몇 번 입었으면서 어쩜 염치없이 교환할 생각을 했니?"

"회사 언니들이 나한테 색깔이 안 맞는다고 하는데 버릴 수도 없잖아!"

"그래도 그렇지, 좀 심했다고 생각하지 않니? 근데 교환해 주디? 괜히 창피당한 거 아냐?"

"창피는 무슨 창피. 오히려 현금으로 환불해 주던걸?"

환불받았다는 여자도 좀 의외라는 말투였다.

"뭐? 돈으로 돌려받았다는 말이야?"

놀란 여자들이 제각기 웅성거렸다.

"그렇다니까! 색깔이 맘에 안 든다니까 다른 걸 추천해 주는 거야. 내가 다른 것도 주저하니까 그 자리에서 바로 현금으로 환불해 주던 걸? 영수증 달란 말도 없이 말이야."

"어머! 웬일이니, 웬일이니? 얘들아! 우리 당장 저기 가서 뭐라도 좀 사자!"

옷을 현금으로 돌려받았다는 여자는 짝사랑 상대에게서 크리스마스 선물이라도 받은 것처럼 기뻐했고, 그녀의 친구들은 YOU&I의 서비스에 놀라 입을 다물지 못하고 있었다.

'노드스트롬!'

여자들의 대화를 듣던 영준은 미국의 노드스트롬 백화점을 떠올렸다.

노드스트롬은 미국의 대표적인 백화점 중 하나이다. 1901년 미국

워싱턴 주 시애틀에서 구두점을 시작해 지금까지 100년 넘게 성장을 유지하고 있다. 판매하는 제품보다 매장 직원의 철저한 서비스로 더 유명한 곳이다.

기업 전략의 대가인 마이클 포터 교수는 그의 저서 《경쟁론》에서 기업의 서비스가 얼마나 큰 경쟁 우위 요소인지 노드스트롬의 예를 들어 설명하기도 했다.

100년이 지난 지금도 이 백화점이 꾸준하게 성장세를 유지하는 이유는, 어떤 경우에도 직원들은 고객에게 "NO"라고 할 수 없다는 원칙 때문이었다. 바로 그런 점 때문에 백화점의 서비스 사례가 신화처럼 전해지고 있다.

한 중년 남자가 백화점의 타이어 매장에서 얼마 전 구입했다며 굿이어 타이어를 현금으로 환불해 줄 것을 요구했다. 매장 직원은 즉시 현금을 내주었다. 하지만 노드스트롬은 굿이어 타이어를 아예 취급하지도 않았다. 판 적도 없는 제품을 현금으로 교환해 준 것이다.

또 한 가지 유명한 실화가 있다. 크리스마스를 앞두고 젊은 여성이 구두를 사려고 왔는데, 여자가 찾는 구두는 이미 다 팔리고 재고조차 남아 있지 않았다. 그러자 매장 직원은 인근 백화점을 모두 돌아다니며 구두를 찾아 나섰다. 결국 2시간이나 떨어진 곳에서 구두를 사 온 직원은 고객을 기다리게 해서 죄송하다며 구두를 선물로 주었다. 구찌 매장에 들른 집시 여인에게 몇 시간씩 친절하게 제품을 소개한 여직원의 이야기는 특별한 이야기 축에도 못 낀다.

영준은 다시 시선을 맞은편 YOU&I 매장으로 돌렸다. 크리스마스 시즌이다 보니 손님이 많아 귀찮을 법도 한데 매장 직원은 그런 기색이 전혀 없었다.

다시 PDA로 시선을 옮겼다. 대한물산 속보가 들어왔다. 한국신용평가에서 대한물산에 대한 신용 등급을 하향 조정할 예정이라고 했다.

언론이 떠들어 대는 대한물산의 위기와 YOU&I 매장 분위기는 너무나 상반되었다. 언론은 연일 보도하고 있는데 대한물산 쪽에서는 어떠한 대응도 하고 있지 않았다. 마치 모든 루머를 인정한다는 듯한 애매한 태도였다.

잠복 경찰이 중요한 단서를 좇듯, 영준은 YOU&I 매장을 유심히 관찰했다. 관찰에 몰입한 영준을 깨운 건 바지 주머니 속의 휴대전화였다. 윤태호 부사장이었다. 회사 내부적으로는 영준이 사장이었지만, 공식적으로는 윤태호가 니코스홀딩스의 대표이사로 등재되어 있었다.

"오신다고 미리 연락 좀 주지 그러셨어요."

"바쁘신데 뭘 번거롭게 그래요."

"강 대표님과는 매일 연락하고 있습니다. 사장님이 창원에서 고생하시는데 어떻게 저희만 맘 편하게 있겠습니까?"

"고생은 무슨 고생이라고 그러세요. 다 회사를 위해서 하는 일인데요, 뭘."

"지금 명동에 계신다구요? 잠깐 통화 가능하십니까?"

"혼자 있으니 괜찮아요. 말씀하세요."

"사장님께서 몇 달 전 모닝에셋에 의뢰하셨던 보고서가 오늘 최종적으로 나왔습니다."

"오늘요? 그 친구들 연말까지도 힘들 것 같다고 하더니 괜히 엄살 피운 거였군요."

"양 기사 편에 보내 드리려고 했는데, 사장님과 함께 있지 않더군요. 사장님! 직원 편의 봐주시는 건 좋은데, 사장님 위해서 고용한 기사를 그렇게 놀리시면 다른 기사들이 어떻게 보겠습니까?"

윤태호는 양 기사를 다른 기사들보다 더 많은 급여를 주고 영준의 운전기사로 고용했다. 그런데 영준이 늘 혼자 다니니 난감하긴 양 기사나 그나 마찬가지였다. 하지만 영준이 편하게 일을 봤으면 하는 걱정 때문에 괜히 기사를 나무랐고, 그럴 때마다 영준은 그냥 봐달라며 웃어 넘겼다.

"알겠어요. 제 생각이 짧았네요. 앞으로 조심할게요."

영준이 순순히 사과를 하자 윤태호는 잠시 머뭇거렸다.

"참! 결과는 어떻습니까?"

어색해진 분위기를 재빨리 피하고 싶었던지 영준이 먼저 보고서 얘기를 꺼냈다.

"전국에 있는 개별 매장에 관한 내용이어서 저도 구체적으로 다 보진 못했습니다. 요약 보고서를 보니 사장님께서 짐작하신 것과 크게 다르지 않습니다. 사장님! 이젠 제게도 이런 자료를 왜 수집하시는지 알려 주셔야 하지 않습니까?"

"아직 구상 중이에요. 나중에 좀 더 구체적으로 계획이 서면 알려 달라고 하지 않아도 알려 드릴게요."

이제 겨우 구상 중인 프로젝트 하나 때문에 10억이나 되는 컨설팅 비용을 지불했다니, 항상 그렇지만 도무지 영준을 이해할 수 없었다.

분명 뭔가 있다고 생각했지만 영준은 더 이상 말해 주지 않았다. 자신에게 말해 줄 필요 없다고 생각하고 있는지도 몰랐다. 자신이 영준의 전폭적인 신뢰를 받고 있다는 것을 알면서도 계속 뭔가 감추려는 그의 태도에 늘 서운함을 느꼈다. 결코 넘을 수 없는 오너의 높은 벽이란 걸 알기 때문에 더욱 그랬다.

"강 교수 주식은 물 건너갔다고 봐야겠죠?"

윤태호가 우려하며 주저하고 있는 것을 영준이 한마디로 끄집어 냈다.

영준은 삼십 대 초반의 젊은 남자에게선 찾아볼 수 없는 냉철한 판단력을 갖고 있었다. 의사를 결정하는 데 있어서 전혀 주저하거나 흔들림이 없었다. 윤태호는 영준의 그런 면을 높이 평가하면서 영준과 같은 보스를 만나기 쉽지 않다고 생각해 왔다.

일주일 전, 영준이 창원으로 내려가겠다고 했을 때부터 이미 그가 강 교수 지분을 포기했다고 생각했다.

"강 대표에게는 잘될 거라고 했지만, 주식을 넘기겠다는 사람이 미국에 가서 열흘째 연락이 되지 않는다면 더 이상 기다리는 건 의미가 없습니다."

"혜성전자 주주명부 폐쇄 기준일이 언제죠?"

"12월 31일입니다."

"우리가 그동안 사둔 물량은 얼마나 되죠?"

"워낙 거래량이 적은 회사다 보니 물량 확보가 쉽지 않습니다. 매일 계속해서 매집하곤 있는데, 큰 기대는 하지 않으셔야 할 겁니다."

"12월 30일 전까지 강 교수가 다른 쪽에 넘기지 않기만을 기다려야 하다니 참 난감하네요."

"우리 말고 혜성전자 같은 부실기업에 관심 있어 할 회사가 있겠습니까?"

영준이 혜성전자 인수에 워낙 관심을 보였기 때문에, 윤태호는 이런 말이라도 해서 안심을 시키고 싶었다.

"이럴 때 워런트만 어디에 있는 줄 알아도 어떻게 해보겠는데 말이죠."

"워런트는 그만 포기하세요. 6년 동안 사라졌던 워런트가 갑자기 나오겠습니까?"

"중환자실에서 강 회장님이 워런트 어쩌고 하는 얘길 분명 들었거든요. 너무나 갑자기 돌아가시는 바람에."

"일단 전 강 교수와 계속 연락을 취해 보겠습니다."

"모닝에셋 자료는 제 방에 두고 퇴근하세요. 그리고 내일 오전에 법무팀 변호사들과 회의할 거니까 다른 일정 잡지 말라고 김 변호사님께 전해 주세요."

"저도 참석해야 합니까?"

"회사 대표님이 빠지시게요?"

최영준 사장은 참 말을 재치 있게 받아치는 사람이었다.

"알겠습니다. 그럼 내일 오전에 뵙겠습니다."

"올해는 꼭 크리스마스 휴가를 보내 드리겠다고 약속했는데 부사장님께 죄송하네요."

"대신 돈 많이 벌게 해주셨잖습니까?"

두 사람은 서로 웃으며 전화를 끊었다.

스타벅스에서 나온 영준은 YOU&I 매장 앞에 섰다. 바람이 아까보다 훨씬 세차게 불었지만, 영준에겐 봄바람처럼 느껴졌다. 점퍼에서 휴대전화를 꺼내 단축 번호를 길게 눌렀다.

"이모! 아무래도 다시 회사로 들어가 봐야 할 것 같거든? 가게는 나중에 갈게."

"영준이 너도 참. 이제 좀 쉬엄쉬엄해도 되지 않니?"

"미안해, 이모! 대신 다음에 갈 때 밤새도록 놀아 줄게!"

"난 네가 평생 이모 가게에 오지 않아도 좋으니까, 제발 연애 좀 했으면 좋겠다. 이게 뭐니? 남들은 크리스마스다 뭐다 정신없는데 너 혼자 일에 푹 파묻혀서! 넌 외롭지도 않니?"

자신을 아끼는 이모의 마음이 느껴졌다. 영준은 어느새 마음이 더 따뜻해지는 것 같았다.

"이모가 있는데 외롭긴 뭐가 외로워?"

"아직도 그런 소릴 하는 걸 보니 너 철들려면 멀었다."

"이모! 저기 택시 온다. 나중에 전화할게."

"기사는 어디 두고 택시니! 너 양 기사 또 먼저 보냈구나?"

"이모, 나 택시 타야 하니까 끊어요."

영준은 휴대전화 폴더를 닫고 급히 택시에 올랐다.

"삼성동 아셈타워 부탁합니다!"

"회장님께서 잠시 들어오라십니다."

호텔 경호실장이 조용히 말했다. 정만철이 침실에 들어서자 창가

작은 소파에 앉아 있는 박찬민이 보였다.

"말씀해 보세요. 무슨 일입니까?"

"무슨 말씀이신지."

정만철은 시치미를 뗐다.

"아까 수습 방안이 중요하다고 했잖습니까? 저와 관련된 일 같은데, 당연히 제가 알아야 하는 거 아닙니까?"

"회장님. 저……."

짐작대로 분명 뭔가 있었다.

"그래요. 뭡니까?"

"명예회장님과 제가 방법을 찾고 있습니다. 회장님께서 염려하실 문제가 아닙니다."

대답을 하다 보니 문제가 있음을 시인하는 꼴이 되어 버렸다.

"아버님이요? 도대체 무슨 일인데 아버님까지 관여하신다는 말입니까?"

아버지와 정만철만 알고 있고, 또 그 문제에 대해서 두 사람이 자신도 모르게 대처하고 있다는 것은 가벼운 문제가 아님이 분명했다.

"명예회장님께서는 회장님께 절대 알리지 말라고 지시하셨습니다. 제 입장도 이해해 주셨으면 합니다."

정만철에게 있어 명예회장의 지시는 법보다 위에 있는 절대적인 것이었다. 일선에서 물러난 명예회장의 지시를 끝까지 따를 것인가, 아니면 그룹의 현 실세인 박 회장에게 못 이기는 척 말해 버릴까. 정만철은 본능적으로 각각의 상황에 처했을 때의 자신의 이해관계를 따져 봤다.

'지금 얘기해도 타이밍이 나쁜 것은 아니다. 내가 적극적으로 말한 것도 아니고 박 회장의 끈질긴 추궁에 못 이겨 말하는 것이니 어쩔 수 없었다고 둘러대면 그만이다. 그리고 명예회장은 이제 이빨 빠진 호랑이 아닌가!'

맘을 정한 정만철은 긴장한 듯 과장된 몸짓으로 말했다.

"회장님! 정말 제가 모든 것을 해결한 후에 말씀드리려고 했습니다."

그의 눈에는 억지 눈물까지 살짝 고였다.

"답답하네요. 무슨 일입니까?"

"대검 중수부에서 회장님을 내사 중이란 정보가 있었습니다."

"저를요? 그룹이 아닌 절 말입니까? 어디서 그런 얘기가 나온 겁니까?"

검찰에서 자신을 타깃으로 내사를 한다는 말에 박찬민은 정신이 번쩍 들었다.

"법사위 변 의원님이, 이번 수사는 쉽게 넘어갈 것 같지 않으니 철저히 대비하라고……."

정만철은 더 이상 말을 잇기 힘들다는 듯 말끝을 흐렸다.

박찬민이 그룹 회장으로 취임하면서 지금까지 계열사 문제로 형사사건에 연루된 적은 몇 번 있었다. 하지만 모두 해당 계열사의 임원이 검찰에 출두해서 적당한 선에서 마무리되었다. 그렇기 때문에 그동안 검찰의 조사에 대해서 별다르게 신경을 쓰지 않았다. 그런데 이번에는 타깃이 자신이라니 놀라지 않을 수 없었다.

"그런 중대한 일을 저 모르게 그냥 넘어가려고 했습니까? 그게 쉬

쉬할 문젭니까?"

"모두 제 잘못입니다. 제가 철저하게 처리하지 못해서……."

생각보다 회장이 예민하게 반응하자, 정만철은 재빨리 용서를 구했다. 이런 경우 무조건 자신의 책임으로 돌리는 게 최상의 대응임을 알고 있었다.

박찬민은 아무 말 없이 자리에서 일어나 침대 주위를 걸었다. 그러다 갑자기 양손으로 창문 커튼을 힘껏 걷어 젖혔다. 화려한 강남의 밤거리가 눈에 들어왔지만, 박찬민 자신은 그대로 멎어 버린 세상의 한복판에 떠 있는 기분이었다.

"국민주택 무기명 채권 때문인가요?"

짚이는 것은 그것뿐이었다. 창밖을 바라보며 등 뒤에 서 있는 정만철에게 담담히 물었다.

"검찰이 명동 사채 시장을 이 잡듯 헤집고 다닌다는 건 알고 있었지만, 이렇게까지 면밀히 조사하고 있을 줄은 꿈에도 생각지 못했습니다."

"청와대 쪽에 손을 대서 검찰의 진짜 목표가 뭔지 알아봐야 하지 않겠습니까? 저인지 아니면 대한인지 말입니다."

그동안 아버지의 처세로 정치권과 큰 마찰이 없었다는 건 알고 있었지만, 혹시나 타깃이 대한그룹일 거란 가정도 해봐야 했다. 그렇다면 코드 원에 줄을 대야 했다.

"저도 여러 채널을 통해서 알아봤는데 이번엔 정말 운이 나빴습니다. 검찰에서 회장님도 대한도 아닌, 불법 대선 자금과 관련된 명동 자금을 추적했었습니다. 그러다 채권 브로커들을 몇 명 소환해서 조사했는데, 그중에 우리와 거래하고 있던 브로커가 있었습니다. 뜻밖에 뭉치 채권들이 나오니까 불법 대선 자금일 거라 계속 추적을 했는데, 하필이면 우리 쪽에서 주식 매집을 위해 대한물산 자금을 돌리면서 매입한 채권이 나왔습니다."

"아니 그럼, 우리가 엉뚱하게 걸려들었단 말입니까? 그 채권들 모두 삼자 명의로 매입한 것 아닌가요? 어떻게 검찰에서 우리 쪽 자금이라고 단정 짓고 절 내사한다는 겁니까?"

박찬민은 재수 없게 걸려들었다는 말에 오히려 더 기가 막혔다.

"그동안 검찰에서는 무기명 채권을 수사하다가 그 거래 과정에서 전혀 의외의 인물이 나타나면 적당한 선에서 수사를 종결해 왔습니다. 더 캐봐야 전혀 연관 없는 사람들만 나타나고, 이미 사망한 사람들까지 나타나서 오히려 수사가 꼬이게 되는 경우가 많답니다. 무기명 채권이 좋은 게, 문제가 생겨도 아니라고 우기다가 협상해서 그냥 넘어가는 겁니다. 그런데 이번에는 거래 과정에서 언급된 사람들 모두를 검찰에서 소환 조사한 모양입니다. 그 과정에서 노숙자, 가정주부도 나오고, 심지어 팔십 먹은 노인까지 소환됐다고 합니다. 검찰에서 이 사람들에게 명의를 빌려 준 혐의로 처벌을 하겠다고 으름장을 놓았답니다. 그때부터 겁을 먹고 누구에게 무엇 때문에 채권을 받고 팔았는지 진술하기 시작했다고 합니다. 그렇게 검찰이 최초 자금원을 찾아서 위로, 위로 캐다가 우리 비서실 직원 이름을 발견한 겁니다."

"동명이인이 얼마나 많은데, 그 사람이 대한그룹 비서실 직원인지 검찰이 어떻게 알아냈단 말입니까? 이해할 수 없군요."

박찬민은 우연히 수사에 휘말렸다는 말을 여전히 납득하기 어려웠다.

"보고드렸다시피 이번 주식 매입 자금 대부분은, 명동 이 회장에게 대한물산 어음을 할인해서 조달했습니다. 그 자금으로 다시 명동에서 무기명 채권을 샀고, 그 채권을 다시 명동에 팔아 현금화했습니다. 그리고 노숙자 명의의 주식 계좌로 물산 주식을 매집한 겁니다. 웬만해서는 드러날 수 없는 일인데, 이 일에 개입된 직원이 실수로 비서실에서 쓰는 메일 주소를 노출했던 것 같습니다."

박찬민은 지난번 대선 때 각 선거 캠프에 돈을 댔던 다른 기업 총수들이 왜 검찰의 저인망식 수사에 혀를 찼는지 알 것 같았다. 검찰이 불법 대선 자금 수사를 위해 던진 그물에 아무 상관 없는 자신이 걸려든 셈이었다.

"분명 회장님이나 우리 그룹을 어떻게 하려는 건 아닙니다. 잘만 대응하면 생각보다 쉽게 넘어갈 수도 있습니다. 얼마 전 대통령 차남이 이번 대선 자금 수사로 인해 엉뚱하게 걸려들어 구속되지 않았습니까? 그때 검찰에서는 생각지도 못한 대어를 낚았다고 오히려 당황했다는 얘기를 들었습니다."

박찬민은 우연이든 필연이든 이미 벌어진 일의 원인을 가지고 논쟁하는 일이 무의미하다고 판단했다. 어떻게든 빠른 시간 안에 해결책을 찾아야 했다.

"검찰에서는 어느 정도 규모까지 파악하고 있는 것 같습니까?"

"이제 단서를 잡고 내사를 하고 있습니다. 자금 규모를 모두 파헤치는 데까지 적지 않은 시간이 걸릴 겁니다. 모두 밝혀낸다는 보장도 없습니다."

"검찰도 검찰이지만, 내년 초 그룹 전체 회계감사가 만만치 않을 겁니다. 금융감독원에서 해당 회계법인마다 철저한 감사를 지시했다는군요."

'이거였구나!'

정만철은 회의 시작 전 최순권이 회장의 귀에 대고 심각하게 말한 내용이 뭔지 대충 알 것 같았다.

"검찰 수사 대비 차원에서라도 깔끔하게 정리할 방안을 고민해 봅시다."

'부전자전이라더니.'

정만철이 보기에 박찬민은 이내 냉정을 찾고 다시 문제의 본질에 접근하고 있었다. 그 모습에서 아버지인 박동수 명예회장의 기질을 그대로 빼닮은 느낌을 받았다.

명예회장은 아들에 대한 내사 소식을 처음 들었을 때 며칠 동안 안절부절못했었다. 하지만 당사자인 박찬민은 단 몇 분 만에 냉정을 찾았다. 정만철은 자신보다 한참 어린 그의 이런 태도가 놀랍기만 했다.

"핵심은 회계감사 전과 검찰의 내사 종료 전까지만 주식 매집을 위해 마련했던 물산 자금을 다시 복귀시키는 겁니다. 검찰이 혐의를 잡았지만, 원상회복된 것까지 어떻게 하지는 못할 겁니다. 우리에게도 그 정도 막을 힘은 있습니다."

"아까 스티브가 이번에 투입된 자금이 4,000억이라고 했는데, 그룹에서 빼내 온 자금이 정확히 얼마입니까?"

"4,000억보다는 조금 많습니다. 총 4,213억이 주식 매입에 사용

되었고 이 중 회장님 개인 자금은 1,092억 정도입니다."

"그렇다면 3,121억 정도가 그룹에서 나왔단 말이죠?"

"대부분이 대한물산 자금입니다. 토건 사건 이후 시민단체에서 모니터링하고 있습니다. 요즘은 계열사 자금을 빼내기가 여의치 않습니다. 그나마 물산에 현금이 많이 돌아서 상대적으로 수월했습니다."

평소 메모광으로 알려져 있는 정만철이지만, 이런 은밀한 숫자일수록 흔적을 남기는 법이 없었다. 모두 자신의 머리로만 관리했다.

"물산 한 대표님은 어디까지 알고 있습니까?"

박찬민은 대한물산 대표이사가 맘에 걸렸다. 그가 그룹 계열사 대표 중 유일하게 존경하는 인물이 한상석이었다.

대표이사에 취임한 지 2년 만에 전 사업부 흑자라는 경이로운 성과를 올린 장본인이었다. 한상석은 미국의 아이비리그에서 오랫동안 공부하고, 나이키의 브랜드 매니저로 근무한 사람이라고 믿기 힘들 정도로, 한국의 전통 선비 정신을 경영에 접목하려는 노력을 기울였다. 박찬민은 그런 그의 소신이 맘에 들었다.

"회장님도 아시다시피 대한물산은 단순한 계열사가 아닙니다. 대한그룹의 모체인 동시에 실질적인 지주회사입니다. 대한물산이 무너지면 다른 계열사까지 모두 무너지는데 어떻게 한 사람에게만 맡기겠습니까? 대한물산 자금은 저희 비서실에서 관리하고 있습니다. 한 사장은 아마 모르고 있을 겁니다."

"회장님! 명예회장님께서 1층에 도착하셨습니다."

박 회장이 뭔가를 지시하려는데, 인터폰에서 비서의 목소리가 들려왔다.

"그럼 오늘 아버님도 이 문제 때문에 오시는 겁니까?"

"그렇게 알고 있습니다."

"얘기는 나중에 더 하고 우선 내려가서 아버님부터 모시고 올라오세요."

"알겠습니다, 회장님."

정만철이 서 있는 앞의 엘리베이터 문이 열리면서 박동수 명예회장이 날렵하게 모습을 드러냈다. 나이에 맞지 않은 균형 잡힌 몸매였다.

"회장님! 제가 모시러 가려 했는데 혼자 올라오셨습니까?"

"정 비서는 노인네 데리러 다닐 정도로 한가한가?"

박동수는 평소 직설적인 성격대로 이틀 만에 만난 정만철을 나무랐지만, 그런 모습에 익숙한 정만철은 웃음으로 넘겼다.

경호원의 안내를 받으며 박동수가 거실로 들어서자, 최순권과 스티브는 자리에서 벌떡 일어섰다.

"순권이, 너 오랜만이다! 고생 많지?"

박동수는 그룹의 재무 담당 최고 책임자이자, 어릴 적부터 보아 온 아들의 친구인 부사장을 편하게 이름으로 불렀다. 최순권 역시 그룹의 하늘 같은 명예회장이 자신을 아들처럼 대하는 게 싫지 않았다.

"아닙니다, 회장님! 건강하시죠?"

"나야 이 몸뚱이가 재산 아니냐?"

박동수의 호탕한 한마디에 경직됐던 거실 분위기는 한순간에 누그러졌다.

'사람에게 기라는 것이 있다더니! 잠시 들른 명예회장이 들어서자마자, 이곳이 마치 저분의 전용 집무실처럼 보이지 않은가! 모든 사

람이 저분의 기에 압도당하고 있다!'

말없이 고개 숙여 인사하는 스티브에게 명예회장은 태산처럼 묵직하게 느껴졌다.

"스티브라고 했나요? 얘기 많이 들었어요. 잘 부탁드리겠습니다."

방금 전만 해도 호랑이 같았던 박동수는 처음 보는 스티브와 악수를 하며 순한 사슴으로 변했다. 만나는 사람에 따라 자유자재로 바뀌는 화술은 이제 더 이상 놀라움의 대상이 아니었다.

수행 비서를 따라 서재로 들어선 박동수는 탁자 위 재떨이 안의 타다 만 담배꽁초를 보았다. 자신도 그렇지만 아들의 지금 심정이 저 담뱃재처럼 시커멓게 타들어 가고 있을 거라 생각하니 맘이 무너지는 것 같았다.

"아버님 오셨어요?"

박동수 앞에서 박찬민은 그룹의 회장이 아닌 그저 아들에 불과했다.

"언제부터 담배를 다시 피우기 시작한 게냐?"

철저하게 건강관리를 하라고 지시했던 명예회장의 핀잔이었지만, 아버지의 안타까운 심정이 그대로 배어 있는 말투였다. 박찬민은 뭐라 할 말이 없어 그냥 웃음으로 넘겼다.

"다들 바쁜 사람들이니 간단하게 요점만 말하마. 정 비서, 순권이, 그리고 스티브! 내 말 잘 듣고 박 회장 도와서 잘 처리하도록 해요."

"알겠습니다, 회장님!"

마치 전장에서 장수가 이제 막 출정을 앞둔 병사들 앞에서 훈시하는 모습 같았다.

"혜성전자라고 들어 봤나?"

'혜성전자!'

혜성전자라는 말에 박찬민과 정만철은 약속이라도 한 듯이 서로를 바라보았다.

"얼마 전에 돌아가신 강신만 회장님의 혜성전자 말씀이십니까?"

"순권이 네가 조문 갔었지 아마?"

"혜성전자라면 소형 가전 분야에서 국내 1위 기업인데 모를 리 있겠습니까?"

최순권은 두 달 전 강신만 회장의 장례식에 참석했을 때, 그의 죽음을 애도하는 창원 시민의 반응에 큰 감동을 받았던 기억을 떠올렸다. 박동수가 갑자기 혜성전자 얘기를 꺼내자 모두를 의아해하는 눈치였다.

"지난주에 국회 건설교통위원회의 한준식 위원장을 만났다. 그 양반 초선 때부터 내가 뒤를 봐줬거든?"

폭넓은 정계 인맥을 자랑하는 아버지에게 재선 의원인 한준식은 그다지 중요 인물로 관리될 것 같지 않았다. 그런 인물의 뒤를 초선 때부터 봐줬다니, 박찬민은 아버지의 인맥 관리의 끝이 어딘지 도무지 짐작할 수 없었다.

"내년 2월에 경기도 신갈 부근의 개발 제한 구역 일부가 변경된다. 수도권 경기 활성화 차원에서 상업 용지로 형질을 바꿀 예정이라고 하더구나. 어제 건교부 국장에게도 확인해 봤다. 이미 실무 작업에 들어갔다고 한다. 확실한 정보지."

"회장님께서는 정부의 공식적인 발표 이전에 토지를 매입하는 것을 구상하고 계십니까?"

뭔가를 열심히 메모하던 최순권이 고개를 들며 말했다.

"그게 말인데. 대한캐피탈 김 사장에게 그쪽 땅을 조사하라고 했었다. 대부분 영세한 중소기업들이 조금씩 쪼개서 보유하고 있어서, 일일이 매입하는 게 쉽지 않다는 거야. 소문이라도 나면 어디 땅주인이 팔려고 하겠어?"

부동산은 주식시장보다 소문이 빠르고, 소문에 민감한 시장이다. 정부에 무슨 계획이 있다더라, 곧 오른다더라 하면 아무 상관 없는 인근 토지 매물까지 거래가 끊겨 버릴 정도다. 토지를 은밀히, 그것도 대량으로 매집하는 건 거의 불가능한 일이었다.

"그런데 신갈 일대에 토지를 13,000평이나 갖고 있는 곳이 있더구나. 알아봤더니, 소유주가 혜성전자였다. 중국 진출을 위한 공장과 물류 창고로 쓰려고 1996년에 매입했다는데, IMF로 계획에 차질이 생겼겠지."

"아무리 혜성전자라고 해도 소형 가전 분야는 이제 더 이상 성장하기 어려운 시장입니다. 그쪽 자금 사정이 썩 좋지 않을 텐데, 시세보다 좀 더 쳐준다면 당장이라도 팔려고 하지 않겠습니까?"

정만철이 박동수의 눈치를 보며 말했다.

"나도 그렇게 생각했는데 말이야. 지금 혜성전자 대표는 강신만 회장의 둘째 아들이지. 신갈 부지는 아버지의 꿈이었기 때문에 절대 팔 의사가 없다는 거야. 고집이 보통이 아니라는군. 하긴 아버지 고집을 닮았으면 보나마나겠지. 개성 사람들 고집은 유명하니까."

"우리가 아무리 높은 가격에 사겠다고 해도, 대표이사가 팔지 않겠다면 어렵지 않겠습니까?"

정만철은 지금까지의 경험상 혜성전자 부지를 매입하는 것이 거의 불가능해 보였다.

"그 회사 경영진을 우리 사람으로 바꾼다면 얘기가 달라지는 거죠."

최순권은 왜 명예회장이 급하게 회의를 소집했는지 알 것 같았다.

"순권이가 역시 빠르구나. 내가 오늘 여기 온 이유는 바로 혜성전자 인수 때문이다. 난, 은퇴 기자회견에서 앞으로 그룹 내에 어떠한 영향력도 행사하지 않겠다고 공언했었다. 난 말이지, 지금까지 살아오면서 한번 내뱉은 말은 절대로 다시 주워 담지 않았다. 그런데 지금은 그런 거 따질 만큼 그리 여유롭지 않다. 박찬민 회장이 취임한 이후 내 처음이자 마지막 지시라고 생각해. 무슨 수를 써서라도 반드시 인수해야 한다. 정부에서 개발 계획을 2월 말이나 3월 초에 발표한다고 하니, 그 전까진 신갈 부지를 우리 쪽으로 넘겨야 한다. 시간이 얼마 없어."

"회장님! 그 땅이 상업 용지로 변경될 경우, 어느 정도의 시세 차익을 예상하고 계십니까?"

대화 내내 침묵을 지켰던 박찬민이 자신도 어쩔 수 없다는 듯 입을 열었다. 아버지에게 회장님이란 호칭을 쓰는 일이 드물었지만, 지시라는 말에 무게를 느껴서인지 자신도 모르게 회장님이란 호칭이 나왔다.

"캐피탈 김 사장이 부동산팀 직원들과 분석하기로는 땅값의 시세 차익만 3,500억 원, 개발 수익을 2,000억 원으로 보고 있더구나."

'역시 내 문제 때문이구나.'

박찬민은 조금 전 정만철과 나눈 얘기가 아버지의 지시와 무관하지 않다는 것을 알았다.

"지금쯤 미국에서 캐피탈 김 사장이 강 회장 첫째 아들을 만나서 아마 결론을 냈을 게다. 김 사장이 네게 직접 보고한다고 했으니, 내일이라도 귀국시켜 서둘러 추진해라."

"알겠습니다, 아버님."

"자, 그럼 다들 이만 나가 일 보고, 박 회장은 잠시 나와 얘기 좀 하자!"

함께 앉아 있던 사람들이 나가자 서재에는 박 회장 부자와 침묵만이 남았다.

"아버님! 신경 쓰게 해드려 죄송합니다."

이어지는 침묵을 참기 힘들었던 박찬민이 먼저 입을 열었다.

"정 비서가 얘기하던?"

박동수는 아들의 말에 더 이상 숨길 이유가 없다고 생각했는지, 나지막이 물었다.

"오너는 말이다. 모든 경우의 수에 맞설 마음의 준비가 되어 있어야 하는 게다. 피라미드의 맨 꼭대기가 뭐냐? 점 아니냐?"

"예."

"그게 바로 네 위치란다. 숨을 곳도, 피할 곳도 없는 곳이 네가 서 있는 이 자린 거야. 아비가 너무 일찍 네게 무거운 짐을 지운 것 같구나."

"아닙니다, 아버님! 제가 잘 극복하겠습니다."

"아비가 네게 대한을 물려주면서 꼭 명심하라고 한 말 기억하지?"

"물령망동 정중여산勿令妄動 靜重如山 말입니까?"

"그래. 어떤 일에도 태산처럼 맘의 평정만 유지하면 이겨내지 못할 시련은 없는 거다. 이번 일도 침착하게 잘 넘겨야 한다. 급하다고 절대 서두르거나 당황해서는 안 돼."

"예."

"인연이 참 묘하구나."

"강 회장님 말씀이십니까?"

"서 회장도 강 회장도 한때는 친형제나 다름없었는데 말이야."

"아까 혜성전자 얘기 꺼내실 때 조금 놀랐습니다."

"어쩌겠냐? 사업도 인생도 생각대로 되지 않는걸."

"염려 마십시오. 이번 일은 제가 앞장서서 꼭 마무리 짓겠습니다."

박찬민은 지금 아버지가 무슨 생각을 하고 있는지 알고 있었다. 말로나마 그 짐을 덜어 주고 싶었다.

"아비도 도울 테니, 힘내어라."

부자는 서로를 쳐다보며 아무 문제 없이 해결될 거라고 말했다. 하지만 아버지는 걱정을 감추지 못했고, 아들은 긴장된 표정을 숨기지 못했다.

'일이 계속 꼬이는군. 그때 그 일만 없었어도……'

박동수가 나간 후 박찬민은 서재 발코니에서 담배를 입에 물었다. 오늘따라 쓴 약을 삼키는 것처럼 담배 맛이 썼다.

런던 히드로 공항을 출발한 대한항공 여객기는 11시간 만에 인천 공항에 도착했다. 디지털 전광판에 런던발 대한항공 여객기가 도착했다는 신호가 들어왔다.

공항에 도착하자마자 전광판을 확인한 젊은 사내는 자신이 20분이나 늦었다는 사실을 알았다. 게이트 J를 향해 정신없이 뛰던 사내는, 대표 변호사에게 내년 봄 신입 변호사 선발에서 자유롭게 영어를 구사할 줄 아는 변호사를 2명 이상 뽑아 줄 것을 강력하게 건의하고 말겠다고 다짐했다. 로펌의 많은 변호사 중에 영어로 자유롭게 말하는 사람은 임원급 변호사 두세 명과 자신뿐이었다. 그러다 보니 외국에서 클라이언트가 방문할 때면 언제나 긴급 투입조 역할을 해야 했다. 오늘 방한하는 클라이언트는 워낙 중요한 VIP여서 상무가 직접 마중하기로 했었다. 그런데 새벽까지 술 접대를 받은 상무가 그 일을 젊은 사내에게 미뤘고 눈 내린 저녁 꿈같은 데이트를 계획했던 사내는 청담동이 아닌 공항으로 가야 했다.

일찍 출발했음에도 불구하고 눈길 도로 사정은 워낙 좋지 않았다. 덕분에 20분이나 늦게 도착한 바람에 클라이언트의 불만을 고스란히 떠안을 판이었다.

사내는 게이트 J로 계속 뛰는 도중에도 클라이언트의 한국 휴대전화로 전화를 걸까 말까 망설였다. 게이트에 거의 도착했을 무렵 사내의 주머니에서 휴대전화가 울렸다. 꺼내 보니 모르는 번호였다.

"여보세요."

"혹시 이 변호사님이십니까?"

외국인이었다. 클라이언트는 이미 도착해서 사내를 찾고 있었다.

이 변호사는 죽을 맛이었다.

"그렇습니다만, 혹시 잭이신가요?"

"아니요. 전 잭의 파트너, 존 스트로라고 합니다. 공항에 도착하셨습니까?"

"죄송합니다. 제가 좀 늦어서 지금 게이트 J에 있습니다."

"그래요? 그럼 바로 밖으로 나오세요. 저희는 출입문 앞에 있습니다."

"죄송합니다. 곧 가겠습니다."

이 변호사는 운전기사에게 게이트 J 앞에 차를 대라고 지시하고 밖으로 나갔다.

출입문 앞에는 두 명의 건장한 외국인이 서 있었다. 뭐라고 핑계를 대야 할지 좋은 아이디어가 머리에 떠오르지 않았다.

'에이, 모르겠다. 죽이기야 하겠어?'

"로펌 케이앤시의 이상대라고 합니다. 먼 곳까지 오셨는데 늦어서 정말 죄송합니다."

이 변호사는 깊이 머리를 숙여 사과의 표시를 했다.

"괜찮습니다. 그런데 최 변호사님은 몸이 많이 아프신가 보죠?"

"예? 아, 요즘 한국 날씨가 갑자기 추워지는 바람에 독감에 걸리는 사람이 많습니다."

상무가 미리 손님들에게 전화를 걸어 몸이 아파 못 나간다고 핑계를 댄 모양이었다. 세 사람이 대화하고 있는 사이, 검정색 스타크래프트 밴이 게이트 앞 도로에 섰다.

"세단보다 밴이 편할 것 같아서 준비했습니다."

"훌륭하군요. 고맙습니다. 잭! 우리 이런 밴 처음 타보지 않나?"

갈색 프라다테 안경을 낀 남자가 버버리 코트를 입은 남자에게 말하자, 그 남자는 대답하기도 귀찮다는 듯 의자를 뒤로 젖히며 한 손만 들었다.

"존은 한국이 처음이신가 보군요."

"잭은 올 초에 한 번 왔었고, 전 처음입니다. 지난번에도 케이앤시에서 우리 회사를 대리하지 않았나요?"

"대한물산 건 말씀이신가요? 전 그때 다른 프로젝트 때문에 참여하지 못했습니다."

밴이 공항 고속도로에 진입하자 존은 왼쪽 오른쪽을 번갈아 가며 창밖 풍경을 바라보았다.

"오늘 새벽 서울에 눈이 많이 내렸습니다. 한국 사람들은, 손님이 오는 날 눈이 오면 길조라고 생각합니다. 이번 프로젝트는 왠지 느낌이 좋습니다."

"오! 그래요? 말만 들어도 기분이 좋아지는군요."

"저희 상무님께서 많이 걱정하시던데 대한물산 주가가 너무 많이 빠졌죠?"

"저희에겐 당장의 주가는 큰 의미가 없습니다. 이유야 모르겠지만 다시 제자리를 찾지 않을까요? 아님 더 오르든가요."

사내가 알기로 네오트러스트는 차명으로 상당히 많은 양의 대한물산 주식을 보유하고 있었다. 주가가 몇 달 동안 반 토막이 났으니 타격이 만만치 않을 텐데, 두 사람은 크게 개의치 않는 것 같았다.

"공항이 아주 근사하더군요. 인천 공항이 왜 훌륭하다는 얘길 들는지 알 것 같습니다."

존은 공항 얘기로 화제를 돌렸다. 더 이상 대한물산 얘기를 꺼내지 말아 달라는 무언의 부탁이었다. 클라이언트의 의중을 정확히 파악하고 대화하는 것도 유능한 변호사가 갖춰야 할 덕목이라는 것쯤은 이 변호사도 잘 알고 있었다.

"히드로 공항에 비하겠습니까?"

"히드로 공항이야 규모만 컸지 얼마나 좁고 답답합니까? 인천 공항은 지금까지 제가 본 공항 중 최고입니다."

"한국 공항을 칭찬해 주시니 제가 고맙습니다."

"숙소는 어디에 예약하셨죠?"

눈을 감은 채 두 사람의 얘기를 듣고 있던 잭이 말했다.

"저희 로펌에서 가까운 곳입니다. 종로 인사동에 있는 프레이저 스위트 펜트하우스로 예약해 놓았습니다. 한 달가량 머무신다고 들었는데, 호텔보다는 생활하시기 편하실 겁니다."

"이번엔 3일 일정으로 온 겁니다. 이왕이면 호텔을 알아봐 주시겠습니까?"

"그렇습니까? 전 분명히 한 달 이상 체류하실 거라고 들었습니다만……."

"연말에 홍콩에서 중요한 모임이 있습니다. 홍콩에 갔다가 1월 초에 다시 올 건데 그때는 꽤 오래 있을 겁니다."

"프레이저 스위트라면 런던 켄싱턴에 있는 레지던스를 말하는 겁니까? 그 체인이 서울에도 있는 줄 몰랐네요."

잭의 무뚝뚝한 말투에 잔뜩 긴장한 이 변호사가 안돼 보였는지 존이 미소를 머금고 물었다.

"거기까지는 저도 잘 모르겠습니다만, 서울 도심에서 가장 럭셔리한 레지던스입니다."

"인사동이라고 했나요? 어떤 곳입니까?"

한국을 처음 방문한 존이 질문을 이어 갔다.

"앞으로 제가 계속 안내해 드리겠지만, 한국의 과거와 현재가 공존하는 곳이라고만 말씀드리겠습니다. 아주 만족하실 겁니다."

"아주 기대되는군요. 보스는 인사동 가봤어?"

"나도 얘기만 듣고 가보진 못했는데, 서울에 가면 꼭 가봐야 하는 곳이라고 듣기만 했어."

쉴 없이 질문하던 존이 피곤했는지 톨게이트를 지나자 잠들어버렸다.

"대한물산에 대한 추가 정보에 대해서는 최 변호사님과 얘기해야겠죠?"

존과 함께 잠든 줄 알았던 잭의 질문에 이 변호사는 졸린 눈을 번쩍 뜨며 뒤를 돌아봤다.

"로펌에서 저는 아직 그 정도 정보까지 접근할 위치에 있지 않습니다. 뭐라 드릴 말씀은 없지만, 상무님께서 따로 준비해 두신 것으로 알고 있습니다."

"최 변호사님이 이메일을 자주 보내 줘서 이곳 상황은 대충 알고 있습니다. 저희가 확보한 정보로도 충분히 해볼 수 있긴 한데 한국의 검찰이 제대로 움직여 줄지 모르겠군요."

"그 방면에선 저희 로펌이 대한민국 최고입니다. 원하시는 성과 이상을 얻으실 겁니다."

"이 변호사님은 젊어 보이는데 자신감이 넘쳐나는군요. 올봄에도 느꼈지만 케이앤시 변호사들은 한국에서 함께 사냥하기에 최고의 파트너인 게 분명합니다."

'사냥이라고?'

클라이언트에게 내색할 순 없었지만, 이 변호사에게 사냥이란 표현은 좀 거북하게 들렸다.

기회를 기다리는 사람들

　30분 후면 브뤼셀 국제공항에 도착한다는 승무원의 안내 방송과 함께 안전벨트 지시등에 불이 들어왔다. 대한캐피탈 김영호 사장은 서류가방을 다시 열어 봤다. 뉴욕을 출발한 이후 벌써 몇 번째였다.

　'나에게도 이런 기회가 오다니.'

　지난 일주일간, 그리고 지금 이 순간이 꿈만 같았다.

　김영호는 유학 간 아들을 보기 위해 크리스마스 휴가차 뉴욕에 왔었다. 하지만 아들과의 만남은 잠시뿐이었다. 대부분의 시간을, 명예회장의 지시를 따르는 데 할애했다. 보다 정확히 말하면, 명예회장 고문 변호사의 지시였다.

　명예회장이 현역에 있을 때는 비서실 정 부회장이 그의 오른팔이었다. 하지만 명예회장이 은퇴한 후, 변호사가 그 역할을 대신하고 있었다. 변호사의 말은 곧 명예회장의 지시나 다름없었다. 대한캐피탈은 그룹의 주력 계열사가 아니었기 때문에, 김영호는 명예회장이 현역에 있을 때도, 그의 얼굴을 일 년에 한두 번 보기도 힘들었다.

지금의 회장이 그룹 총수 자리에 오르면서, 대한그룹이 지주회사 체제로 갈 것이란 의견이 지배적이었다. 김영호는, 대한그룹이 모든 계열사를 아우르는 통합 지주회사 체제로 가긴 힘들다고 판단해 왔다. 그렇다면 각 사업부별로 지주회사의 모습을 갖출 공산이 컸다.

대한그룹은 크게 대한물산을 중심으로 백화점, 할인점, 홈쇼핑, 택배 등의 유통 계열사가 있고, 대한캐피탈을 중심으로 상호저축은행, 증권, 투신, 리스 등 금융 계열사, 대한중공업을 중심으로 건설, CM(Constrruction Management), 리조트 등의 건설 계열사가 있었다.

김영호는 이들 계열사들이 크게는 유통 지주회사, 금융 지주회사, 건설 지주회사로 나뉠 것이라고 봤다. 이렇게 세 부분으로 지주회사 체제를 갖추고 나면, 박찬민 회장이 각 지주회사를 지배할 수 있는 주식회사 대한의 최대 주주가 되어 지금보다는 훨씬 강력하게 그룹을 지배할 것이라고 나름대로 분석해 왔다.

그룹 내에서는 벌써부터 각 지주회사의 회장이 누가 될 것인가 하는 관심이 일었다. 유통 분야의 회장은 그룹의 모체인 대한물산의 대표이사가 될 게 분명했다. 나머지 분야는 각 계열사 간 경쟁이 치열할 게 뻔했다.

계열사의 대표이사 비서실을 중심으로, 그룹의 2인자라 불리는 정만철 부회장과 최순권 부사장에게 줄을 대기에 바빴다. 대한그룹 계열사의 대표이사와 지주회사의 회장의 위상은 비교 자체가 불가능했다. 서로 내색은 하지 않았지만 사활을 건 물밑 경쟁이 치열했다.

지주회사 회장이라면, 자기 사람들로 해당 계열사 경영진들을 교체할 텐데, 명예를 떠나서 회장이 되느냐 마느냐 하는 것은 생존의 문제였다.

은퇴한 명예회장은 다소 능력이 떨어져도 충성심 강한 사람을 요직에 두는 인사 철학을 갖고 있었다. 김영호는 그러한 인사 철학이 어떤 형태로든, 아들인 박찬민 회장에게 영향을 미칠 것이라고 봤다. 한국에서 재벌 계열사의 대표이사가 오너와 비밀을 공유하고 있다는 것은, 승진의 보증수표나 다름없었다.

창밖으로 브뤼셀 공항이 보이기 시작했다. 김영호의 머릿속에 문득 떠오른 사람들이 있었다. 서울에서 금융 지주회사 회장 자리에 오르려고 바쁘게 움직이고 있을 대한증권의 윤 사장, 대한투자신탁운용의 임 사장, 대한상호저축은행의 김 사장, 대한리스의 박 사장의 얼굴이 스쳤다. 모두들 자신보다 뛰어난, 만만치 않은 상대들이었다.

다시 무릎 위 서류가방을 보았다. 방금 전 경쟁자들의 모습을 떠올릴 때보다 한결 마음이 가벼웠다. 이 세상이 능력만으로 평가되는 공정한 경기장이 아닌 게 얼마나 다행인지 몰랐다.

명예회장의 변호사는 이번 일이 아무도 모르게 진행되어야 한다는 것을 누누이 강조했다. 거기다 어제는 갑작스럽게 본사의 최순권 부사장에게 은밀히 또 다른 지시를 받았다. 회장을 움직이는 명예회장과 또 회장의 친구인 부사장과 비밀을 공유하고 있는 셈이었다. 능력이 있다고 해서 누구에게나 오는 기회가 아니었다. 기회를 승진의 발판으로 삼는 것이 진짜 능력이라고 믿었고, 김영호는 그 기회를 충분히 이용할 생각이었다.

다시 조심스럽게 서류가방에서 계약서를 꺼냈다. 그에게 이 계약서는 금융 지주회사의 회장이 될 수 있다는 증서나 다름없었다.

금융 업계에 20년 이상 종사하다 보면 상대방의 직업만 들어도 그 사람의 그릇이 대충 어느 정도인지 알게 된다. 하지만 강 교수란 인물은 정말 교수가 맞는지 의심스러울 정도로 탐욕스러웠다. 막판까지 매각 금액을 더 올리기 위해 단 한 치의 양보도 하지 않았다.

변호사는 강 교수를 만나서 계약서에 사인만 받고 돈을 지급해 주면 된다고 했다. 이미 매각 금액 협상이 끝났다는 얘기를 듣고, 편안한 마음으로 강 교수를 찾아갔다. 그는 아무런 협상권 없는 자신을 붙들고, 다른 몇 군데에서 더 좋은 인수 제안이 들어왔으니 50억이나 더 올려 달라고 고집했다.

계약을 잘 마무리해서 오너의 신뢰를 얻고 싶었던 김영호는 이런 강 교수의 태도에 계약이 혹시 무산되기라도 할까 봐 초조했다. 심리학 전공인 강 교수가 이 점을 놓칠 리 없었다.

만약 계약이 성사되지 않으면 모든 책임이 자신에게 돌아가는 형국이었다. 다급해진 그는 변호사에게 전화를 걸었다. 캐피탈 쪽에서 50억을 조달하겠노라고 말했다. 1시간 후 답변이 왔다. 그렇게라도 해서 반드시 계약서에 도장을 받아 오라고 했다.

결국 혜성전자의 최대 주주인 강성환 교수의 지분 32퍼센트를 애초 계약보다 50억이 많은 540억에 인수하는 것으로 계약을 마무리 지을 수 있었다. 갑작스러운 지시에 계약을 성사시키긴 했지만, 김영호는 명예회장이 왜 아들 이름으로 소형 가전제품 회사의 경영권을 인수하려 하는지 이해할 수 없었다.

　김영호의 눈에 비친 혜성전자는 국내 소형 가전 분야 1위임에 틀림없었지만, 경영권 프리미엄을 200억이나 줄 가치는 없어 보였다. 오히려 대한그룹이 인수한다면 프리미엄 없이 더 좋은 조건에 인수할 수 있는 기업들이 널려 있었다. 왜 하필 혜성전자를 선택했는지 의문이 가시질 않았다.

　무사히 강 교수와 계약을 체결한 대한캐피탈 김영호 사장은 숙소로 돌아왔다. 전화로 변호사와 인수 대금 지급 방법에 대해서 상의하고 있는데, 호텔 방으로 전화가 걸려 왔다.

　"김 사장님, 휴대전화 연결이 계속 안 되더군요. 저 최순권입니다."

　"아! 부사장님! 그렇지 않아도 공 변호사님과 통화 중이었습니다."

　"그랬군요. 아직 대금은 지급하지 않으셨죠?"

　"그 문제 때문에 상의하고 있던 참이었습니다."

　"그럼, 지금부터 제 말을 잘 듣고 그대로 하시면 됩니다. 내일 벨기에로 가세요."

　"벨기에 말입니까?"

　"브뤼셀 공항에 가시면 영사관 직원과 현지 변호사가 기다리고 있을 겁니다."

　"알겠습니다. 그런데 벨기에는 왜?"

　"시간이 없습니다. 벨기에에 도착하면 전화 주십시오. 그리고 김 사장님이 벨기에로 가시는 건 저랑 회장님만 알고 다른 사람은 모르는 겁니다. 아시겠습니까?"

　상황이 어떻게 돌아가는지 어리둥절했지만, 이것으로 그는 대한그룹의 명예회장과 박찬민 회장, 이 두 명의 그룹 오너와 비밀을 간직하는 사이가 되었다.

'혹시, 신갈 부동산 개발 보고서와 관련이 있나?'

비행기 문이 열리는 동안 잠깐 머릿속에 단서가 잡혔지만, 애써 무시해 버렸다.

크리스마스를 즐기려는 관광객들로 입국 수속에만 1시간을 기다려야 했다. 김영호가 여권을 제시하자 공항 직원이 외교관 전용 출구로 안내했다.

많은 인파 속에서 어떻게 얼굴도 모르는 일행을 찾을까 고민했는데, 외교관 출구로 나오자 최 부사장이 말한 대로 한국인과 벨기에인으로 보이는 사람이 기다리고 있었다.

"김 대표님이시죠? 저는 영사관에 있는 신은수라고 합니다."

젊은 청년이 반갑게 인사하며 김영호의 짐을 받아 대기하고 있던 벤츠에 실었다.

"이분은 루이스 리치라고 이곳 변호사님인데 영국분이십니다."

"처음 뵙겠습니다. 김영호라고 합니다."

김영호는 큰 키에 롱코트가 잘 어울리는 변호사에게 인사를 건넸다.

"미스터 최와는 친구니까 편하게 생각하십시오."

"최 부사장님을 잘 아십니까?"

"제가 방금 친구라고 하지 않았나요?"

두 사람은 서로 짧게 농담을 건네면서 영사관 직원의 안내로 차에 올랐다.

"여기 일은 시간이 그리 오래 걸리지 않습니다. 몇 가지 서류만 챙겨 가시면 됩니다."

"그런데 아직 제가 정확히 내용을 몰라서……."

"참! 미스터 김이 도착하면 전화하기로 했는데."

영국인 변호사는 휴대전화를 열고 익숙한 손놀림으로 버튼을 눌렀다.

"초이? 방금 당신네 회사 사람이 도착했는데 통화해 볼래?"

영국 변호사는 김 사장에게 전화기를 건네주었다.

"접니다, 부사장님!"

"고생 많으시죠? 루이스가 그곳에 현지 법인을 세워서 모든 관련 서류를 넘겨줄 겁니다. 하루 이틀 정도 걸린다고 하니, 기다리시면 됩니다."

"그럼 전, 회사 설립만 확인하고 귀국하면 됩니까?"

"회사가 설립되면, 명예회장님의 미국 계좌에서 그 회사로 5,000만 달러가 송금될 겁니다. 그 자금으로 한국에 100퍼센트 자회사를 설립할 건데, 그 일까지 김 사장님께서 처리해 주시면 됩니다."

"더 지시하실 사항은 없으십니까?"

"회장님께서 김 사장님의 고생이 만만찮을 텐데 격려해 주라고 하셨습니다. 귀국하시면 저와 따로 만나서 술 한 잔 하시죠. 그럼 계속 수고해 주시고 루이스 좀 바꿔 주십시오."

다시 전화기를 건네받은 변호사는 최순권과 간단한 농담 후 휴대전화 폴더를 닫았다.

"혹시. 이곳이 택스헤븐TAX heaven 지역인가요?"

김영호는 변호사에게 조심스럽게 물었다.

"예? 아! 그건 아닙니다. 나중에 설명해 드리겠습니다."

그가 무엇을 궁금해하는지 알겠다는 듯 가볍게 웃으면 대답했다.

"김 대표님! 벨기에는 처음이신가요?"

뒷자리에서 더 이상 오가는 대화가 없자 앞자리의 영사관 직원이 물었다.

"영국은 출장 때문에 몇 번 와봤습니다. 벨기에는 처음입니다."

"그럼 벨기에를 단순한 관광국 정도로만 알고 계시겠군요. 기업에게 얼마나 매력적인 나라인데요."

"그렇습니까? 벨기에 하면 그랑 광장이 굉장히 아름답다는 거 말고는 잘 몰라서……."

"그랑 폴라스를 아십니까?"

영사관 직원은 그랑 광장이란 말에 놀랍다는 듯이 말했다.

"그랑 폴라스요?"

"네. 이곳 사람들은 그랑 폴라스라고 합니다. 웅장한 공간 뭐 그런 뜻입니다."

"대학교 때 빅토르 위고의 《레미제라블》을 굉장히 감명 깊게 읽었는데, 위고가 그랑 광장을 세상에서 가장 아름다운 광장이라고 하지 않았었나요?"

"미스터 김은 문학청년이었군요?"

변호사가 흐뭇한 표정으로 김영호를 보며 말했다.

"전 이곳에서 3년째 근무하고 있는데 아직까지도 그랑 광장의 매력에서 빠져나오지 못하고 있습니다. 대표님! 저녁에 광장이나 함께 산책하시죠? 제가 모시겠습니다."

"관광은 다음으로 미루죠. 지금은 일이 먼저니까."

김영호의 짐작으론 부사장과 영사관 직원, 그리고 변호사는 각별한 사이임에 틀림없었다. 이들의 입에서 자신에 대한 좋은 평가가 나와야 한다는 부담감을 느꼈다. 자신의 장래가 달린 일인데 사소한 일 때문에 점수를 잃기 싫었다.

"브뤼셀의 크리스마스는 파리와는 비교가 되지 않습니다. 제 개인적으로는 감히 세계 최고라고 추천합니다. 이왕 오셨으니 하루 정도는 마음 편히 즐기십시오. 여기 일은 대부분이 제 일이니까, 준비되면 연락드리겠습니다."

변호사는 그에게 업무로 인한 부담은 갖지 말라며 휴식을 제안했지만, 입국하면 따로 만나자고 했던 부사장의 얘기에 벌써부터 마음이 들뜨기 시작했다.

일행을 태운 차가 시내로 접어들자 화려한 크리스마스트리가 그의 들뜬 마음을 더 흔들어 놓았다.

'더 알려고도, 궁금해하지도 말자! 비밀을 지켜 주는 대신 대가만 받으면 충분하니까!'

김영호는 호텔에 짐을 풀자마자 영사관 직원을 따라 시내를 산책했다.

브뤼셀은 도시 전체가 중세 시대를 그대로 옮겨 놓은 듯 고풍스러운 분위기를 자아냈다. 중세 성과 크리스마스트리가 환상적인 조화를 이룬 그랑 광장이 세계 최고라는 변호사의 말이 결코 과장이 아님을 보여 줬다. 어릴 적 동화책을 읽으며 상상했던 공간이 눈앞에 펼쳐지자 김영호는 입을 다물지 못했다. 좀 더 젊어서 오지 못한 것이 후회가 될 정도였다.

일행은 그랑 광장 근처의 레스토랑에서 홍합 요리를 먹고 있었다. 김영호는 식사를 멈추고 잠시 밖을 내다보았다.

광장의 화려한 조명 불빛이 마치 자신의 앞날을 그대로 보여 주는 것 같았다.

"그런데 은수 씨, 아까 그 변호사와는 원래부터 알고 지내는 사인가요?"

김영호는 샴페인 한 모금을 들이켜면서 영사관 직원에게 물었다.

"루이스 말인가요? 그분 여기서는 꽤 유명합니다. 김 대표님, 론스타 펀드라고 아시죠? 이곳에 있는 론스타 관련 기업들은 모두 루이스가 관리하고 있다고 들었습니다."

"론스타 펀드 일을요?"

"론스타가 워낙 은밀하게 투자하기로 유명하다 보니, 루이스가 구체적으로 무슨 일을 봐주는지 저도 잘 모릅니다."

"그랬군요. 그런데 한국에서도 홍합은 흔한데, 여기 홍합 요리는 정말 맛이 기막히군요."

영사관 직원의 말에서 갑자기 불길한 느낌을 받은 김영호는 자신의 예감을 지우려는 듯 애써 화제를 돌렸다.

민선은 자신을 흔드는 혼란스러움의 실체를 알 수 없었다. 지난여름과 지금을 비교해 보면 아무것도 달라진 게 없었다. 오히려 새로운 직장은 친구들에게 질시에 찬 부러움을 살 정도로 너무나 만족스러웠다.

민선은 졸업 후 처음 취직한 직장에서의 상처가 너무나 컸다. 대학 시절 내내 꿈꿔 왔던 대한민국 최고 비서의 꿈이 첫 직장에서 무참히 깨져 버렸다.

남들은 경험 삼아 어학연수를 갔지만, 민선은 미국에 있는 1년 동안 흔한 파티 한 번 참석하지 않았다. 친구들이 남자 문제로 고민할 때, 시사 잡지의 기사를 스크랩하고, 국내외 경제 동향에 대한 자료를 수집했다. 일부러 경제학과나 회계학과를 다니는 선배들을 졸라 이해되지 않는 전문 용어들을 배웠다.

민선이 미술 전시회나 오페라, 제3세계 음악회에 다니는 것을 보고 친구들은 혼자만 고상한 취미를 즐긴다고 수군댔다. 훌륭한 비서의 소양을 갖추기 위한 민선의 노력을 이해해 주는 사람은 많지 않았다.

그렇게 큰 꿈을 갖고 4년을 열심히 보냈다. 하지만 세상은 신입 여비서의 존재를 인정해 주지 않았다. 중견 기업 부사장의 비서로 입사해서, 반년을 잔심부름만 하며 보내야 했다. 기대와 달리 상사는 그녀를 업무 파트너로 인정해 주지 않았다. 한참 현실에 회의를 느낄 때쯤 부사장과 스캔들에 휘말리면서 그녀의 꿈은 무참히 짓밟혔다. 자신도 모르는 사이 회사 전체에 부사장과 내연의 관계라는 소문이 퍼졌다. 급기야 회사 로비에서 부사장의 부인에게 영문도 모른 채 따

귀를 맞는 수모까지 당했다. 프로 비서를 꿈꿨지만, 부사장에게 그녀는 자신의 외도 사실을 숨기려는 방패막이 정도에 불과했다.

친구들은 사람을 잘못 만나 그랬을 거라며 그녀를 위로했다. 하지만 그런 위로와 격려 따위로 사라질 상처가 아니었다. 현실을 받아들이고 잊어버리기에는 민선은 자신의 꿈을 너무 사랑했다. 그래서 사람이 싫고, 회사가 싫고, 그런 회사가 있는 한국이 싫어 미국으로 유학을 떠났다. 일리노이 주립대에서 경영학을 전공했지만 사람에게 받은 상처가 유학 생활로 치유될 리 없었다. 그런 그녀에게 비서 일을 다시 해보라고 조언한 사람은 친오빠 준석이었다.

민선에게 준석은 정신적 멘토였다. 비서를 잔심부름꾼쯤으로 이해한 민선의 아버지는 어렵게 공부해서 고작 비서나 하느냐고 핀잔을 주었다. 그러다 보니 진로나 고민이 생기면 주로 오빠와 상의하게 되었다. 다른 사람의 제의였다면 생각해 볼 필요도 없이 거절했겠지만, 오빠의 추천이었기에 진지하게 생각하지 않을 수 없었다.

준석은 동생의 꿈과 상처를 누구보다 잘 이해하고 있었다. 그런 동생이 현실을 피해 다른 나라에서 살아가는 모습이 너무 안타까웠다. 돕고 싶었으나 특별한 계기가 없었다. 그러다 마침 자신의 회사에서 사장 비서를 채용한다는 말에 민선이 생각났다.

준석은 로펌에서 기업 전문 변호사로 일하다가 선배인 윤태호와 함께 니코스홀딩스라는 M&A 회사에 스카우트되었다. 윤태호 회계사는 회사 대표이자 부사장으로 경영을 총괄했다. 준석 자신은 전무이사로 젊은 변호사 5명을 데리고 법률 파트를 총괄했다.

어느 날 윤태호로부터, 자신은 비서가 3명이나 있는데 오너인 최

영준 사장에게 비서가 없는 것이 맘에 걸린다는 얘기를 들었다. 그때부터 준석은 자신의 동생인 민선이 비서가 되었으면 좋겠다고 생각했다. 그만큼 지금의 회사에 긍지를 느꼈고, 사장인 영준을 신뢰했다.

민선은 자신이 가장 믿고 의지하는 오빠의 추천이지만 다시 비서 일을 한다는 사실 자체가 두려웠다. 그렇다고 한 번의 상처 때문에 오랫동안 간직해 온 꿈을 접을 수는 없었다. 그러기에는 그동안의 노력이 너무나 허무했다.

민선은 메일과 메신저로 준석과 긴 대화를 나누었다. 그러면서 잊고 지내던 자신의 꿈을 점점 되살렸다. 유학 생활을 접고 다시 한 번 꿈을 향해 도전하기로 결심했다.

강남의 코엑스몰은 평소에도 사람들로 넘쳐났다. 크리스마스를 앞둔 지금은 특별한 추억을 만들기 위해서 몰려든 젊은이들로 넘쳐났다. 38,000평의 쇼핑몰은 공상과학 소설에 나옴직한 거대한 지하 도시를 연상케 했다.

민선과 오랜만에 만난 친구들의 화제는 단연 그녀의 연말 보너스였다. 입사한 지 겨우 반년이 지났을 뿐인데 연봉의 3배가 넘는 거액이 보너스로 지급되었다. 그 정도면 친구들에게 부러움과 놀라움의 대상이 되기에 충분했다. 귀국 축하를 겸한 크리스마스 파티의 모든 비용을 자연스럽게 민선이 부담하게 되었다.

민선과 친구들은 메가박스에서 영화를 보고 나와 일주일 전 예약해 둔 아쿠아리움의 딥 레스토랑에서 저녁 코스 요리를 먹었다. 오래된 친구들과 수다를 떨며 입가의 웃음이 떠날 줄 몰랐지만, 민선의 마음 한 구석에 자리 잡은 허전함은 채워지지 않았다. 그녀 자신이 그 이유를 알고 있으면서 애써 모른 척하는 건지, 아니면 정말 몰라서 알고 싶어 하는 건지조차 몰랐다.

민선은 언제부터 이런 허전함, 아니 외로움이 자리 잡았는지 스스로에게 물었다. 오랜만에 만난 친구들과 재미있는 영화도 보고, 떠들면서 맛있는 음식을 먹다 보면 자연히 사라지겠거니 했는데, 오히려 허전한 마음은 더했다. 민선은 이런 감정이 낯설기만 했다.

사랑이 기다림인지, 기다림이 사랑인지, 사랑하기 때문에 기다리는 건지, 기다리다 보니 그게 사랑이 돼버린 건지……. 답은 알 수 없었지만, 이 모든 혼란이 기다림에서부터 시작되었음은 분명했다.

민선은 입사 전부터 오빠에게 자신이 일하게 될 회사 이야기를 들었다. 그렇지만 기업 구조조정, M&A라는 용어부터 낯설어서인지 전반적으로 이해하기 힘들었다. 그런 것보다 자신이 모시게 될 사장이 어떤 성향의 사람인지가 제일 궁금했다.

첫 직장의 실패를 통해 깨달은 게 있었다. 일에 있어서 자신의 능력보다는 함께 일하는 사람들과의 관계가 중요하다는 것이었다. 문제는 결국 사람이지 일이 아니었다. 사장에 대해 묻는 민선에게 준석은 웃으면서 겪어 보면 알게 될 거라고만 했다.

민선이 사장을 처음 만난 것은 입사 후 일주일이 지나서였다. M&A를 금융 산업의 꽃이라고 하는데, 그중에서도 잘나가는 M&A 기업의 사장이라니 은근히 기대했었다. 하지만 영화 '귀여운 여인'의 리처드 기어 정도는 아니어도 기본적인 옷차림을 예상한 민선의 기대는 모두 빗나갔다. 명품 와이셔츠, 넥타이, 양복, 구두, 서류가방, 만년필, 시계 등 금융회사 사장의 필수 아이템은 찾아볼 수 없었다. 수수한 점퍼를 입고 시중에서 흔히 보는 스니커즈를 신고 사장실로 들어가는 영준을 보았다. 그 모습을 본 민선은 영준을 건물 관리 직원으로 착각했다.

그런 옷차림 때문에 젊어 보인다는 얘기도 있지만, 삼십대 초반의 사장은 나이보다 훨씬 어려 보였다. 윤태호가 민선을 소개하자, 영준은 자신에게 비서가 왜 필요하냐며 비서가 필요한 다른 임원실로 보내 달라고 했다. 민선이 들은 영준의 첫말이었다.

그래도 부사장이 뜻을 굽히지 않자, 영준도 어쩔 수 없다고 생각했는지 그러겠다고 했다. 곧이어 민선에게는 자신에게 크게 신경 쓰지 않아도 좋으니, 부사장님 비서들과 함께 부사장을 도우라고 했다.

그날부터 민선은 명목상 사장 비서였지, 대부분은 부사장 비서실의 업무를 처리해야 했다. 그렇다고 사장이 회사에 나왔는데 비서 노릇을 전혀 안 할 수도 없었다. 그러다 보니 일은 부사장 비서실에서 했지만 신경은 온통 사장실에 쓰일 수밖에 없었다.

민선의 기다림은 거기서부터 시작되었다. 대부분의 업무가 부사장의 일을 돕는 것이다 보니, 아침에 출근해서 빈 사장실을 정리할 때만 자신의 본분을 잊지 않을 수 있었다.

한 달이 지나면서 사장인 영준이 대외적으로 전혀 드러나지 않는 대신 부사장인 윤태호가 회사를 대표하고 있음을 알았다. 영준은 일주일에 서너 번은 출근했지만, 정해진 시간 없이 왔다가, 뭔가 자신의 일만 하고 나갔다. 민선에게 특별히 지시하거나, 부탁하거나, 커피를 달라는 말도 하지 않았다. 민선은 그런 영준이 출근하는 날이면 혹시 영준이 뭔가 시키지나 않을까 하면서 긴장했다. 하지만 영준은 사장실을 불쑥 나와선, 민선의 책상 앞을 그대로 지나쳐 탕비실의 냉장고를 열고 직접 음료수나 물을 꺼내 마셨다.

언젠가 점심시간이 끝날 무렵 다른 비서들과 스타벅스에서 후식 삼아 카페모카를 마시고 있었다. 이때 출근하던 영준의 눈에 그 모습이 들어왔다. 그게 뭐냐고 물으며 자신에게도 한 잔 사달라고 부탁한 것이 영준의 첫 지시였다.

그 이후 민선은 영준이 올 때마다 그를 위해 건물 지하의 스타벅스 매장에 내려가 카페모카를 사다 주었다. 그 일이 빈 사장실을 정리하는 일 외에 새롭게 추가된 민선의 비서 업무였다.

민선은 회사 일이 만족스러웠고 특히 배울 게 많다는 점에서 이 일에 후한 점수를 주었다. 그녀는 주로 회사에서 인수한 기업에 파견한 임원들이 보고하는 주요 업무 현안을 정리해서 부사장에게 보고했다. 그런 다음 부사장의 지시에 따라 각 기업의 대표들과 업무 일정을 조정했다.

단지 언제부터인지 모르겠지만, 민선은 영준을 기다리고 있는 자신을 발견했다. 스스로 놀랄 뿐이었다. 하루에도 몇 번씩 비어 있는 사장실 문을 열어 보기도 하고, 임원실 로비의 출입문이 열리는 소리가 나면 혹시 영준이 아닐까 하면서 애를 태웠다.

영준이 회사에 자주 나오지 않는 것은 대수롭지 않은 일인데도, 가끔 며칠씩 보이지 않으면 걱정이 되어 다른 비서에게 물어볼까를 고민하기도 했다. 어찌 보면 사장 비서로서 사장의 행선지를 궁금해하는 건 당연한 일이었다. 그런데도 다른 비서에게 물어보는 데에 큰 용기가 필요했다. 일정이 불규칙한 상사를 모시다 보니 자연스럽게 생기는 기다림이겠거니 하고 애써 감정을 무시해 봤지만, 그러기엔 영준의 모든 것이 너무나 궁금했다.

영준은 다른 직원들에게도 관심 대상 1순위였다. 관리팀 남자 직원들은 과연 영준의 재산이 얼마나 될까 궁금해했다. 반면 여비서들은 영준이 결혼은 했는지, 싱글인지, 싱글이면 애인은 있는지 궁금해하며 드라마에나 나올 법한 로망을 꿈꾸기도 했다. 한때는 모 재벌의 배다른 자식이란 말이 회사에 돈 적이 있었다. 여직원들끼리 영준의 얘기를 할 때면 민선은 조용히 자리를 떠나곤 했다.

민선은 영준에 대해 표현할 수 없는 어떤 그리움이 있었다. 가끔 회사 여자 선배들이 찾아와 물을 때가 있었다. 사장님 비서니까 뭐 좀 알고 있지 않느냐고 물으면, 모른다고 웃어넘기곤 했다. 그러면서도 마음 한 구석에는 휑하고 쓸쓸한 바람이 불었다.

민선은 친구들과 얘기하면서 애써 환하게 웃었지만, 벌써 열흘째 회사에 나오지 않는 영준 생각에 맘이 편하지 않았다.

'곧 크리스마슨데 어디서 무엇을 하고 계신지……'

영준에게 주려고 떠놓은 회색 폴라를 과연 전할 수나 있을지 엄두가 나질 않았다.

"참! 너희 회사 아셈타워에 있다고 했지?"

대학교 때 함께 태국 배낭여행을 갔던 얘기를 하는 중이었다. 한 친구가 뭔가 제안을 하려는지 민선에게 물었다.

"어. 근데 왜?"

"어제 네 미니홈피에 갔더니 멋진 야경 사진 있더라? 그거 너희 회사에서 찍은 거니?"

"아, 그 사진? 야근하다가 너무 멋져서. 내가 센스 좀 발휘했지?"

"얘들아! 밥 먹고 인터컨티넨탈 호텔 가지 말구 민선이네 회사로 가자! 야경은 민선이네 회사가 훨씬 나은 것 같아. 우리 거기서 사진 찍고 청담동 가자!"

별다른 생각이 없었던 다른 친구들도 그렇게 하자고 맞장구쳤다.

민선이 아무도 없는 회사에 친구들을 데리고 가도 괜찮을까 잠시 망설이는 사이 제안한 친구가 먼저 일어나자 다른 친구들도 따라 나섰다.

밤 11시가 다 된 늦은 시간이었다. 코엑스몰에서 아셈타워로 연결되는 에스컬레이터는 정지되어 있었다. 민선과 4명의 친구들이 에스컬레이터를 걸어서 올라가자 로비에 서 있던 보안 요원이 다가왔다. 그는 민선 일행이 일반인인 줄 알고 출입을 통제했다. 민선은 가방에서 출입 카드와 사원 카드가 통합된 IC카드를 보여 주었다.

"39층 사장님 비서분이시네요? 사장님께서 호출하셨나 보죠?"

보안 요원은 사원 카드의 사진과 민선의 얼굴을 번갈아 보면서 말했다.

"사장님께서요?"

"사장님 호출 받고 오신 것 아니세요?"

"저희 사장님, 회사에 계세요?"

민선이 되레 묻자 보안 요원은 이상하다는 표정을 지었다. 못 믿겠다는 표정으로 사원증과 민선의 얼굴을 꼼꼼하게 대조했다.

"사장님 비서라면서 사장님이 저녁에 나와 일하시는 걸 모를 수 있습니까?"

"저희 사장님께서 야근을 자주 하시나요?"

"야근이오? 39층 젊은 사장님의 출근 시간이 저녁 8시라는 건 우리 근무자들도 모두 알고 있어요. 비서분이 모르고 있다니 이상하네요. 가끔 새벽까지 일하기도 하시는데 요 며칠은 보이지 않으시더니 오늘 출근하셨어요."

보안 요원의 말에 언젠가 부사장과 비서들이 함께 점심을 먹고 있을 때 들은 말이 생각났다. 비서 중 한 명이 우리 회사 사장님은 회사에서 하시는 일이 도대체 뭔지 모르겠다고 묻자 부사장이 대답했었다.

"모르긴 몰라도 회사에서 사장님만큼 일 많이 하는 분 없을걸요?"

'부사장님은 알고 계셨던 걸까?'

그때는 부사장의 대답을 오너에 대한 예우 차원이라 생각하고 가볍게 넘겼다. 아직 눈으로 확인해 보진 않았지만, 보안 요원 말대로라면 영준은 매일 밤 회사에 나온 것이었다.

옆에 있던 친구들은 사장이 아직 회사에 있다는 보안 요원의 말에 실망하며 다시 인터컨티넨탈 호텔의 스카이라운지로 가자고 했다.

"너희들 여기 잠시 있을래? 나 사장님께 잠시 인사만 드리고 내려올게."

민선은 투덜대는 친구들을 뒤로 하고 고층 엘리베이터 쪽으로 향했다. 엘리베이터 문이 열리자 민선은 잠시 머뭇거렸다.

'올라가서 뭐라고 해야 하지?'

민선은 그동안 영준과 제대로 된 대화 한번 못 나눠 본 사이였다. 그냥 근처에 왔다가 우연히 알게 돼서 인사차 올라왔다고 할 만큼 용기가 없었다. 엘리베이터 문이 다시 닫혔다.

'그래! 난 사장님 비서야! 상사가 밤늦게 일하는 걸 알면서도 비서가 그냥 모른 척한다는 건 말이 되지 않아!'

다시 맘을 고쳐먹고 용기를 내어 엘리베이터 버튼을 눌렀다. 문이 열리자 민선은 또다시 망설였다. 그러자 데스크의 보안요원이 엘리베이터 앞에 오랫동안 서 있는 민선을 보고 다가왔다. 그걸 본 민선은 서둘러 버튼을 누르고 엘리베이터에 올라탔다. 무슨 말을 할까 정하지도 않았는데 자신의 임무에 충실한 고속 엘리베이터는 단 몇 초만에 39층에 도착해 버렸다.

사장실까지 가려면 회사의 중앙 로비와 임원실 로비를 거쳐야 했다. 로비는 무척이나 고요했다. 창문이 열리지 않는 건물 특성상 공기정화기 돌아가는 소리만 들렸다. 민선은 매일 지나는 길이지만, 처음 와보는 장소인 듯 주위를 두리번거리며 조심스럽게 걸었다. 사장실은 임원실 중 맨 안쪽에 있었다.

임원실로 들어가려면 회사 보안상 별도의 출입 카드가 있어야 했다. 직원들은 용무가 있을 경우 임원실 로비의 안내데스크에서 미팅 가능 여부를 확인했다. 담당 임원의 승인을 필요로 하는 시스템이었다.

민선은 가방에서 휴대전화를 꺼냈다. 임원 비서들은 보통 휴대전화 줄에 출입 카드를 달고 다녔다. 로비 앞 IC카드 리더기에 카드를 대자 자동문이 슥 소리를 내며 천천히 열렸다.

복도 천장의 할로겐 등 불빛이 창밖의 야경과 은은한 조화를 이루었다. 민선은 로비의 소파에 잠시 앉았다. 도무지 무슨 말을 해야 할지 몰랐다. 영준이 자신을 보고 어떤 반응을 보일지 걱정되었다.

'오빠도 사장님이 저녁마다 회사에 나오셔서 일하는 것을 알고 있었을까?'

오빠가 알고 있다면 모른 척할 리 없었다. 그렇다면 오빠도 잘 모르고 있는 것이리라.

회사 주인이 아침, 저녁 상관없이 원하는 시간에 나와서 일하는 것을 뭐라 할 사람은 없었다. 다만 다른 사람에게 알리고 싶지 않은 생활 패턴이 자신에게 노출되었을 때, 영준이 당황해할 거란 생각이 들었다. 다시 내려가는 게 맞는 것 같았다.

복도 맨 끝 방에서 가느다란 불빛이 새나오고 있었다. 올 사람이 없어선지 문을 열어 놓고 일하는 모양이었다. 아무리 비서라지만 갑자기 나타나 영준의 일을 방해하고 싶진 않았다.

민선이 소파에서 조심스럽게 일어나자마자 영준의 방에서 음악 소리가 들려왔다. 꽤 크게 틀어 놨는지, 임원실 로비까지 음악 소리로 가득 찼다. 다시 나가려던 민선은 자신도 모르게 소리 나는 쪽으로 발길을 돌렸다. 문 앞에 도착해 크게 심호흡을 하고 열린 문을 노크하려던 때였다. 책상 앞의 영준이 갑자기 일어나 창가로 걸어갔다. 복잡한 머리를 식히려는 듯 이마를 차가운 유리창에 밀착시켰다. 오른손은 머리 위로 올려 창을 짚은 채로 힘없이 밖을 바라봤다. 책상에는 방금 전까지 영준이 검토한 것으로 보이는 서류가 산더미처럼 쌓여 있었다. 민선은 차마 노크할 수 없었다. 영준의 뒷모습이 너무 힘겨워 보였다.

　팝송은 여전히 흘러나오고 있었다. 머라이어 캐리의 캐롤송이었는데, 지친 영준의 마음을 말해 주는 것 같았다.

　I miss you most at christmas time…….

M&A 전쟁의 서막이 오르다

크리스마스를 코앞에 둔 연말 주가는 전문가들의 예상대로였다. 산타랠리(크리스마스를 전후한 연말과 신년 초에 주가가 강세를 보이는 현상)라고 해도 부족하지 않을 만큼 큰 폭으로 상승했다. 거래소와 코스닥 시장 모두 동반 상승하면서 떠났던 투자자들의 돈이 다시 돌아오는 것 아니냐는 조심스러운 전망이 흘러나왔다.

2005년은 정부의 저금리 정책과, 강력한 부동산 대책으로 갈 곳 없는 부동 자금이 투자처를 찾아 나선 시기였다. 그중 일부가 주식시장으로 유입되면서 주가 상승의 큰 요인으로 작용했다.

2000년까지만 해도 사전 지식 없이 코스닥이나 벤처기업에 '묻지마 투자'를 했던 개미투자자들이다. 그런 그들이 과거의 직접 투자 방식을 탈피해 펀드를 통한 간접 투자를 하게 되었다. 각종 주식 관련 펀드에 수십조 원의 자금이 몰려들었다. 하지만 이러한 상승이 모든 종목의 고른 흐름이 아니었다. 몇몇 대형 주의 상승이 전체 시장의 상승을 주도하는 형국이었다. 중소형 주는 여전히 투자자나 펀드의 관심 대상이 되지 못했다.

이러한 분위기에서 크리스마스를 이틀 앞두고 혜성전자의 대주주가 외국 기업에게 지분을 넘겼다는 공시는 침체되었던 중견 기업의 주가에 상당한 영향을 주었다.

장기간 투자자들의 관심 대상이 아니었던 중견 제조업체 주가가 꿈틀거리기 시작한 것이다. 다른 기업의 주가가 완만한 상승을 보였다면 외국 기업에 팔리는 혜성전자의 주가는 상한가에 매수 잔량이 백만 주 이상 쌓여 있었다. 반면 매도는 단 한 주도 나오지 않았다. 최근 몇 달 동안 일 평균 거래량이 이십만 주가 되지 않았던 것과 비교하면 폭발적인 매수세였다. 산타 할아버지가 혜성전자에만 큰 선물을 준 것 아니냐는 우스갯소리가 증권가에 나돌았다. 그런 만큼 혜성전자의 주가 움직임은 다른 투자자들의 부러움을 샀다.

혜성전자 대주주의 지분을 인수한 티파트너스코리아는 벨기에에 본사를 둔 티파트너스의 100퍼센트 한국 자회사였다. 대표이사는 한국계 미국인, 스티브 유라고 알려졌다.

최대 주주가 된 티파트너스코리아의 요청으로 긴급 이사회가 소집되었고, 이사회에서는 새로운 이사진을 선임하는 임시 주주총회 안건을 통과시켰다. 장 마감 직전 금융감독원 전자 공시에 혜성전자의 임시 주주총회 개최 소식이 올라왔다. 이듬해인 2006년 2월 13일이 예정일이었다.

이는 혜성전자가 최대 주주의 변경과 함께 경영진 교체를 위한 임시 주주총회 소집이라는 M&A의 기본 절차에 충실히 따르고 있음을 보여 주었다. 그런데 특이하게 최대 주주인 티파트너스가 내세운 임원들은 모두 대한그룹 계열사의 현직 이사들이었다.

주요 증권사는 혜성전자 M&A에 대한 각종 분석 보고서를 쉴 새 없이 쏟아냈다. 주요 경영진이 대한그룹 임원들이 될 게 확실하니 결국 대한그룹에서 혜성전자를 지배한다는 의미로 봐야 한다는 분석이었다. 이 소식에 투자자들은 흥분하지 않을 수 없었다. 하지만 마냥 좋아할 수만은 없었다. 대한그룹이 하필이면 사양길에 접어든 소형 가전 업체를 인수한 건지에 대한 또 다른 의문이 투자자들을 혼란스럽게 했다.

주가는 투자자들이 가지는 혼란의 반영이라 했다. 장 막판에 나온 혜성전자 M&A 기사와 대한그룹 개입설에 대한 보도로 매도는 일찌감치 자취를 감췄다. 장 마감 후 동시호가에도 꾸준한 매수가 들어왔다. 당분간 혜성전자의 상한가 행진은 계속 이어질 기세였다.

혜성전자 대주주 변경에 대한 공시가 발표된 직후 사장실에 들어간 영준은 장 마감 시간인 3시가 넘도록 나오지 않았다. 그동안 윤태호는 몇 번씩이나 민선을 찾아왔었다. 혹시 영준이 무슨 말이라도 하지 않았을까 궁금해서였다. 하지만 민선 역시 해줄 얘기가 없었다.

오히려 민선은 영준이 벌써 몇 시간째 사장실을 나오지 않는다는 사실에 그다지 신경 쓰지 않았다. 그보다 어젯밤 봤던 영준의 뒷모습이 기억에서 떠나질 않았다.

회사에서 혜성전자를 인수하는 것으로 알고 있던 니코스홀딩스

직원들은 다른 외국계 기업이 인수했다는 기사에 영문을 몰라 어리 둥절해했다. 덕분에 연말 보너스로 한껏 들떠 있던 회사 분위기가 찬 물을 끼얹은 듯 한순간에 싸늘해졌다. 크리스마스 휴가를 가려던 직 원들은 인사 팀장의 눈치를 보며 몰래 가족과 애인에게 문자를 보내 고 있었다.

니코스홀딩스의 전무이사 김준석 변호사 역시 닫혀 있는 사장실 을 초조하게 바라봤다. 민선에게 전화해서 영준이 나오면 제일 먼저 알려 달라고 부탁해 놨으면서도, 몇 번을 찾아왔다. 그러나 그 역시 윤태호 부사장처럼 별다른 성과 없이 닫힌 문만 확인하고 돌아가야 했다.

영준은 김준석에게 강 교수가 출국하기 전 반드시 계약서에 도장 을 찍으라고 지시했었다. 하지만 김준석은 쓰러져 가는 혜성전자에 누가 관심이나 있겠느냐며 여유를 부렸다. 그러다가 다른 회사에 뺏 겼으니 닫혀 있는 사장실을 바라보며 초조해하는 건 당연했다.

사실 그는 계약을 서두르지 않은 것보다 인수를 처음부터 반대했 던 것 때문에 맘이 더 불편했다. 고의로 계약을 미룬 것은 절대 아니 었으나 뜻밖의 결과가 나오자 마치 자신에게 모든 책임이 미뤄지는 분위기였다. 사장이 책임 추궁을 해도 이의를 제기할 수 없는 상황이 었다.

영준이 처음 혜성전자를 인수하겠다고 했을 때, 김준석은 중립보 다는 부정적인 입장이었다. 물론 기업 인수에 대한 최종 결정은 영준 이 했지만, 그렇다고 이사들의 의견이 무시되지는 않았다. 이사들을 부정적인 방향으로 이끈 장본인이 김준석이었다.

김준석은 평소 M&A에 대한 영준의 천부적인 감각과 재능을 누구보다 높게 평가했다. 하지만 지극히 감성적인 영준의 의사결정만큼은 경계해야 한다고 생각했다. 혜성전자는 쉽게 말해 돈이 되지 않는 매물이었다. 이사들의 반대에도 불구하고 영준은 고인이 된 창업주와의 약속을 지켜야 한다며 인수를 결정해 버렸다.

　　영준이 세운 니코스홀딩스는 지난 4년간 놀라운 성과를 거두었다. 주로 부실기업을 인수하고 구조조정을 통해 기업을 회생시켰다. 그런 다음 다시 되팔아 시세 차익을 남기는 전략으로 눈부신 발전을 거듭해 왔다. 부실기업을 인수해서 수익을 내기는 쉽지 않다. 그 기업이 안고 있는 수많은 위험을 감수하겠다는 의지와 정상화시킬 수 있다는 자신감이 있어야만 가능했다. 그러나 영준은 부실기업에 내재된 태생적인 위험을 즐길 줄 알았고, 그 위험을 딛고 성공했을 때 돌아오는 놀라운 수익을 만끽했다. 대부분 100퍼센트에서 200퍼센트의 수익, 많게는 1,500퍼센트의 수익도 남겼다. 일반 투자 기업에서는 상상도 할 수 없는 엄청난 수익률이었다.

　　영준에게는 부실기업이 회생할 수 있을지 여부를 판단하는 남다른 감각이 있었다. 그 감각은 타고났다기보다 직접 기업에 뛰어들어 직원들과 몸을 맞대고 피부로 느끼는 과정에서 자연스레 얻어진 것이었다.

　　김준석은 처음 입사해서 회사가 거둔 실적을 보고 수익이 너무 부풀려 있다며 의심했었다. 하지만 영준 곁에서 자신의 눈으로 확인하고 나서는 자신도 다른 사람들처럼 회사를 '닥터 하이에나'라고 부를 수밖에 없었다.

기자들과 업계 사람들은 영준의 니코스홀딩스를 닥터 하이에나라고 불렀다. 경제 신문 기자들은 기사에서 회사 이름보다 닥터 하이에나라는 애칭을 즐겨 썼다. 병든 기업을 다시 건강하게 만든다는 의미의 닥터와 병들어 썩어 가는 기업도 마다 않는다는 의미의 하이에나가 합성된 말이었다.

회사가 지금까지 이룩한 결과는 서른 초반의 젊은이 혼자서 이뤄 냈다고는 믿기지 않는 엄청난 성과였다. 지금까지 최영준 한 사람의 역량에 의지해 회사 보유 자금이 3,000억 원으로 늘어났다. 엄청난 성공 신화였지만 이에 대해 김준석은 이제부터라도 규모에 걸맞은 체계적인 M&A 시스템을 갖춰야 한다고 주장해 왔다. 기업은 사람보다 시스템에 의해 움직여야 한다는 나름의 소신 때문이었다.

그때마다 영준은 옳은 이야기라며 그냥 웃어넘기곤 했다. 이런 김준석의 소신과 영준의 인수 스타일이 정면으로 충돌한 것이 혜성전자 인수 건이었다. 이사들이 혜성전자 인수에 부정적인 의견을 제시한 이유는 모두 네 가지였다.

첫째 투자액 회수 기간이 회사 정책과 맞지 않는다는 것이었다. 니코스홀딩스는 최소 6개월에서 최대 1년을 넘지 않는 단기 투자를 해왔다. 혜성전자는 투자액 회수에만 3년 이상이 소요될 것으로 분석되었다.

둘째는 혜성전자의 캐시 플로우에 대한 회의적 시각이었다. 3년 연속 적자를 벗어나지 못한 현 혜성전자의 자금 사정상 투자 원금의 회수도 장담할 수 없어 보였다.

셋째는 노조 문제였다. 그동안 경영진과 노조와의 관계는 원만했다. 어디까지나 고인인 강 회장의 인품 때문이었지, 노조가 회사에 적극 협조했기 때문은 아니었다. 회사 주인이 바뀐 다음에도 좋은 관계를 유지하리란 보장이 없었다. 더구나 민주노총 산하의 강성 노조였다. 인수 과정이나 투자액 회수를 위한 재매각 시에도 상당한 어려움이 따를 것으로 보였다.

마지막으로 대주주인 강 교수가 요구하는 인수 대금 350억은 기업 가치에 비해 터무니없이 비싼 가격이었다. 특히 김준석은 사적인 감정이었지만 강 교수의 욕심을 채워 주고 싶지 않았다. 회사와 전혀 무관하게 살아오다, 상속받은 주식으로 팔자를 고쳐 보겠다는 심보가 몹시 역겨웠다.

대주주가 차남이었다면 상황이 달랐을 것이다. 지금의 강 대표는 대학을 졸업하자마자 혜성전자에 입사해서 근로자들과 동고동락하며 사장 자리에 오른 인물이었다. 그런 차남을 제쳐 두고 강 교수의 배를 불려 준다면 세상이 너무 불공평한 거라고 생각했다.

그렇지만 영준은 더 이상의 고민도, 제대로 된 협상 한번 해보지 않고 쉽게 350억 원의 계약을 결정해 버렸다. 오너의 결정이니 따를 수밖에 없었지만, 이런 의사 결정 구조로는 기업이 10년을 넘기기 어려울 거라며 불만을 표시했다.

그러던 중 혜성전자가 다른 외국계 기업에 넘어가게 되었다는 뉴스가 전해졌다. 골치는 아팠지만, 차라리 잘된 일이라고 생각했다. 하지만 오너의 지시를 제대로 이행하지 않았다는 약간의 책임은 느끼고 있었다.

"형님! 사장님 아직도 아무 말씀 없어요?"

임원실 로비에서 마주친 윤태호에게 김준석이 조그만 목소리로
물었다.

"김변! 너 때문에 나까지 모가지 날아가게 생겼잖아!"

대학 때부터 친한 선후배 사이로 지낸 두 사람은 허물없는 말투로
대화했다.

"근데 형님! 공시 보셨어요? 540억이라니 티파트너스란 회사 미
친 거 아닙니까?"

"글쎄. 외국계 투자 회사가 무슨 근거로 혜성전자를 그렇게 높게
밸류에이션 했는지 모르겠어. 너무 과한 것 같기는 해. 강 교수가 외
국인을 잘 구워삶았겠지, 뭐."

"충분히 그러고도 남을 인간이라니까요."

김준석은 강 교수 얘기만 나오면 자신도 모르게 입에서 거친 말이
나왔다. 윤태호도 애초 지급하려고 한 350억도 굉장히 많은 금액이
라 생각했었다. 그러니 외국계 회사가 200억이나 더 지급했다는 공
시 내용을 쉽게 납득할 수 없었다.

"내일이 크리스마스이브라 오늘은 직원들이 좀 일찍 퇴근하기로
했잖아요?"

"지금 퇴근이 문제니? 사장님이 하루 종일 저렇게 아무 말씀 없으
신데."

"한번 빠지면 다른 덴 전혀 신경 쓰지 않는 양반인데, 참 걱정이네
요."

"그러게. 태광조명 건으로 너도 대전에 함께 간 적 있었지? 협상
하는 이틀 내내 아무것도 안 먹고 물만 마셨잖아?"

"저도 여기 처음 왔을 때는 사장님 뒤에 큰 스폰서가 있는 줄 알았어요. 워낙 잘나가잖아요. 그런데 형님 말처럼 태광조명 인수 때 옆에서 보고 아주 질렸어요."

"그 말 기억나? 저녁 함께 드시자고 하니까, 뇌신경이 온통 계약서에 집중되었는지 배도 고프지 않다고 하셨잖아?"

"뭐가 저분을 저렇게 일에 미치도록 만들까요? 저도 그 말이 계속 떠나지 않더라구요."

"곁에서 챙겨 주는 사람이라도 있으면 좋을 텐데, 저렇게 혼자만 지내시니."

"어! 민선아!"

김준석이 윤태호의 뒤쪽에서 걸어오는 동생을 보고 손을 들었다.

"회사에선 김 비서라고 부르라니까!"

"어때요? 우리밖에 없는데."

윤태호가 몸을 돌려 민선에게 말을 건넸다.

"사장님께서 찾으시나?"

"예, 부사장님."

김준석은 입사 이후 밝은 웃음을 되찾은 동생이 너무나 고마웠다.

"나는?"

"부사장님만 들어오라고 하셨습니다."

"김변! 너 사표 미리 써놔야겠다?"

자신만 찾는다는 민선의 말에 윤태호는 풀 죽어 있는 김준석의 어깨를 툭 치며 웃었다. 민선을 따라 사장실로 향하는 동안 윤태호는 영준이 꺼내 놓을 카드가 궁금했다. 3년 넘게 많은 일을 해왔지만 영준의 생각을 짐작한다는 건 거의 불가능한 일이었다.

　책상 위 영준의 휴대전화가 울렸다. 동시에 인터폰이 울렸다. 휴대전화 화면에는 강현철 대표의 이름이 떴다. 동시에 인터폰으로는 부사장이 대기 중이란 비서의 목소리가 들려왔다.

　"들어오시라고 해요. 최영준입니다! 강 대표님!"

　인터폰을 누르면서 휴대전화 폴더를 열었다.

　사장실에 들어선 윤태호는 통화 중인 영준을 보고 다시 나가려 했다. 영준은 손짓으로 소파에 앉으라고 했다.

　"죄송은요. 대표님이 무슨 잘못을 하셨다고."

　통화 상대가 혜성전자의 강현철 대표 같았다.

　"저희는 괜찮으니까 염려 마세요. 다시 연락드리겠습니다."

　의외로 통화는 간단하게 끝났다.

　"전혀 예상치 못한 일이라서……."

　윤태호가 먼저 어렵게 입을 열었다.

　"모든 일을 예상하면 그게 신이지 사람이겠습니까?"

　일부러 그러는 건지, 영준의 목소리가 생각보다 여유로워 보였다.

　'아예 포기를 하니까 여유가 생겼나?'

　"좀 전 통화한 분이 강 대표 같은데, 대주주 변경이야 형이 독단적으로 했다고 해도 임시 주주총회 소집의 이사회 결의는 우리와 먼저 상의해야 하는 것 아닙니까? 뭐라고 좀 하시죠."

　윤태호는 그간 영준이 강 대표에게 쏟은 정성을 가장 오랫동안 봐온 최측근이었다. 그래서 더욱 강 대표에게 서운한 감정이 들었다. 그런데 영준은 거꾸로 강 대표를 안심시키고 있으니 분통 터질 노릇이었다.

"부사장님도 강 대표 성격 잘 아시잖아요? 그런 착한 사람이 형에게 싫은 소리나 할 수 있었겠어요?"

"대주주도 바뀌었고 임시 주주총회에서 새로운 이사가 선임되면, 자기야말로 짐 쌀 신세일 텐데, 어쩜 사람이 그리 무른지 모르겠습니다."

그도 혜성전자 강 대표가 얼마나 선한 사람인지 겪어 봐서 잘 알았다. 하지만 친형이 직접 나서서 회사를 다른 사람에게 넘기고, 동생인 자기를 쫓아내는데도 가만히 있는 강 대표가 답답하기 짝이 없었다.

"아버지 돌아가신 지 얼마 안 돼 형제끼리 싸우면 어떻게 하느냐는데 제가 뭐라고 하겠어요? 강 대표 참 순박하죠?"

"순박한 건지 아주 제대로 미련한 건지 모르겠습니다."

영준과 윤태호는 서로를 보면서 잠시 미소를 지었다. 그 미소에는 선한 사람이 항상 지고 마는 현실에 대한 안타까움이 묻어 있었다.

"그런데 부사장님!"

"예, 사장님!"

"티파트너스라는 회사 혹시, 대한그룹의 역외펀드 아닐까요?"

"검은 머리의 외국인이오?"

"그냥 그런 생각이 들어서요. 대한그룹의 계열사 임원들이 모두 혜성전자 이사 내정자란 게 좀 이상하지 않으세요?"

"사장님 같은 분께선 충분히 그렇게 보실 수 있죠."

윤태호는 영준의 맘속 의심이 더 크게 발전되지 않았으면 하고 바랐다. 그래서 영준의 의견에 완전히 동의하지 않는다는 뉘앙스로 대답했다. 영준처럼 말로 상대방의 의도를 짐작하는 사람에게는 꽤 유용한 대화법이었다.

영준이 휴대전화 폴더를 열어 화면을 보았다. 메시지를 확인하는 행동처럼 보이진 않았다. 방금 전 그의 대답을 나름대로 분석 중인 것처럼 보였다.

"우리가 강 교수 지분을 넘겨받기로 한 게 두 달도 되지 않았죠?"

폴더를 닫은 영준이 소파 정면의 그림을 응시하며 말했다.

"강 회장님 장례식 다음 날 얘기가 나왔으니, 두 달 조금 넘었습니다."

"그리고 강 교수의 미국 학회 일정은 그 이전에 잡혀 있었던 것 아닙니까?"

"연말에 갑자기 학회가 열리는 경우는 없으니, 그렇게 봐야 할 것 같습니다."

윤태호가 보기에 영준은 이미 결심을 굳힌 상태였다. 평상시 자신의 의지를 상대방에게 설명하고 관철시키려 할 때면 지금처럼 연속적으로 질문하면서 대답을 유도하는 게 영준의 방식이었다. 질문에 대답하다 보면 어느새 자신의 생각과 상관없이 영준의 말에 동의하고 있는 자신을 발견하곤 했다. 영준이 처음부터 상대방이 동의할 수밖에 없게끔 질문을 구성하기 때문이었다. 참 영리한 젊은이였다.

"그럼 우리에게 지분을 팔기로 약속한 강 교수가 더 좋은 조건에 넘기려고 갑자기 출국했다고 보긴 어렵겠죠?"

"사장님께서 출국 전에 계약을 마무리하라고 지시하셨잖습니까?

김 변호사가 몇 번씩이나 강 교수에게 연락을 했었습니다. 그때마다 강 교수는 학회 보고서 작성 때문에 정신이 없다고 했습니다. 학회 참석은 확실하다고 보셔도 됩니다."

김준석이 강 교수에게 수차례 연락했다는 건 윤태호의 거짓말이었다. 영준의 지시를 받고 김준석에게 진행 상황을 확인한 건 자신이었다. 어떻게 돼가느냐고 물을 때마다 김준석의 대답은 비슷했다. 아쉬운 사람이 먼저 전화하기 마련이니, 일부러 연락할 필요가 없다는 말이었다. 나중에 김준석은 자신이 연락하기는커녕 부하 직원을 시켜 귀국하면 계약을 마무리하자는 말을 전했다. 강 교수가 출국하기 전날이었다.

하지만 윤태호는 혜성전자가 다른 곳에 넘어가게 된 게 김 변호사의 책임이라고 보지 않았다. 후배인 김준석을 조금이라도 보호해 주고 싶은 마음에 거짓말을 했지만 왠지 미안했다.

"그럼 강 교수가 미국에 있는 사이 전격적으로 계약이 이뤄졌다고 봐야겠네요?"

"티파트너스 측과 사전 논의가 있었다고 보긴 힘듭니다."

"김 변호사님이 350억은 너무 과하다고 반대하셨을 때, 저도 그점에 대해서 인정했죠?"

"그래도 350억에 하시기로 결정하셨잖습니까?"

"제 말은 저 역시 350억까지는 아니라고 생각했다는 말입니다."

"아무래도 270억 이상은 무리였습니다."

윤태호는 처음 인수 얘기가 나왔을 때 내색하진 않았지만 늦게나마 무리한 일이었음을 표현하고 싶었다. 지금 상황에선 그 말이 영준에게 위로가 된다고 생각해서였다.

"그런데 우리보다 기업 가치 평가에 앞서 있다는 외국 회사에서 540억 원을 줬어요. 이상하지 않습니까? 투자자들이 쉽게 간과하는 게 뭔 줄 아십니까?"

"글쎄요."

"거 보세요! 대 니코스홀딩스 부사장님도 무심코 넘겨 버리고 있잖습니까?"

"뭘 말씀이십니까?"

"보통 외국 기업의 자금 거래에는 특별한 뭔가가 있다고 막연하게 들 생각합니다. 사소하지만 기본적인 걸 무심코 넘겨 버리는 거죠. 하지만 제 생각은 좀 다릅니다. 달러건 원화건 위안이건 어딜 가나 투자자들의 성향은 똑같다고 생각합니다."

"구체적으로 어떤 점이 말입니까?"

"제가 아무리 돈이 많다고 해도 돈 아까운 줄 알거든요? 부사장님에게 현금 500억이 있다고 가정해 볼까요?"

"저 아직 그 정도까지 없습니다."

대화 분위기가 경직되고 있다고 느낀 윤태호가 재치 있게 대답했다.

"그렇습니까? 그럼 200억으로 할까요?"

"사장님 유도 신문에 절대 넘어가지 않을 겁니다."

그 말에 영준은 환하게 웃었다. 잠깐 오간 농담으로 대화 분위기는 한층 부드러워졌다.

"부사장님이 5,000만 원짜리 중고차를 사려고 합니다. 돈이 많다고 차에 문제가 없는지 확인도 안 해보고 그냥 사시겠어요?"

"물론 아닙니다. 5,000만 원은 객관적으로 적은 액수가 아닙니다."

"부사장님다운 대답이시네요. 그렇죠, 돈이 아무리 많아도 객관적으로 판단해야죠."

"그럼 객관적으로 540억은 어마어마한 액수 아닙니까?"

"어마어마하다는 표현도 부족한 액수죠."

"그런데 그 엄청난 돈을 지불하면서 기업 실사도 하지 않는 거, 이상하지 않습니까? 소위 전문가라는 사람들도 그저 외국 기업이 한국 기업을 인수했다는 것에만 관심이 있어요. 사실 전 정말 외국 기업인지도 의심스럽지만 말이죠."

영준의 의문은 단순했지만, 날카롭고 예리했다. 윤태호는 오늘 금융감독원의 전자 공시에 제출된 최대 주주 변경 공시 내용을 기억해냈다. 분명, 최대 주주 지분을 인수하기로 했다는 내용이 아닌, 실질적인 최대 주주 변경 공시였다. 매각 대금으로 이미 400억을 지불했고, 나머지는 주주총회 직후 지급한다는 내용이었다.

통상 기업 인수는 매도자와 매수자 간의 MOU(양해각서) 체결을 시작으로 진행된다. MOU에는 양 당사자 간 매도, 매수 의향과 1차 양수도 가액, 실사 일정이 기재된다. 매수자는 일정의 예치금을 매도자가 지정하는 계좌에 예치시키고, 해당 기업 실사를 한다. 최종 인수가액은 실사 이후에 정해지기 마련인데, 기재된 인수 가격이 실사 이후에도 유지되는 일은 거의 없었다. 매수자는 인수 가격을 더 낮추기 위해서 정밀한 실사를 하고 조금이라도 더 부실한 점을 찾아낸다.

그리고 실사 결과를 토대로 가격 절충에 들어간다.

이렇게 인수 가격이 확정되었다고 해도 금액을 일시에 지급하는 일 역시 드물다. 우발 부채 때문이다. 우발 부채는 실사에서 확인되지 않다가 경영권이 바뀐 이후 발견될 수 있다. 이런 우발 부채 역시 매도자가 책임져야 한다. 이러한 책임을 담보하기 위해서 경영권이 교체되어도 일정 기간 매수자는 매도인에게 대금의 일부 지급을 유보한다. 기간 내 우발 부채가 발견되지 않는다면, 매수인은 유보해 두었던 자금을 매도인에게 지급한다. 인수가 완전히 종결되는 것이다.

이런 일련의 과정은 기업의 규모와 실사 기간, 협상 기간에 따라 차이가 있다. 최소 3개월부터 최대 1년이 넘는 경우도 있다. 하지만 이 역시 정상적인 절차로 진행된다는 전제에서다. 대부분의 M&A는 계획보다 길어지게 마련이다.

혜성전자의 경우 전격적인 M&A라고는 하지만 일반적인 절차가 무시된 경우였다. 어쨌든 파격적임에는 틀림없었다.

"주주총회까지 50일 정도 시간이 있으니 그때 하려는 게 아닐까요?"

윤태호 역시 영준의 얘기를 듣고 보니, 의문이 들긴 했긴 했지만 애써 대수롭지 않다는 듯 말했다.

"우리가 그동안 기업을 인수하면서, 주주총회를 먼저 잡아 놓고 나중에 실사한 적이 있었나요?"

당연히 예상했던 영준의 반박이었다.

"아무리 급해도 간이 실사까지는 했을 텐데요."

막상 대답을 하고 보니, 절차를 모르는 수습사원이 상사에게 진땀

흘리며 말하는 것 같았다. 영준처럼 집요하게 파고드는 상대와 대화할 때 괜한 오기를 부려 봐야 돌아오는 건 민망함뿐이었다.

"티파트너스와 강 교수의 계약이 전격적으로 이뤄졌다면, 제대로 된 가치 평가나 실사 없이 강 교수가 부르는 액수 그대로 줬다는 얘기 아닐까요?"

"강 교수는 1,000억도 달라고 할 위인이죠."

"임시 주총도 그렇습니다. 혜성이 감사를 앞당겨 받으면 3월 정기 주총을 2월 중에 할 수도 있는데, 굳이 임시 주총을 열려고 하는 이유가 뭘까요?"

"글쎄요, 증권 예탁원도 연말의 임시 주총 소집은 별로 좋아하지 않죠. 주주명부 폐쇄와 주주들에게 주총 소집 통지서를 발송하는 일을 불과 며칠 차이로 두 번 하는 꼴이니까요. 이왕이면 정기 주총 때 하라는 거 아닙니까?"

"그래요. 사전에 임시 주총을 개최하려다 일정이 늦춰진 게 아니라면, 머잖아 정기 주총도 열리는데, 경영진 교체를 위한 임시 주총을 소집하는 이유가 뭐겠습니까?"

"기업 속사정까지야 어떻게 알겠습니까?"

윤태호는 점점 영준의 질문에 대답할 밑천이 떨어졌다.

"저도 그 이유는 모릅니다. 확실한 건 인수자가 굉장히 서두르고 있다는 겁니다."

"특별한 이유가 있을까요?"

'이런, 걸려들었다!'

연이은 질문에 빠져들다 보니 전혀 관심 없던 사안이 궁금해졌다.

"우리가 인수하기로 한 회삽니다. 뺏긴 이유라도 알아야 하지 않을까요?"

"사장님! 혜성을 뺏겼다고 생각하시는 맘 이해합니다. 그렇지만 이미 우리 손을 떠난 회삽니다. 과한 집착은 사장님답지 않습니다."

혹시라도 강 교수에게 더 많은 돈을 지불하겠다는 게 아닐까 걱정이 되었다.

"걱정 마세요, 부사장님. 저 540억이 넘는 돈을 단숨에 줄 강심장은 아니니까요."

"그런 뜻이 아니라……."

자신의 의중을 정확히 꿰뚫는 말에 윤태호는 얼굴이 뜨거워짐을 느꼈다. 그 역시 영준이 과감하긴 해도 결코 무모하진 않다는 사실을 잘 알고 있었다.

"부사장님!"

영준이 뭔가 결심한 듯 침착하게 윤태호를 불렀다.

"예, 사장님."

"그동안 우리가 경쟁자 없는 시장에서 꽤 괜찮게 살아남았죠?"

"리스크가 많다 보니 특별히 경쟁자가 없었죠. 모두 사장님의 통찰력 아니겠습니까?"

"우리가 부실기업만 인수해서, 남들에게 하이에나라고 불리는 거압니다. 사실 기업 인수에서 경쟁자란 필요 이상으로 힘만 낭비하게 만들지 않습니까? 경쟁이 오히려 독이 되는 곳이 있다면 아마도 M&A 세계일 겁니다. 경쟁에 쏟을 역량을 부실기업 정상화에 쏟는다면 분명 승산이 있다고 생각했어요. 그래서 처음부터 경쟁자가 적은 부실기업에 눈을 돌렸던 겁니다."

"사장님처럼 경험도 없는 젊은 분이 M&A 시장에서 경쟁이 양쪽 모두에게 독이 될 수 있다는 걸 정확히 꿰뚫어 보셨다는 게 전 늘 놀라웠습니다."

"혜성은 그동안 인수했던 회사처럼 파산 직전까지 몰릴 정도는 아니었습니다. 다만 더 이상 누구의 관심도 끌 수 없었죠. 부실기업화되고 있어서 인수를 결정했던 겁니다. 물론 강 회장님과의 인연도 있지만요."

"그 원칙에는 저나 이사들 모두 전적으로 동의했다는 거 아시죠?"

"그런데 이번에는 우리가 생각지도 못한 경쟁자가 나타났습니다."

"덕분에 강 교수 혼자만 재미 본 셈이죠."

"원래 분석한 대로 250억 정도면 충분했었습니다. 의외의 경쟁자가 생기면서 290억이란 돈이 추가로 강 교수의 호주머니로 들어갔습니다. 티파트너스가 우리의 존재를 알고 있었는지는 모르겠지만, 강 교수는 아마 적절히 이용했겠죠. 290억이면 혜성전자를 정상화하는 데 꽤 요긴한 자금입니다. 어차피 강 교수의 주머니로 들어갔지만요."

"M&A에서 경쟁이 붙으면 결국 파는 사람의 배만 더 부르게 합니다. 이번 경우가 그걸 정확히 보여 준 겁니다."

혜성전자는 경영난으로 벌써 4년째 임금이 동결된 상태였다. 하지만 강 교수에게 이런 회사 사정은 고려의 대상이 아니었다. 오히려 계획보다 더 높은 가격에 주식을 판 자신의 능력이 자랑스러울 따름이었다.

사람은 먹고 싶다고 해서 무한정 음식을 먹을 수 없다. 위라는 기관에서 그만 먹으라는 사인을 주기 때문이다. 만약 더 먹겠다는 욕심에 위가 보내는 사인을 무시하면 고통이 뒤따른다. 경고와 함께 고통을 주어 음식 욕심에 제동을 거는 이치다. 하지만 사람의 몸에는 돈에 대해 그만 하라고 사인해 주는 기관이 없다. 가끔 우뇌에서 이만하면 되지 않았냐고 충고하지만, 듣지 않는다고 고통받지 않는다. 돈에 대한 사람들의 끝없는 욕심도 그 때문이다.

영준과 윤태호는 강 교수를 떠올리며 씁쓸한 입맛을 다셨다.

"인수자가 외국인인지 대한그룹인지 모르겠지만, 자선사업가가 아닌 이상 투자 원금과 이익을 챙기기 위해서 총력을 기울이겠죠?"

"당연한 수순을 밟지 않겠습니까?"

"얼마 전에 창원에 내려가다가, 구미에서 고속도로가 막혀서 고생한 적 있었죠?"

"예, 기억납니다. 오리온전기 노동자들이 고속도로를 점거하고 시위한 거 말씀이시죠?"

"맞습니다. 부사장님도 오리온전기에 대해 아십니까?"

영준의 머릿속에 저장된 기업 정보는 백과사전 수준이었다. 영준은 자신이 태어나기도 전에 생겼다가 사라진 기업까지 속속들이 꿰고 있었다. 영준의 엄청난 정보력에 윤태호는 가끔 혀를 내둘렀다.

"사장님만큼은 아니지만 대충은 알고 있습니다. 대우 계열사로 한때 브라운관 생산은 국내 1위였었죠. 대우 사태가 터지면서 부도났고, 법정 관리 들어갔다가 외국에 넘어갔다는 것까지만 알고 있습니다."

"부사장님 요즘 공부 많이 하시나 보네요?"

"사장님, 놀리지 마십시오."

윤태호는 영준이 기업 얘기를 꺼낼 때가 가장 흥미로웠다. 신문기사보다 영준의 날카로운 분석이 더 도움이 되었기 때문이었다.

"그런데 사장님! 그 회사 청산 절차에 들어가지 않았습니까? 그때도 노동자들이 청산 반대 시위를 했던 것 같은데요."

"외국 투자회사에서 인수한 지 6개월 만에 청산을 한 겁니다."

"브라운관 사업은 어차피 사양 길에 접어든 거 아닙니까? 오리온전기가 PDP나 OLED를 생산한다고는 하지만 삼성과 LG에 상대가 못 됩니다. 주력 사업이 브라운관인데, 그런 회사의 청산은 외국에서는 비일비재합니다."

"저도 한계 기업이 시장에서 퇴출되어야 한다는 생각에는 동의합니다. 근데, 오리온전기가 부도나면서 정부가 투입한 공적 자금이 얼마인지 아세요?"

"그것까지는……."

"그 회사를 살리는 데 3,967억이란 국민의 혈세가 들어갔습니다."

"예? 그렇게나 많이 들어갔습니까?"

"이렇게 살려 놓은 회사 지분 100퍼센트를, 정부와 채권단이 외국계 투자회사에 고작 600억에 매각했어요."

"그렇습니까? 공적 자금 덕분에 법정 관리를 탈피했다면 회사가 정상화되었을 텐데 청산을 했다는 말입니까? 공적 자금이 투입된 회사를 매각할 때 근로자들의 고용을 보장한다거나, 청산은 하지 않는다, 뭐 그런 단서도 없이 그렇게 헐값에 넘길 수 있습니까?"

"제가 계약서까지 보진 못했지만, 당연히 그런 조건이 들어 있었 겠죠."

"그러면 6개월 만에 청산할 정도로 회사가 급격히 부실화되었단 말인가요?"

"이제부터가 재미있어요. 오리온전기를 인수한 외국계 투자회사 는 PDP와 OLED 같은 알짜 사업부를 회사에서 분리해 냅니다. 그럼 오리온전기에는 CRT 사업부만 남게 되겠죠? 그리고 나서 오리온전 기를 청산하는데, 그 가치가 1,200억 정도 나왔다고 하는군요."

IMF 기간 동안 한국은 외국 투기 자본에게는 더없이 좋은 투자 천 국이었다. 단기 유동성 때문에 흔들리는 우량 기업이나 대형 빌딩들 이 시장에 헐값으로 나왔고, 달러가 많은 투자은행과 사모펀드는 주 저함 없이 닥치는 대로 먹어 치웠다.

제일은행, 한미은행, 외환은행, 대우자동차 등 수조 단위의 덩치 큰 M&A가 언론에 화두가 되었지만 외국 자본은 지역이나 업종, 규 모를 가리지 않았다. 단기 수익이 난다고 판단되면 정부나 채권단에 로비나 압력을 행사했다. 그리고 어떤 형태로든 인수를 감행했다. 그 들에겐 노동자의 생계나 한국의 국가 경쟁력 따위는 관심의 대상이 아니었다. 수익만을 바라봤고, 수익이 실현되면 미련 없이 빠져나갔 다. IMF는 달러가 힘이었기 때문에 그 힘을 가진 자본가가 모든 룰 을 정했다.

"청산 가치가 1,200억이면 6개월 만에 정확히 인수 자금의 두 배 를 챙겼다는 얘긴데. 정말 알차게 빼먹었군요. 어떻게 그런 일이 가능 했는지 모르겠습니다. 정부나 채권단은 도대체 뭘 했다는 겁니까?"

문득 윤태호는 삭발한 노동자들의 모습이 생각났다. 그들은 고속도로를 점거한 채 '청산무효'라고 쓰인 피켓을 들고 울먹이고 있었다. 1,500명의 노동자가 하루아침에 길거리로 내몰리는 지경에 이르도록 도대체 정부는 뭘 하고 있었는지 갑자기 화가 치밀어 올랐다.

"우리나라 공무원들이 순진한 건지, 아니면 다른 뭔가가 있는지 모르겠어요. 그런데 부사장님은 오리온전기 사태를 어떻게 생각하세요?"

"IMF가 끝났다고는 하지만 아직까지도 그 상처가 아물지 않은 곳이 많습니다."

"전 개인적으로 IMF 사태는 1993년 김영삼 정부가 추진했던 금융 자유화라는 어설픈 금융정책 때문이었다고 생각해요. 국제 금융 경험이 전혀 없는 종금사들이 자유화라는 명목으로 우후죽순으로 생겨났죠. 그런 다음 외국에서 단기 자금을 끌어와서 국내에서는 중장기로 돈을 굴렸습니다. 정부는 통제는커녕 손 놓고 보고만 있었거든요. 초등학생들도 그런 식의 돈 장사는 하지 않을 겁니다. 물론 다른 이유도 많겠지만, 저는 이 정책의 실패가 모든 원인을 제공했다고 봐요."

"사장님도 경제주간지에 기고 한번 하시죠?"

윤태호는 영준과 대화를 나눌 때면 항상 그의 생각을 좀 더 많은 사람과 공유하고 싶다는 생각을 했었다. IMF의 원인에 대해서는 아직까지도 전문가나 학계에서 의견이 분분한데, 영준은 자신의 생각을 주저하지 않고 말했다. 보통 상대가 교수이거나, 전문가라면 그 분야에 대한 자신의 생각을 말하는 게 부담스럽기 마련인데, 그는 항상 자신 있게 생각을 표현했다.

영준은 대학을 다니다가 그만두었다고 했다. 그런데 그의 말을 듣다 보면 도저히 대학 중퇴라는 학력이 믿기지 않을 만큼 지적인 베이스가 느껴졌다.

"IMF는 해외 자본이 움직이는 룰을 정확히 가르쳐 줬어요. 오리온전기를 보세요! 우리는 위신과 명분을 내세운 동양 사상에 입각해 자본을 바라봅니다. 빼먹을 것 다 빼먹고 청산해 버린 그 외국 기업을 비난하지만 그쪽은 오히려 자기네가 뭘 잘못했냐고 할 겁니다."

"사장님 말씀 들어보면, 사장님은 절대 좌파는 못 되실 것 같은데요?"

윤태호 자신도 오리온전기 얘기를 들으면서 화가 났다. 자신이 영준과 비슷한 나이였다면 더 노골적으로 분한 감정을 드러냈을지도 모른다. 한국 기업에 그런 전횡을 일삼는 외국 기업에 한참 격분해할 나이인 영준은 오히려 침착했다. 자본가라면 당연히 갖춰야 할 현실에 대한 차가운 인식을 갖고 있는 젊은이였다.

"사상 문제가 아니라 현실을 정확히 직시하자는 겁니다. 혜성전자가 M&A에 들떠 상대를 정확히 인식하지 못하면 오리온전기 전철을 밟을 겁니다. 전 그게 분명히 느껴져요. 그 인수자가 외국 기업이건 대한그룹이건 말입니다."

"듣다 보니, 한 편의 논문을 읽는 것 같습니다."

"제 말은 길어질수록 논문조가 돼버립니다. 그게 문제네요."

"아닙니다! 전 늘 흥미롭습니다."

"부장급 이상 간부들 모두 회의실로 소집해 주세요."

"특별히 지시하실 사항이라도 있으신가요?"

"이 시간부터 혜성전자 임시 주주총회까지 비상 대책반을 가동하려고 해요."

"너무 늦은 게 아닐까요?"

결국 영준은 티파트너스를 상대로 전쟁을 할 모양이었다.

"부사장님! 제가 오늘 말씀드리려는 얘기는 이겁니다. 우리가 대한민국 모든 기업에 다 관여할 순 없지만, 적어도 우리와 관련된 기업만큼은 오리온전기처럼 당하지 않게 하자는 겁니다. 승산을 떠나 정말 이기고 싶습니다."

"사장님 결정이신데 저도 최선을 다하겠습니다."

말을 마친 영준은 씩 웃었다.

'대기업이 뒤에 있어도 눈 하나 깜짝 안 하고 덤빌 수 있는 이 용기는 뭐지?'

영준을 보며 윤태호는 문득 이런 생각이 들었다.

영준이 전체 간부 회의에 참석하기는 이번이 처음이었다. 부사장 주재의 간부 회의로 알고 있던 직원들은 뜻밖에 영준이 회의실로 들어오자 모두를 긴장하는 눈치였다.

영준은 유명 펀드 매니저와 MBA, 변호사, 회계사들로 구성된 니코스홀딩스의 막강한 간부 회의를 흐트러짐 없이 장악하며 리드해 나갔다.

"다른 놈에게 애인 뺏기고도 가만히 있는 놈은 병신 아닙니까?"

영준의 뼈 있는 말 한마디에 나름대로 합리적인 논리로 반박을 준비했던 간부들은 꼬리를 내리고 말았다. 다른 사람의 말이었다면 무시하고 말았겠지만 오너의 말이기 때문에 그 무게가 천근처럼 느껴질 수밖에 없었다.

김준석은 영준의 달라진 말투에 놀랐다. 무조건 자신의 색깔만 고집하기보다 경우에 따라서 폭군으로 변할 수 있는 것이 오너만이 누릴 수 있는 특권이라면 영준은 이미 그 이용법을 잘 알고 있는 사람 같았다.

'《군주론》을 알고 계시나?'

영준의 파격적인 억양에서 마키아벨리의 《군주론》을 떠올렸다.

"오늘부터 혜성전자 임시 주주총회 전까지 비대위를 구성하려고 합니다. 김 변호사님께서 위원장을 맡아 주세요."

아직 영준과 해결해야 할 뭔가가 남았다고 생각했는데 비대위 위원장을 맡으라는 지시는 뜻밖이었다. 이런 분위기 속에서 오너의 지시에 이의를 다는 건 맞서겠다는 의미로 해석되었다. 치밀한 영준은 회의 분위기를 처음부터 그렇게 만들어 놓았다.

"관리팀장님! 법인 계좌에 있는 혜성전자 물량, 얼마나 됩니까?"

"장외에서 인수하는 걸로 알아서 많이 사두지 않았습니다. 3퍼센트가량 됩니다."

"아직 며칠 남았으니 살 수 있는 만큼 사보세요."

"사장님께서 보셨는지 모르겠지만, 오늘 혜성 거래량이 만 주도 되지 않습니다. 이런 추세라면 연말까지 물량을 사긴 힘들 것 같습니다."

"자, 들으셨죠? 우리끼리니까 말하겠습니다. 혜성전자 M&A 되는 줄 알고 여러분과 지인들이 몰래 사둔 물량 있죠? 어차피 주주명부 보면 밝혀지니까 자수해서 광명 찾죠?"

당연한 일이었다. M&A만 한 고급 정보가 없는데 그걸 알고도 주식을 사두지 않았을 리 없었다. 영준의 말에 간부들은 솔직히 털어놨다. 지인들이 산 주식 수는 추후에 보고하겠다고 했다.

"부사장님이 제일 조금 사셨네요?"

서로 몰래 사둔 물량을 이실직고하자, 모두들 킥킥대며 웃었다. 의외로 신입 변호사가 제일 많이 갖고 있었다. 윤태호가 사둔 물량은 얼마 되지 않았다.

"서로 힘을 합쳐서 모을 수 있는 만큼 최대한 모아 봅시다! 전 여러분께 이기자고 말하는 게 아닙니다. 한번 해보자고 말하는 겁니다. 아시겠습니까?"

"김 변호사님은 수단, 방법을 가리지 마시고 TV광고 시간 잡으세요. 저녁도 좋고 새벽도 좋습니다. 대대적으로 소액 주주 의결권을 모을 겁니다."

"광고 시안도 만들어야 하고, 직원들 교육도 시켜야 하는데……"

"의결권을 위임해 달라는 내용만 있으면 됩니다. 우리가 자동차를 팔 것도 아닌데 대단한 광고가 무슨 필요 있습니까? 그냥 영상 편집해서 내보내시고, 당분간 우리 직원들 교육시켜 주주들 전화 받고 아니면 콜센터를 외주로 돌리세요."

영준은 하루 종일 자신의 방에서 이런저런 전략을 구상하고 정리한 생각을 회의 자리에서 거침없이 쏟아냈다. 회의실에 모인 사람 중에 그 누구도 이의를 제기하는 사람은 없었다.

주연은 다시 연희동 공원을 찾았다. 지난 4월보다 조금 더 긴장되었다. 그가 기다리고 있을 거란 기대는 애초에 없었다. 어디까지나 자신이 먼저 한 약속이었고, 많은 시간이 지났지만, 이제라도 꼭 지키고 싶었다.

굳이 서두를 필요는 없었지만, 정체된 도로 위 차 안에 갑갑하게 갇혀 있긴 싫었다. 지하철 2호선을 타고 신촌역에 내렸다. 연희동 방면의 버스를 찾긴 어렵지 않았다.

연희 삼거리에 내려서 시계를 보니 밤 10시 20분이었다. 신촌역에서부터 조금씩 내리던 눈이 연희동에 오자 제법 센 눈발로 변했다.

주연은 13년 전의 언덕길을 다시 천천히 걸어 올랐다. 4월 이후 거의 8개월 만에 다시 밟는 길이었다. 많이 변해 버린 풍경에 놀랐던 기억 탓에 몇 번이고 길을 확인하면서 걸었다.

크리스마스이브의 동네 모습은 전과 또 달랐다. 어둡고, 쓸쓸하면서 차분한 모습이 아니었다. 집집마다 장식된 크리스마스트리는 누가 더 아름다운지 경쟁이라도 하는 듯했다. 그 모습이 마치 주연이 살았던 미국의 몽고메리카운티를 옮겨 놓은 것처럼 느껴졌다. 주연은 그 화려한 장식에 넋을 잃고 바라보았다. 오후에 내린 눈까지 쌓여 동화 속 마을이 따로 없었다. 색색가지 전구 불빛에 반짝이는 하얀 눈의 향연이 바로 눈앞에서 펼쳐지고 있었다.

미국 사람들은 유별나게 크리스마스트리 장식에 열정을 쏟는다. 물론 지역마다 특색이 있지만, 동부 어느 지방에서는 매년 각 집에서 장식한 크리스마스트리를 심사할 정도로 관심이 많다. 심사에서 1등으로 뽑힌 집에는 거액의 상금까지 준다. 굳이 요란한 시상까진 아니어도 미국인이라면 누구나 크리스마스를 위해 온 집을 장식하느라 바쁘다. 시간과 돈도 아낌없이 쏟아 붓는다.

갑작스러운 일정으로 미국에 왔던 서 회장 가족은, 한인이 많은 LA에 집을 마련했다. 그러나 얼마 지나지 않아, 한인타운 내에 서 회장이 검찰에 쫓긴단 말이 돌았다. 서 회장은 서둘러 LA를 떠나 동부 보스턴으로 이사를 했다.

보스턴도 서 회장에겐 자유로운 곳이 아니었다. 말하기 좋아하는 한인 사회에서 조용히 살기란 거의 불가능했다. 그곳에서 2년가량을 머물렀다. 서 회장은 주연을 위해서 비교적 한인이 적고, 편안히 지낼 만한 곳을 찾았다. 펜실베이니아 주의 몽고메리카운티는 그런 조건에 부합하는 소도시였다. 그곳에 정착한 서 회장은 끝까지 고향 하늘을 그리며 눈감았다. 주연과 어머니는 아버지가 잠든 땅을 떠날 수 없었다.

주연은 미국에서 크리스마스를 혼자 보내고 있을 어머니를 생각하니 마음이 편치 않았다. 자신의 불효를 인자한 어머니가 잘 이해해 주기만을 바랄 뿐이었다.

공원 정문에 이르자 거센 눈발이 어느덧 함박눈으로 변했다. 서둘러 정자에 올랐다. 오는 동안 쏟아지는 눈을 피하려고 고개를 숙인 채 걸어서 몰랐는데, 정자에 올라와 보니 공원이 반짝이는 크리스마스트리로 빛나고 있었다.

주연은 뒤꿈치를 들어 아랫집을 내려다보았다. 부엌 쪽 불빛이 비치지 않는 걸로 봐서는 거실에는 아무도 없는 듯했다.

주머니 속의 휴대전화를 꺼내서 시간을 확인했다. 자정까지 조금

밖에 남지 않았다.

'그 사람이 올까? 그럼 난 무슨 말부터 해야 하지?'

그와 다시 만날지 모른다는 생각에 주연의 가슴이 뛰었다. 벌써 그 사람이 자신의 앞에 서 있는 기분이었다. 그러나 기대가 크면 실망도 큰 법이다. 주연은 이대로 그가 나타나지 않기를 기도하면서 세찬 눈발을 뚫고 여기까지 올 리 없다며 스스로를 진정했다. 13년이 지나도록 약속을 지키지 못한 자신을 원망하는 그의 눈길을 감당할 자신이 없었다. 그러는 동안에도 주연의 머릿속은 오직 그를 만나고 싶다는 간절함과 면목 없다는 미안함으로 뒤죽박죽이었다.

주연은 기다리는 내내 금방이라도 그가 들어설 것만 같은 공원 입구에서 시선을 떼지 못했다. 잃어 버린 시간에 대한 아쉬움이 자신의 내면 깊숙이 얼마나 크게 자리 잡고 있는지 알 수 있었다.

거침없던 눈발이 서서히 약해지면서 언덕 아래 풍경이 눈에 들어왔다. 혹시 지금이라도 아래에서 올라오는 사람이 없는지 살폈다. 가로등 불빛에 크리스털처럼 빛나는 눈밖에는 보이지 않았다. 아랫집은 여전히 불빛 하나 없이 컴컴했다. 법인 명의로 되어 있으니, 아무도 살지 않는 게 분명했다.

다시 시간을 확인하니, 이미 자정을 훨씬 넘긴 12시 40분이었다. 주연이 기억하는 그 사람은 이렇게 자신을 기다리게 하는 사람이 아니었다.

'그 사람도 내가 이렇게 원망스러웠겠지?'

자신은 그를 원망할 자격도 없다고 생각하면서도, 공원 입구를 바라보며 속상해했다.

"오빠, 미안해요. 하지만 저도 어쩔 수 없었다는 걸 알아주세요."

나지막한 목소리로 말하는데, 순간 설움이 복받쳤다. 걷잡을 수 없이 눈물이 흘러 내렸다. 너무 서러워 가슴을 쳤다.

"오빠, 이제 다시는 여기에 오지 않을게요. 욕심이란 거 알지만, 꼭 한번은 보고 싶었어요. 내가 얼마나 속상했는지 오빠는 모를 거예요."

정자를 내려온 주연은 마음이 무거웠다. 앞으로 다시는 이 공원에 오지 않을 거라 생각하니 너무 아쉬웠다. 눈으로 하얗게 뒤덮인 공원을 계속 서성거렸다. 한참을 걷다 다시 정자 앞으로 돌아와 하늘을 바라보았다. 잠시 후 주연은 뭔가 결심한 듯 공원을 나섰다.

주연은 택시를 타고 서초동으로 돌아왔다. 택시에서 내려 오피스텔로 걸어오는 동안 그 사람의 나이를 세어 보았다. 어렵게 셈할 것도 없었다. 올해로 자신이 서른이니까 그 사람은 서른넷이었다. 서른네 살이 되었을 그 사람의 모습이 상상이 되지 않았다. 어설프게 웃으며 앳된 얼굴로 손 흔들던 모습이 아직도 눈가에 선했다.

오피스텔로 들어왔을 땐 새벽 1시가 훌쩍 넘은 시간이었다. 한국에서 외톨이인 주연에게 크리스마스이브는 큰 의미가 없었다. 단지 내일이 휴일이어서 좀 여유롭게 잠자리에 들 수 있다는 것이 다르다면 다른 일이었다.

주연은 거실에서 TV 마감 뉴스를 보면서 화장을 지웠다. 이제 공중파 TV 뉴스에서도 기업의 윤리 경영 선포를 비중 있게 다루고 있었다. 신문을 통해 지겹게 보던 내용이었다.

'왜 사원들만 윤리 경영을 하겠다고 외치고, 사주는 보이지도 않

지?'

　뉴스를 지켜보던 주연은 불법 대선 자금으로 신뢰성에 타격을 입은 기업들이 이미지 개선을 위해 윤리 경영을 외치는 모습이 불쾌했다. 공장에서 물건을 찍어내듯 똑같은 목소리였다.

　화장을 지운 주연은 잠옷으로 갈아입으려고 소파에서 일어섰다. 리모컨으로 TV를 끄려는 순간, 주연의 시선을 강하게 끌어당기는 CM송이 있었다. '원스 어폰 어 타임 인 더 웨스트Once upon a time in the west'의 주제곡으로 유명한 엔리오 모네코네의 'Your Love'를 일렉트릭 기타로 강렬하게 연주한 음악이었다.

　화면에는 여러 개의 흑백 사진이 차례대로 오버랩되었는데, 잠시 후 컬러 사진이 흑백 사진과 오버랩되면서부터는 기업 광고임을 알 수 있었다. 사진으로 보아 꽤 오래된 기업 같았다. 광고가 끝날 무렵 화면에는 '우리는 창원의 자존심 혜성전자를 지켜 내겠습니다! 주식회사 니코스홀딩스'라는 자막이 올라왔다.

　TV 화면에 낯익은 회사 이름이 뜨자, 주연은 심장이 멎는 듯한 충격을 맛보았다. 그 회사는 주연의 옛날 집과 공원을 소유하고 있었다. 몇 초 만에 심장은 정반대로 힘차게 요동쳤다. 주연은 뭔가에 홀린 듯 서재로 뛰어가 PC를 켰다.

　지난 4월 연희동 집을 소유한 회사가 니코스홀딩스라는 걸 알았지만, 막연한 기대만 가졌을 뿐 자신과의 연관성을 찾지 못했다. 실망이 커서 한동안 완전히 잊고 있었던 이름이었다. 그런데 갑자기 TV 광고에서 그 이름을 다시 보게 되니, 좀 더 자세히 알고 싶어졌다. 어쩌면 아버지나 엄마와 관련 있는 기업일지도 모르는 일이었다. 지난봄, 연희동 집의 매입 경위라도 물었어야 했다고 때늦은 후회를 했다.

검색창에 니코스홀딩스와 혜성전자를 동시에 입력하고 검색 버튼을 눌렀다. 주연의 시선을 사로잡은 헤드라인은 단 하나였다.

닥터 하이에나, 골리앗 대한그룹에 혜성전자 경영권을 놓고 선전포고

부실기업 구조조정 투자로 매년 큰 수익을 얻으며 업계의 주목을 받고 있는 니코스홀딩스(대표이사 윤태호)가, 실질적으로 대한그룹이 인수하는 것으로 알려진 거래소 상장기업인 혜성전자의 경영권을 놓고 한 판 승부를 벌이고 있다.

지난 12월 23일, 티파트너스코리아는 전격적으로 혜성전자 최대 주주인 강 모 씨의 지분을 인수해 최대 주주가 되었다. 내년 2월 15일 임시 주주총회에서 새로운 임원을 선임해 실질적인 경영권을 행사하겠다고 밝혔는데, 추천한 임원 모두가 대한그룹 계열사의 현직 임원인 것으로 밝혀졌다. 이에 전문가들은 대한그룹이 티파트너스코리아를 통해 실질적으로 혜성전자를 인수한 것으로 봐야 한다고 말했다. 그러나 아직까지 대한그룹에서 혜성전자를 왜 인수하려는지 알려지지 않고 있다. 이에 대해 니코스홀딩스 측은 보도자료를 통해서, 현 경영진을 신뢰하기 때문에 새로운 경영진을 선임하는 것에 분명히 반대한다는 입장을 밝혔다. 이번 주부터 사상 유례없이 신문, 라디오, TV 광고를 통해 주주들의 의결권을 위임받고 있다. 니코스홀딩스의 반대로 당초 우호적 M&A로 알려진 혜성전자는 적대적 M&A에 휩싸이게 되었다. 아직까지 티파트너스코리아 측의 공식 반응은 없는 것으로 알려졌다. 과연 대한그룹이 이 싸움의 전면에 나설지가 관심을 모으고 있다.

익명을 요구한 한 전문가는 니코스홀딩스가 M&A 정보를 사전에 입수해서 혜성전자 주식을 매수한 후, 대한그룹에 거액의 프리미엄을 받고 주식을 매각하기 위한 그린메일 공격을 시도하는 것이라고 예측했다.

이와 비슷하게 대다수 전문가들도 니코스홀딩스가 대한그룹을 상대로 끝까지 싸우지 않고, 적당한 선에서 타협을 볼 거라 내다봤다.

니코스홀딩스가 혜성전자 지분을 얼마나 보유하고 있는지 알려지지 않았지만 금융감독원에 공시된 주요 주주 명단에는 등재되어 있지 않아 5% 미만의 적은 양일 것으로 보인다.

니코스홀딩스가 공개적으로 주주들의 위임장을 받고 있지만, 대주주인 티파트너스의 이사 선임을 막는 것에 대해 전문가들은 회의적인 시각을 갖고 있다. 실제로 니코스홀딩스가 대기업인 대한그룹과 맞서 봐야 실익이 없는 상황에서 주총까지 갈 거라고 보는 전문가는 많지 않은 상황이다.

이러한 전문가들의 견해에 대해 니코스홀딩스 관계자는 혜성전자 이사 선임 반대 의사를 바꿀 이유가 전혀 없다며 대한그룹과의 막후 협상설에 대해서 일축했다. 현재 혜성전자의 1대 주주는 티파트너스, 2대 주주는 우리사주조합, 나머지는 소액 주주로 되어 있다. 통상 대주주의 손을 들어주는 우리사주조합의 선례를 보면, 니코스홀딩스의 경영권 방어는 불가능하다는 것이 전문가들의 공통된 의견이다.

한 달 반 남은 임시 주주총회 승리를 위해 두 기업이 어떤 전략을 펼칠지 투자자들의 관심이 집중되고 있다.

주연은 미국에 있는 동안, 힘없는 분노가 사람을 얼마나 비참하게 만드는지 여러 번 느꼈다. 그리고 작년 한국에 들어와서 그것을 새삼 뼈저리게 느꼈다. 주연의 모든 행복을 빼앗아 간 지금의 대한그룹에게 할 수 있는 것이라곤 고작해야 맘속에 식지 않는 분노를 간직하는 것뿐이었다. 처음에는 대한토건 사건으로 대한그룹 전체를 흔들 수 있다고 생각했다. 하지만 또 다른 절망감을 맛봐야 했다. 다시 돌이켜보니 자신이 얼마나 순진했는지 알 것 같았다.

신문의 기사가 정확하다면 적어도 니코스홀딩스는 대한그룹과 당당히 맞서 싸우고 있었다. 계란으로 바위를 쳐도 작은 흔적은 남는 법인데, 미국 변호사인 주연은 한국 법정에서 설 수도 없었다. 대한그룹 앞에서는 계란보다 못한 존재였다.

무남독녀로 자란 주연은, 가끔 오빠 있는 친구들이 부러웠다. 짓궂은 사내애들에게 괴롭힘을 당할 때, 어디선가 나타나 그 애들을 혼내 주는 오빠들의 씩씩한 모습이 마냥 보기 좋았다. 그때 친구들의 심정이 이랬을까?

주연은 니코스홀딩스가 마치 자신을 지켜 주는 오빠라도 되는 것처럼 괜히 마음이 든든해졌다. 힘없는 자신을 대신해서 대한그룹과 싸워 주는 고마운 회사였다. 더군다나 자신이 살았던 연희동 집과 공원까지 보존해 주고 있는 곳이었다. 내친김에 회사의 대표까지 꼭 만나 봐야겠단 생각이 들었다. 비록 미국 변호사 자격증이 다였지만, 니코스홀딩스를 위해 자신이 할 수 있는 게 하나라도 있다면 발 벗고 나서야겠다고 마음먹었다. 하다못해 문서 번역이나, 통역이라도 하면서 거들고 싶었다.

주연은 검색창에 다시 니코스홀딩스를 입력했다. 회사 홈페이지에 기재된 삼성동 아셈타워의 회사 주소와 전화번호를 메모했다. 그리고 이번에는 혜성전자의 회사 홈페이지에 접속했다.

니코스홀딩스에 관심이 가다 보니 자연스럽게 혜성전자가 궁금해졌다. 국내 1위 소형 가전 중견기업이라고 하지만 주연에겐 아주 생소한 회사였다. 조금 전 TV 광고에서 봤던 흑백사진들은 홈페이지에서도 볼 수 있었다. 창업한 1960년대, 도약기였던 1970, 80년대를 지나 치열한 경쟁 시대였던 1990년대 주요 사진들을 한 장, 한 장 유심히 살펴봤다. 사진에서는 아무것도 얻을 게 없었다. 메인 페이지로 돌아와 콘텐츠 카테고리를 확인하던 중 창업자를 소개하는 배너를 클릭했다. 강직해 보이는 노신사의 사진 아래에는 고인의 명복을 빈다는 문구가 작게 적혀 있었다.

주연은 다시 메인 페이지로 이동하려다가 창업자의 과거 사진을 모아 둔 폴더를 클릭했다. 주로 여러 명이서 함께 어울려 찍은 사진과 단체 사진들이었다. 아마도 창업주가 생전에 관계가 있던 경영자들과 찍은 사진으로 짐작되었다. 사진마다 인물의 직함이 표기되었다. 대부분 이름만 들어도 알 만한 거물급 인사들이었다.

이미 고인이 된 인물도 있지만, 아직까지도 대기업 총수로 계열사를 호령하는 인물도 더러 있었다. 주연은 100장이 넘는 사진을 보는 동안, 한국에서 내로라하는 유력 기업인의 과거를 들여다보는 묘한 재미에 푹 빠졌다. 나머지 사진이 서너 장 남았을 즈음, 무심코 쳐다본 시곗바늘이 새벽 3시를 가리키고 있었다. 밤늦게까지 추운 바깥에 서 있던 탓인지, 한기가 느껴졌다. 으슬으슬 추웠다.

그래도 주연은 나머지 사진을 마저 보고 들어가 잘 생각이었다. 마우스를 클릭하는 손동작이 빨라졌다. 어느 순간 주연의 눈앞에 생각지도 못한 인물이 사진 속에서 웃고 있었다. 그녀가 너무나 사랑하고 잘 아는 사람이었다. 두 사람은 낚시터에서 천진난만한 표정으로 카메라를 보며 웃고 있었다.

대한물산의 서정식 사장은 내가 태어난 개성 출신 기업가 중 제일 아끼는 후배다. 일 욕심은 많아도 돈 욕심은 없는, 보기 드문 기업인이다. 난 아직도 가끔 이 후배만 생각하면 가슴이 찌릿하다. 너무나 안타깝다. 건강하게 잘 지내고 있기나 한 건지…….

사진 아래 빼곡히 적힌 글들을 다 읽기도 전에 주연은 책상에 엎드려 엉엉 울고 말았다. 흐르는 눈물을 주체할 수 없었다. 얼마나 울었을까, 주연은 아버지를 고향 후배라고 말하는 노신사가 궁금해졌다.

창업자 약력을 소개한 페이지에는 매년 고인의 걸어온 길이 상세히 나열되어 있었다. 아버지와 관계된 단 하나의 실마리라도 놓칠까봐 두 눈을 부릅뜨고 읽어 내려갔다. 마지막 3페이지의 약력을 본 즉시 주연의 머리가 재빨리 돌아가기 시작했다.

'이럴 수가!'

2000~2005 : 창원 상공회의소 회장

주연은 죽은 정수가 페이퍼 컴퍼니를 세우는 방법에 대해 물었을 때 자신의 귀로 들은 내용을 똑똑히 기억했다. 개인적으로 존경하는 기업인이 보관하고 있는 워런트를 정리하기 위한 거라고 했었다. 회사의 이름은 말해 주지 않았지만, 그 회사의 오너가 창원 상공회의소 회장이라고 말했었다.

이제 워런트의 존재를 알고 있는 정수와 노신사는 이미 이 세상 사람이 아니었다.

'주거래 은행!'

주연은 정수의 목소리를 분명히 기억하고 있었다.

잠 못 이루는 크리스마스

영동대교 앞 신호등 정지선을 기점으로 차들이 길게 늘어서 있었다. 신호를 기다리는 동안 차들이 내뿜는 엔진 소리는 마치 출발 신호를 기다리는 마라토너의 거친 숨소리 같았다. 신호가 바뀌고 녹색 등이 켜졌다. 잠깐 딴생각에 빠져 있던 민선은 뒤차의 신경질적인 클랙슨 소리에 놀라 급하게 액셀을 밟았다.

떨리는 가슴은 쉽게 진정되지 않았다. 양 기사가 민선에게 전화한 시간은 영준이 퇴근하고 나서 10분도 되지 않아서였다. 민선에게 사장실의 노트북을 갖고 명동의 센트럴팰리스 호텔 로비로 와달라고 했다. 차가 워낙 많이 막혀 다시 돌아가기 어려우니 민선이 노트북을 가져오는 게 시간을 아끼는 방법이라는 자신의 의견도 덧붙였다. 그때부터였다. 두근거리는 마음이 영동대교를 지나 강변북로로 진입하고도 진정될 기미가 보이질 않았다.

단지 자신의 상사에게 노트북을 전달해 주는 지극히 단순한 업무에 긴장할 이유는 없었다. 자신이 크리스마스 선물을 준 바로 오늘, 직접 보게 될 줄 몰라서였다. 민선은 영준에게 선물할 폴라를 대신 전해 달라고 양 기사에게 맡겼었다. 노트북을 건네는 잠깐 동안의 만남이지만, 영준을 회사가 아닌 곳에서 그것도 크리스마스이브에 만나는 것이 민선의 맘을 들뜨게 했다.

크리스마스는 사람들을 기대하게 만드는 묘한 힘을 갖고 있다. 한 해가 저무는 동안 아무 일도 일어나지 않았고 앞으로도 그럴 거란 걸 뻔히 알면서도 사람들은 다시 뭔가를 기대하며 크리스마스를 기다린다. 바라는 게 이루어지지 않는다고 크게 실망해 버리는 그런 종류가 아니었다. 기대하는 마음, 그 자체로 행복해지는, 단 한 번뿐인 날이 크리스마스였다.

민선은 지금 자신이 긴장하는 게 아니라 뭔가를 기대하고 있다는 것을 알았다. 물론 그 기대는 당연히 이루어지지 않겠지만, 민선은 상관없었다. 크리스마스이브니까.

조수석의 휴대전화가 다시 진동했다. 양 기사였다.

"김민선입니다!"

"김 비서, 지금 어디쯤 왔어요?"

"지금 영동대교 지나서 강변북로 탔거든요?"

"영동대교를 탔어요? 여기 오려면 한남대교가 빠른데, 내가 미리 말해 줄 걸 그랬네요."

"제가 길을 잘 몰라서요. 어쩌죠?"

"잠시만요!"

수화기 너머로 양 기사가 영준에게 민선의 위치를 알려 주는 소리가 들렸다.

"차에 내비게이션 없어요?"

"예."

"그럼, 성수대교 타고 다시 강남 쪽으로 가세요. 다리 끝에서 올림픽도로 탈 수 있거든요? 올림픽대로 타고 좀 오다 보면 한남대교 탈 수 있어요. 한남대교 타고 계속 전진해서 남산 1호 터널 들어서면 저한테 연락 줘요. 찾아올 수 있겠어요?"

민선은 미리 길을 물어서 올 걸 하는 후회가 들었다. 영준을 기다리게 하는 게 미안했다.

"예, 알겠습니다. 전화드리겠습니다."

민선은 급히 성수대교 방향으로 차선을 바꿨다.

"저는 노트북만 받으면 되니 퇴근하세요."

호텔 직원이 문을 열어 주자 영준이 내리면서 말했다.

"제 차가 사장님 댁 차고에 있습니다. 어차피 댁까지 가야 합니다. 특별한 일정 없으시면 주차장에서 기다리겠습니다."

"엊그제 이모 가게에 못 가서 오늘 가려고 해요. 차 더 막히기 전에 얼른 가세요."

"그럼 차는 차고에 두고 가겠습니다. 사장님! 차 열쇠 하나 더 있으시죠?"

영준은 대답 대신 손을 들어 보였다.

"사장님!"

양 기사가 호텔로 들어서는 영준을 큰 소리로 불렀다. 영준이 돌아보자, 기사는 차 트렁크에서 뭔가를 꺼내 영준에게 달려왔다.

"김 비서가 사장님 드리라고……."

기사는 어색한 듯 머뭇거리며 들고 있던 쇼핑백을 건넸다.

"김 비서가 직접 뜬 옷 같은데 정성이 갸륵하네요. 전 아무 준비 못했는데."

영준은 쇼핑백을 받아서 열어 보았다. 손으로 짠 옅은 회색 폴라가 아주 따뜻해 보였다.

"따뜻하겠네요! 차 보조석에 놔두세요."

"사장님! 연말 보너스 감사합니다."

양 기사는 깊이 허리를 숙여 인사했다.

호텔 로비로 들어서자 지배인이 엘리베이터에서 급히 내리며 영준을 맞이했다. 지배인은 영준의 차를 알고 있던 도어 직원의 무전을 받자마자 달려왔다. 급하게 나타난 지배인을 보자 영준은 자신이 장소를 잘못 정했다는 생각이 들었다. 민선이 쉽게 찾아올 수 있도록 한다는 게 괜히 이곳으로 정해 여러 사람 신경 쓰게 했다는 후회가 밀려왔다.

"사장님! 오랜만에 뵙는 것 같습니다."

"저 곧 나가니까 신경 쓰지 마세요."

영준은 지배인의 인사에 퉁명스럽게 대답했다.

"회장님께서 사장님과 차 한 잔 함께 하셨으면 하십니다."

영준의 단호한 태도에 지배인의 말소리가 점점 작아졌다.

"방금 제가 한 말 못 들었습니까?"

영준은 로비 라운지로 가려다가 다시 걸음을 돌려 출입문 쪽으로 걸어갔다. 영준이 다시 나가려 하자 지배인은 안절부절못하며 영준의 뒤를 따랐다.

"사장님 기사 연락처 알고 있으니, 현관 앞에 차 대라고 하겠습니다."

"퇴근했으니 그럴 필요 없습니다."

"그럼 호텔 차라도……."

지배인은 영준의 계속된 거절에 말꼬리를 흐렸다. 그 말을 뒤로 하고 영준은 호텔 현관을 나서 명동성당 쪽으로 걷기 시작했다.

"최 사장님! 크리스마스 즐겁게 보내십시오!"

지배인은 거침없이 앞만 보고 걸어가는 영준의 등을 향해 고개를 숙여 인사했다.

'대한민국에서 우리 회장님을 무시하는 사람은 저 젊은 친구뿐이로군.'

명동 센트럴팰리스의 회장인 이문식은 명동 백곰으로 알려진 큰손 중의 큰손이었다. 그의 현금 동원력은 상상을 초월했다. 오죽하면 대기업 총수도 이 회장의 호출 한 번이면 열 일 제쳐 두고 달려올 정도였다. 사람들은 이 회장의 눈에 들기 위해 무진장 애를 썼다. 어떻게든 줄이라도 대서 한 번이라도 만나 보려는 사람들이 줄을 섰다.

영준은 이런 이 회장을 늘 하찮은 사람 대하듯이 무시했다. 도어 직원의 무전을 받은 지배인이 제일 먼저 이 회장에게 보고했다. 영준이 왔다는 소리에 이 회장은 자신이 직접 내려가겠다고 했다. 지배인이 모양새가 좋지 않다며 극구 말리고 나섰다. 그러고는 회장을 대신해 서둘러 내려온 것이었다.

비록 영준이 이 회장의 호의를 매몰차게 거절했지만, 매번 그래 와서인지 별로 기분은 나쁘지 않았다. 항상 이 회장이 만나자고 부탁하는 입장이었고, 그때마다 영준은 거절해 왔다.

민선의 차가 남산 1호 터널 입구에 들어서면서 민선의 휴대전화가 울렸다. 마침 양 기사에게 전화하려던 참이었다. 발신자가 영준이었다. 생각해 보니 영준과 직접 통화한 적이 없던 것 같았다. 민선은 목소리를 가다듬었다.

"김민선입니다, 사장님!"

"어디쯤 왔어요?"

"남산 1호 터널 안입니다. 입구부터 차가 막히네요. 조금 더 기다리셔야 할 것 같습니다. 죄송합니다!"

"톨게이트 지나서 첫 번째 사거리에 서 있으니까 전화 줘요."

"지금 밖이세요?"

올해는 눈이 유난히 많이 내렸다. 기온이 내려가 바깥 날씨가 꽤 추웠다. 영준의 목소리와 소음이 함께 들렸다. 영준이 밖에서 기다린다는 사실을 알게 되자, 초조하고 답답하기 그지없었다.

터널 입구를 들어설 때 라디오에서 저녁 7시 시보를 들었다. 터널을 통과하는 데만 25분 정도가 걸렸다. 가까스로 터널을 빠져나왔지만 밖의 상황도 그리 만만치 않았다. 민선은 다시 전화기를 들었다.

'사장님 휴대전화로 전화 거는 것도 이번이 처음이구나.'

흔한 컬러링이 아닌 평범한 발신음 소리가 들렸다. 곧이어 자동차들의 클랙슨 소리와 횡 하는 바람 소리가 났다. 찬바람이 열린 창틈 사이를 매섭게 비집고 들어왔다.

"사장님, 김민선입니다!"

"터널은 나왔어요?"

"예. 이제 조금 더 내려가면 사거리 앞입니다."

"사거리에 서 있는데 차종이 뭐죠?"

"파란색 폭스바겐입니다."

그의 말대로 사거리가 가까워 오자, 멀리서 영준이 보였다. 영준은 바지 주머니에 양손을 넣고, 불어오는 바람을 피해서 톨게이트 방향으로 등을 보이고 서 있었다. 차들만 다니는 곳에서 혼자 서 있으니 더 추워 보였다. 그런 영준을 멀리서 바라보며 민선의 마음은 뭔가에 얻어맞은 듯 아파 왔다.

'양 기사님이 내 선물을 줬을까?'

거리에 서 있는 영준은 아무것도 들고 있지 않았다.

'제발, 나중에 줬어야 하는데.'

민선의 차를 발견한 영준이 천천히 걸어와 차에 올랐다.

"고생 많았죠? 미안해요. 이런 날 약속 있을 텐데, 갑자기 여기까지 오라고 해서."

"아닙니다. 노트북은 뒷자리에 있습니다."

매운 겨울바람에 발갛게 얼어 버린 영준의 얼굴을 보니 괜히 더 미안했다.

"집은 어디예요?"

"계동입니다."

"계동이면 현대건설 있는 곳 아닌가요?"

"현대 건설 뒤쪽에 있습니다."

"그럼 매일 이 길로 출근해요?"

"전 남산 순환도로로 다닙니다. 혼잡 통행료도 내지 않고, 길이 좋아서."

민선도 영준에게 물어 보고 싶은 게 산더미였다. 그러나 비서에게 사적인 질문은 금물이었다. 영준의 질문에 대답하는 것에 만족해야 했다.

"오늘 크리스마스이브라서 그런지 차가 너무 많이 막히네요. 참! 김 비서는 오늘 같은 날 약속 없어요?"

"집에 가는 길이었습니다. 자정에 교회에서 성탄 예배가 있어요. 친구들은 며칠 전 만났습니다."

"교회 열심히 다니나 봐요? 얼마나 됐어요?"

"모태 신앙입니다. 사장님은 종교 있으십니까?"

"모태 신앙이면 아브라함과 롯 얘기 알겠네요?"

민선이 생각지 못한 엉뚱한 질문이었다.

"예, 어릴 적 주일학교 때 배워서 알고 있습니다."

"전 두 사람 얘기가 성경에 나온다고 해서 몇 번을 읽었는데 없는 거예요. 나중에 알고 봤더니 내가 읽은 건 신약성경이었고, 아브라함과 롯 이야기는 구약성경에 있더군요."

영준은 웃음인지 미소인지 알 수 없는 표정을 지었다.

민선이 영준을 차에 태운 20분 후, 차는 영락교회 앞을 지나고 있었다.

"집에 가는 길이었으면, 저 광화문 교보문고까지만 데려다 줄래요?"

"알겠습니다. 혹시 약속에 늦으신 거 아닙니까?"

영준이 크리스마스이브에 누굴 만나는지 궁금하지 않을 수 없었다.

"교보문고 뒤쪽에 이모가 사시는데 오늘 만나기로 했어요."

"아! 예, 제가 모셔다 드리겠습니다."

민선은 이모를 만난다는 영준의 말에 안심했지만, 그럴수록 자신의 맘을 행여 들키지나 않을까 조심스러웠다.

"오디오 멋지네요. 원래 이 차 겁니까?"

영준이 카오디오에 관심을 보였다.

"차는 원래 엄마가 타시던 건데, 출퇴근용으로 물려주셨어요. 오디오는 아버지가 귀국 선물이라고 사주셨습니다."

"얘기만 들어도 부모님이 참 다정하실 것 같네요."

"고맙습니다. 부모님께 사장님 말씀 전해 드리겠습니다. 사장님 부모님이야말로 사장님 같은 훌륭한 아드님을 두셨으니 정말 든든하시겠어요."

"훌륭하긴요."

영준은 더 이상 말이 없었다. 짧은 침묵이 흘렀다. 영준은 창밖을 내다보고 있었다.

"어머니 장례식은 너무 어려서 기억이 나질 않고, 아버지 장례식은 대학교 1학년 때였어요. 지금도 기억이 생생해요."

전혀 예상치 못한 답이었다. 민선은 뭐라 말해야 좋을지 몰랐다.

"죄송합니다."

민선의 목소리가 떨렸다.

'사장님이 고아였다니!'

괜히 부모님 애길 꺼냈다는 자책감에 민선은 말을 아꼈다. 다시 차 안에는 어색한 침묵이 흘렀다.

"몰랐는데 뭐가 죄송해요? 눈이 제법 많이 오네요."

때마침 눈발이 강해지자 영준이 창문을 조금 열었다 다시 닫았다.

"음악 주로 뭐 들어요? 음악 좀 틀어 줄래요?"

"사장님, 어떤 음악 좋아하십니까? 전 재즈를 주로 듣습니다."

"혹시 캐럴 같은 거 없어요? 오늘 같은 날은 캐럴을 들어야 하는데 말이죠."

민선은 CD 체인저 버튼을 눌러 6번째 CD를 선택하고 플레이 버튼을 눌렀다. '빈 소년 합창단'의 캐럴 음반이었다. 맑고 고요한 노랫소리가 차 안을 채웠다.

영준은 민선의 차 안에서 깜빡 잠이 들었다. 얼마나 잤을까? 깨어보니 집 앞 골목 입구였다. 시계를 보니 25일 새벽 1시였다.

'김 비서가 내려 주고 갔나?'

정신이 몽롱한 게 여기까지 어떻게 왔는지 도무지 기억이 나질 않았다.

영준의 집은 연희동에서 제일 높은 곳에 있었다. 집 앞까지 도로 길이가 500미터 정도인 데다 경사가 꽤 급했다. 영준뿐 아니라 이웃 사람들 대부분이 차로 이동했다. 바람이 제법 세차게 불어오자 눈이 저절로 찌푸려졌다. 영준은 거센 바람을 피해서 머리를 가슴에 묻고 언덕길을 천천히 오르기 시작했다. 위에서 열 명가량의 학생들이 재잘대며 내려오고 있었다.

'이 시간에 뭐 하는 애들이지?'

영준의 눈에는 집단 가출한 청소년들로 보였다.

"아저씨, 메리 크리스마스!"

영준을 본 학생들은 손을 흔들었다. 기대하지 않았던 아이들의 인사에 비행 청소년들일 거라고 지레짐작했던 영준은 머쓱해졌다.

크리스마스라 새벽송을 도는 아이들이었다. 최근 새벽송을 자제하는 추세라고 했던 신문기사가 생각났다. 저렇게 많은 학생들이 동네를 돌며 노래를 하고 있다는 게 신기했다. 요즘 같지 않은 일이었다. 그리고 보니 주위가 모두 단독주택들이었다.

'내가 길을 잘못 들었나?'

영준의 집으로 올라가는 언덕길에는 5~6층짜리 고급 빌라들이 길게 들어서 있어야 했다. 이상한 생각이 들어 언덕 위를 올려다보았다. 2층 단독주택과 공원이 보였다. 영준의 집은 그대로였다.

영준은 다시 걷기 시작했다. 200미터쯤 더 올라갔을까? 이번에는 한 남학생이 여학생을 업고 혼자 걷기도 힘든 언덕을 힘겹게 올라가고 있었다. 혹시 여학생이 아픈 게 아닐까 걱정이 되어서 좀 빠른 걸음으로 다가갔다.

"오빠, 저 무겁지 않아요?"

"오빠 괜찮아. 많이 춥지? 거의 다 왔으니 조금만 참아."

뒤에서 보니 남학생이 느슨해지는 손깍지를 다시 단단히 끼웠다.

"부모님께서 걱정하지 않으실까?"

"내일 미국으로 떠나기 전에 마지막으로 친구들과 교회에서 밤샌다고 허락받았어요."

"주연이는 부모님께 거짓말하는 사람이 아닌데, 오빠 때문에 거짓말을 했구나?"

'주연이?'

남학생이 여학생의 이름을 부르자 영준은 심장이 뛰었다. 영준은 앞질러 가겠다는 생각을 버리고 뒤에서 학생들의 얘기를 더 듣고 싶어졌다.

"오빠 싫으세요?"

"난 그냥 주연이가 걱정이 돼서 그래."

남학생은 힘겨운 듯 비틀거렸다. 혼자 걸어도 정상에 서면 땀이 맺히는 가파른 언덕길이었다. 하지만 남학생은 여학생을 절대 내려놓을 것 같지 않았다.

"오빠! 우리 공원에 가요."

"추울 텐데?"

"괜찮아요."

영준의 집 바로 위에 있는 공원을 말하는 것 같았다.

'어디에 사는 애들인데 이 시간에 공원에 가려는 거지?'

호기심이 생긴 영준은 집을 그냥 지나쳤다.

영준의 집 바로 위에 있는 공원은 등기부상 영준의 집과 한 필지의 토지였다. 처음 집을 건축한 사람이 토지를 매입해서 집을 짓고 개인 공원을 조성한 것이었다. 영준은 집을 매입하고 제일 먼저 공원의 출입을 제한하는 문을 없애고 누구나 자유롭게 드나들게 했다.

"열쇠는 갖고 있니?"

여학생은 빨간색 코트 주머니에서 열쇠를 꺼내 남학생에게 건네주었다.

이상했다. 4년 전에 영준이 분명히 없애 버린 철문이 다시 생겨난 것이다. 열쇠를 건네받은 남학생은 익숙한 손놀림으로 공원의 잠긴 문을 열었다.

공원 중앙의 정자를 둘러싼 4개의 벤치가 동서남북 방향으로 놓여 있었다. 두 사람은 신촌 일대와 한강이 내려다보이는 남쪽 벤치에 앉아 있었다. 영준은 들키지 않게 조심조심, 벤치 뒤의 정자 기둥에 몸을 숨겼다. 그곳에서 내려다보니 교회들의 크리스마스트리가 아름답게 조화를 이루었다.

"이렇게 갑작스럽게 가야 한대?"

"너무 속상해요."

"회장님께서 이번 미국행을 결정하신 이유가 뭔지 알고 있니?"

"아빠는 박 부회장 삼촌이 우 하면 좌 하고, 좌 하면 우 하실 거라고 했어요."

"그게 무슨 말인데?"

"저도 잘 모르겠어요. 아빠 말로는 성경에 아브라함이라는 사람에게 조카 롯이 있었대요. 아브라함도 목축을 하는 사람이었고, 롯도 같은 일을 했는데, 아브라함의 일꾼들과 롯의 일꾼들이 서로 좋은 땅에서 가축들에게 풀을 먹이려고 싸웠대요. 아브라함은 이런 일로 싸워서는 안 된다고 말했대요. 네가 어떤 땅을 선택할 건지 먼저 정하라고요. 만약 네가 우측 땅이 좋아서 그곳에서 가축을 키운다면, 난 왼쪽으로 갈 거고, 네가 오른쪽 땅이 좋아 보여 그렇게 한다면 난 왼쪽으로 가겠다고요."

"그래서 나중에 어떻게 됐대?"

"아빠가 결과는 성경에서 찾아보라고 하셨는데 아직 찾지 못했어요."

영준은 앞으로 나가 두 사람의 얼굴을 확인해야겠다고 맘먹었다. 그런데 이상하게 발이 말을 듣지 않았다.

"오빠는 우리 미국 가는 거 언제 알았어요?"

"지난주에. 회장님께서 미국에 1년 정도 가 계신다면서, 나더러 대구 공장 전무님 차를 운전하라고 하셨어."

"미국 가서도 매일 아빠를 졸라서 최대한 빨리 한국으로 돌아올게요."

"……."

"아저씨는 아직도 중환자실에 계시죠? 빨리 나으셔야 오빠가 덜 힘들 텐데."

"……."

"오빠, 책은 매일 매일 읽고 있는 거죠? 저랑 한 약속 잊으면 안 돼요?"

"……."

여학생은 계속 뭔가를 말하고 있는데, 남학생은 고개만 숙이고 있었다.

남학생이 일어나 자신의 점퍼를 벗어 여학생의 어깨에 걸쳐 주었다.

"춥지?"

"괜찮아요, 오빠! 이거 벗으면 오빠가 너무 추울 거예요."

"나 추위 잘 참는다고 했잖아. 오빤 별로 안 추워."

남학생은 두 손을 허벅지 밑으로 넣었다.

꽤 두꺼운 코트를 입고 있는 영준도 이렇게 추운데, 이 추위에 면 티셔츠 하나만 입고 괜찮을 리 없었다. 영준은 자신이 입고 있는 코트를 벗어 남학생에게 입히고 싶었다. 그런데 여전히 발이 땅에 붙어 버렸는지 움직이지 않았다.

여학생은 계속 고개를 숙이고 있었고, 남학생은 떨면서 하늘을 바라보고 있었다. 여학생의 어깨가 조금씩 흔들렸다. 여학생은 천천히 남학생의 어깨에 머리를 기댔다. 그러고 나서 두 손으로 남학생의 왼팔을 감았다. 추위에 떨고 있던 남학생이 굳은 듯 움직이지 않았다.

"오빠 나 좀 봐요."

여학생이 고개를 돌려 남학생을 바라보았다.

영준은 달빛에 빛나는 여학생 뺨에서 흐르는 눈물을 보았다. 남학생이 고개를 돌리자, 여학생은 천천히 남학생에게 입을 맞추었다. 두 입술이 살포시 맞닿아 있었다. 꽤 오랜 입맞춤이었다. 영준은 이제야 그들이 누군지 알 수 있었다.

먼저 입술을 뗀 여학생이 두 손을 남학생의 가슴에 대고 말했다.

"오빠, 주연이 절대로 잊으면 안 돼요."

떨리는 목소리였다.

"응."

"그리고 혹시 모르니까 만약 서로 연락이 끊기면 매년 크리스마스이브 자정에 이 공원에서 만나기로 해요. 알았죠?"

여학생이 남학생의 가슴에 얼굴을 묻자, 어깨에 걸쳐 있던 점퍼가 흘러내렸다. 남학생은 흘러내린 옷을 다시 덮어 주고 두 손으로 여학생의 머리를 감싸 안고 쓰다듬었다.

"주연아, 이제 들어가야지! 회장님 걱정하시겠다."

여학생은 미동도 하지 않았다.

'저러다 얼어 죽으면 어쩌려고.'

영준이 시계를 보니 새벽 2시 30분이었다.

민선은 광화문 앞에서 유턴 신호를 기다렸다. 광화문과 시청 사이를 왕복하길 벌써 네 번째였다. 민선은 교보문고 앞에 도착해서야 영준이 긴 잠에 빠진 것을 알았다. 차마 깨울 수가 없었다. 늦은 밤부터 새벽까지 회사에서 일한다는 야간 경비원의 말이 기억나서이기도 했지만 얼마 전 밤에 일하는 모습을 확인한 후로는 한숨 푹 자게 해주고 싶었다. 그래서 1시간째 근처를 빙빙 돌고 있었다.

"여기가 어디죠? 내가 잠들었었나 봐요."

"다 왔습니다, 사장님! 도착하니까 일어나시네요."

"그래요?"

영준은 카오디오의 시계를 보았다. 밤 9시 10분이었다.

"여기까지 오는 데 1시간이 넘었어요? 차가 많이 막혔나 봐요. 고생 많았죠?"

"아닙니다. 그런데 저기 교보문고 앞에서 내려 드리면 되나요?"

사거리만 지나면 교보문고였다.

"김 비서, 저녁 같이 먹을래요?"

"예?"

"저 건물 뒤쪽에서 이모가 콩나물국밥집을 하시는데 꽤 유명해요. 나 때문에 김 비서까지 때를 넘겼잖아요. 저녁은 먹여 보내야 욕먹지 않겠죠?"

"당연히 해야 할 일을 했는데 그런 말씀 마세요, 사장님!"

"그런데 국밥 먹을 줄 알아요?"

"아빠 따라 가끔 북한산에 올라요. 산에서 내려오시면 꼭 근처 국밥집에서 반주를 드세요. 저도 좋아하게 됐습니다."

"잘됐네요. 우리 이모네 국밥은, 국밥을 싫어하는 사람도 한번 맛보면 다시 찾아올 정도로 유명하거든요."

"사장님 말씀 들으니까 배가 너무 고파지는데요?"

"빨리 가요. 저기 교보문고 끼고 우회전하면 돼요."

사람과 친해지려면 여행을 함께 가라는 말이 있다. 늘 똑같은 환경에서 사람을 대하다 보면 그 사람의 진정한 모습을 쉽게 볼 수 없기 마련이다. 하지만 여행을 하거나, 새로운 프로젝트를 진행하거나, 새로운 공간에 있게 되면 상대방의 새로운 모습을 보게 되고, 그렇게 되면 상대방에 대한 이해가 그만큼 커진다. 자연스럽게 친해질 기회가 생기는 것이다. 비록 짧은 시간이었지만, 민선은 영준과 더 가까워진 느낌이 들었다. 약간의 친밀감까지 생겼다.

민선의 파란색 폭스바겐이 교보빌딩과 정보통신부 사이의 골목길로 들어섰다. 광화문대로와 불과 몇십 미터 떨어져 있는데, 골목에는 이미 짙은 어둠이 깔려 있었다.

"저기 좌측에 작은 골목 보이죠? 이 입구에 세워요."

사람이 겨우 다닐 만한 아주 좁은 골목이 보였다. 민선은 차를 세우고 영준을 따라 골목으로 들어갔다. 막다른 골목의 오른쪽에 '개성국밥'이라는 간판이 보였다.

민선은 얼마 전 관리팀 여직원이 했던 말이 떠올랐다. 영준이 메리어트 호텔 스위트룸을 한 달에 3,000만 원씩, 3년 동안 렌트하는 계약을 했다는 이야기였다. 대금을 아예 한 번에 냈다는 소문도 있었다. 회사의 누구도 사치스럽다는 얘기는 하지 않았다. 니코스홀딩스의 오너라면 그럴 만하다고 수긍하는 분위기였다. 그런 영준과 크리스마스이브에 허름한 국밥집에서 저녁을 먹었다고 하면 회사 사람들 누구도 믿어 줄 것 같지 않았다.

국밥집 출입문은 한눈에 봐도 오래되고 낡아 보였다. 과연 저 문이 열리기나 할까 의심이 들 정도였다. 영준의 이모가 운영하는 곳이라면 꽤 고급스러운 음식점일 거라 생각한 민선의 예상이 제대로 빗나간 것이다.

영준이 나무문을 옆으로 밀자 역시나 잘 움직이지 않았다. 몇 번을 시도하다 결국 문을 두드렸다.

"이모! 이모!"

안에서 "잠시만"이라는 소리가 나자, 영준은 겸연쩍은지 민선을 향해 씩 웃어 보였다.

"내가 몇 번이나 위로 살짝 들어서 밀라고 했는데, 올 때마다 못 열고 이 난리냐?"

중년의 여자 목소리와 함께 문이 열렸다.

"이모, 부탁할게. 내가 이 문 갈아 줄 테니 제발 새 걸로 바꾸자!"

"너 돈 많은가 보다? 그럴 돈 있으면 나한테 줘. 50년 넘은 이 문 때문에 손님들이 우리 집에 오는데 왜 자꾸 문을 갈라고 그러니?"

민선의 눈에는 두 사람이 정말 허물없는 이모, 조카 사이처럼 보였다. 이모는 영준과 함께 온 민선을 보고, 뜻밖의 손님에 놀라는 눈치였다.

"내가 말했지? 나도 비서 생겼다고. 이쪽은 내 비서야."

"안녕하십니까? 김민선이라고 합니다."

"아휴 예쁘기도 해라. 영준아! 넌 이렇게 예쁜 아가씨를 이런 누추한 데 데려오면 어떻게 하니?"

"아닙니다. 이모님! 마침 저희 집도 근처입니다. 사장님 모셔다 드리는 길에 들렀습니다. 편하게 대해 주세요."

"이리로 앉아요."

이모는 민선의 손을 잡고 테이블로 이끌었다. 마치 처음 인사 온 며느릿감을 대하듯 했다.

"민선 씨라 했죠? 우리 영준이도 빨리 민선 씨처럼 참한 사람 만나서 결혼해야 할 텐데."

"손 여사님! 지금 오버하는 거 알지? 몇 년 더 지나면 노망이란 소리 듣거든요?"

"영준아! 넌 언제나 철들래?"

민선의 눈에 비친 영준의 이모는 국밥집 주인처럼 보이지 않았다. 사람의 품위는 겉으로 드러나기 마련이었다. 얼핏 봐도 교양과 지성

미가 느껴지는 외모였다. 거기다 차분한 서울 말투였다.

"이렇게 예쁜 아가씨가 왔는데, 영준아! 우리 국밥 말고 와인 한 잔 할래?"

"이모야말로 분위기 파악 좀 하시죠? 지금 이 우중충한 국밥집에서 와인을 마시자고?"

두 사람은 이모, 조카가 아니라 친한 오누이 사이처럼 서로의 말꼬리를 잡고 티격태격했다. 영준은 장난꾸러기 소년 같았고, 그런 영준에게 지지 않으려는 이모는 그보다 나이 많은 소녀 같았다.

'사장님에게 이런 모습이 있었구나.'

영준이 너무 다르게 보였다. 꾸밈없는 모습 속에 천진난만한 소년이 있었다.

"오늘 호텔에 갔었니?"

"왜? 이 회장이 내가 호텔에 갔었다고 연락했어?"

"이 회장이 뭐니? 어르신에게!"

"이모! 내가 이 회장과는 연락도 하지 말라고 했잖아!"

영준의 목소리가 갑자기 커졌다. 옆에서 조심스럽게 국밥을 먹던 민선이 깜짝 놀라 숟가락을 내려놓았다. 이모는 영준에게 그만 하라고 눈치를 주었다.

"민선 씨, 미안해요. 영준이가 가끔 저렇게 불같을 때가 있어서. 민선 씨는 올해 몇이에요?"

"스물일곱입니다."

민선은 밥을 먹다 말고 물을 마시고 있는 영준의 눈치를 보며 대답했다.

"아휴, 한창 좋을 나이네. 애인은 있어요?"

"이모! 또 오버하신다!"

아까 큰 소리 낸 게 미안했던지 이번엔 장난기 어린 말투였다.

"아까 차에서 잤는데도 왜 이렇게 잠이 오지?"

영준은 후식으로 마실 커피를 기다리는 동안에도 밀려오는 피곤함을 이길 수 없었다.

"사장님! 많이 피곤하세요?"

영준은 민선이 말하기 전까지 자신의 눈이 반쯤 감겨 있다는 것을 몰랐다.

"영준아! 피곤하면 방에 들어가서 눈 좀 붙이지그래?"

쟁반에 커피를 담아 주방에서 나오던 이모가 말했다.

"김 비서 갈 때까지는 그냥 있을게."

"아닙니다, 사장님! 너무 피곤해 보이세요. 전 조금 있다 갈 테니 들어가서 좀 쉬세요."

"그래, 영준아! 좀 쉬어. 난 오랜만에 젊고 예쁜 아가씨랑 수다 좀 떨어야겠다."

"그럼 그럴까? 민선 씨! 미안해요. 제가 좀 피곤해서 그러니 오늘은 좀 있다가 갈래요?"

"예."

"참! 노트북은 이모에게 맡기고 가세요."

"노트북?"

"이모, 기사 시켜서 김 비서 차에서 내 노트북 좀 꺼내 놓을래?"

"알았으니 쉬어라!"

"김 비서 조심히 가고, 크리스마스 잘 보내요."

"사장님도 즐겁게 보내십시오."

주방에 딸린 방으로 들어가면서 영준은 민선에게 손을 흔들었다.

민선은 그런 영준의 등을 보며 아쉬운 맘을 달랬다. 방에 들어간 영준은 코트를 구석에 벗어 둔 채 곧바로 잠에 빠져들었다.

아직도 학생들이 벤치에 앉아 있었다. 여학생은 남학생의 품에 안긴 채 잠들어 버렸다. 영준의 손목시계가 새벽 4시 30분을 가리키고 있었다. 두 시간이 넘도록 남학생은 여학생을 품속에 안고 그 자리에서 한강을 내려다보며 앉아 있었다. 새벽바람이 거세게 몰아쳤다.

'안 되겠다. 저러다 정말 얼어 죽겠어!'

뒤에서 한참을 지켜보던 영준은 코트를 벗어 남학생 쪽으로 걸어갔다.

"주연아! 이제 들어가야지. 오전 11시 비행기라고 하지 않았어?"

남학생은 여학생의 등을 다독거리며 귀에 대고 말했다.

"이렇게 오빠만 두고 가기 싫어요."

"1년만 있을 건데 뭐. 영어 많이 배워 와서 오빠한테 한 수 가르쳐 줘."

남학생의 말이 끝나자 여학생은 몸을 바로 세웠다.

"오빠, 내 눈 봐요."

남학생은 아무 말 없이 고개를 돌려 여학생을 바라보았다.

"약속 잊으면 안 돼요? 크리스마스이브 밤 12시에 여기서 만나는 거예요? 내년에 못 보면 후년에, 후년에도 못 보면 또 그 다음 해에. 알았죠?"

여학생은 점퍼를 다시 남학생에게 입혀 주며 말했다. 남학생은 말없이 그저 고개만 끄덕였다.

"대답해요, 예?"

"응."

"미국에 가서 제일 먼저 집 주소랑 전화번호 알려줄게요. 편지도 자주 할게요."

"너 감기 걸리면 안 되는데 큰일이다. 빨리 들어가자."

벤치에서 일어난 두 사람은 오른쪽 구석의 아랫집과 연결된 문을 향해 천천히 걸어갔다. 그 문을 열고 계단으로 내려가면 영준의 주방과 연결된 문이 나오게 되어 있었다. 남학생이 문을 열어 주었지만, 여학생은 내려가려 하지 않았다.

"조금만 있으면 다시 보게 될 거야. 왜 그래? 어서 들어가! 회장님 정말 걱정하시겠다."

"오빠, 우리 약속 잊지 마요!"

여학생의 모습이 문 앞에서 천천히 사라졌다. 여학생이 아래로 내려가고 한참이 지났는데 남학생은 문 앞에서 하염없이 아래만 내려다보고 있었다. 여학생의 모습은 보이질 않았다. 벌써 집으로 들어간 모양이었다. 남학생의 어깨가 조금씩 흔들렸다. 처음에는 좀 흐느끼는가 싶더니 여학생이 사라진 계단을 바라보며 주저앉아 울고 있었다.

"영준아! 옷 갈아입고 편하게 자야지."

혼자 울고 있는 남학생이 너무 안쓰러워서 위로해 주려고 다가가는 영준의 등 뒤에서 누군가가 잡고 말렸다.

"영준아! 여기서 이러고 잘 거야?"

깨어 보니 이모가 베개를 머리에 받쳐 주려 하고 있었다. 영준이 깜짝 놀라 일어났다.

"지금 몇 시야?"

무슨 큰일이라도 난 것처럼 영준이 물었다.

"새벽 12시 30분. 너 요즘 보니까 앉기만 하면 잠들던데, 이모랑 병원에 한번 가보자."

영준은 이모의 말을 듣는 둥 마는 둥 구석에 벗어 놓은 코트를 챙겨 입었다.

"집에 가게? 무슨 일 있어?"

"이모 연말에 가기로 한 제주도 여행 2월 말로 미루자! 나 당분간 서울에 없을 것 같아."

"왜 무슨 일인데? 새벽에 뭘 이렇게 서두르니?"

"나중에. 내일 또 올게. 이모, 나 간다!"

"영준아! 이모 기사 밖에 있으니까 내 차 타고 가!"

이모의 말을 못 들은 척 급히 나가려던 영준이 다시 돌아섰다.

"이모 절대 이 회장 같은 사람이랑 거래하지 마. 알았지?"

"나랑은 분야가 전혀 다른데 내가 왜 그분과 거래를 하겠니? 그래도 이 회장님께 예의 좀 갖춰라. 내가 너무 민망하잖니?"

영준은 서둘러 방문을 열고 나가 버렸다.

평소에는 말 많고 다정해서 세상에서 하나밖에 없는 자신의 말동무가 되어 주는 영준이었지만, 기업 인수를 추진할 때 보면 무례하고, 예의 없고, 차가운 사람으로 변해 버렸다.

'또 무슨 일을 벌이나?'

무심한 영준에게 이미 익숙해져 있었지만, 왠지 오늘따라 걱정이 되어 영준이 누웠던 자리를 바라보았다.

택시에서 내린 영준은 하얀 눈으로 뒤덮인 언덕길을 올려다보았다. 언덕 위 공원의 정자 위에서 크리스마스트리의 불빛이 반짝거렸다. 집마다 화려하게 장식한 트리와 눈이 어우러져 달력에서나 봤음직한 이국적인 마을 풍경을 연출하고 있었다. 만약 이런 고급 빌라촌을 돌며 새벽송이라도 부른다면, 누군가 당장 경찰에 신고하거나, 다음 날 교회 목사가 주민들의 항의로 곤욕을 치를 게 분명했다.

13년 전 언덕길의 모습이 하나도 남아 있지 않았다. 마음이 급하다 보니 영준은 길에서 미끄러지길 몇 번이나 반복했다. 혹시 그녀가 왔다가 돌아갔으면 어쩌지 하는 자책감에 잠들어 버린 자신을 원망하며 단숨에 공원 입구까지 뛰어 올라왔다.

공원 입구에서 영준은 조심스럽게 공원 중앙 벤치를 바라보았다. 매년 느끼는 좌절감이지만, 올해도 역시 벤치에는 아무도 없었다. 영준에게 크리스마스이브는 한 해 동안 키워 온 기대가 좌절로 바뀌는 시간이었다. 빈 벤치를 확인하고 나서야 발목이 시큰거리는 것을 느꼈다. 영준은 다리를 절면서 천천히 벤치로 걸어갔다.

13년 동안 유일하게 변하지 않은 공원. 이 공원을 지키기 위해서 싸워 온 영준의 지난 세월이 오늘따라 서글프게 느껴졌다. 영준은 13년 전 그날처럼 그 벤치에 앉아 멀리 한강을 바라봤다. 그리고 다시 고개를 숙이며 긴 한숨을 내쉬었다.

"주연아!"

그리운 이름을 되뇌어 봤지만, 올해도 그녀는 예전처럼 멀리서 뛰어올 것 같지 않았다.

긴 기다림에 지쳐서일까? 집으로 돌아와 침대에 누운 영준은 다음 날 화이트 크리스마스에도 하루 종일 일어나지 못했다.

주연이 잠에서 깬 시간은 아침 7시였다. 지난밤 혜성전자 홈페이지를 살피느라 새벽 4시에 겨우 잠들었으니 3시간밖에 못 잔 셈이었다. 한 가지를 집요하게 파고드는 버릇은 미국에 살면서 얻었다. 동양인 여자가 살아남기 위한 최선의 선택이었기 때문이다.

한국에 돌아온 지 일 년하고도 석 달이 지났다. 시라큐스로스쿨에서 만난 선배의 부탁으로 지난 1년간 한국의 종합법률회사에서 미국과 거래하는 기업의 법률 상담을 해주었다. 어느새 1년이란 시간이 훌쩍 가버렸다. 미국에 혼자 남은 엄마는 하루가 멀다 하고 주연에게 전화를 걸었다. 언제 돌아오는지를 물어 보기 위해서였다. 하지만 한국에 머무는 동안 주연의 생각은 조금 달라졌다. 1~2년 정도 노력하면 한국에서도 기반을 잡을 수 있겠단 생각이 들어서였다. 내친김에 미국에 있는 엄마와도 상의를 했다. 아버지가 묻힌 미국 땅을 어떻게 떠나느냐고 하시던 엄마도 고향이 그리우셨는지, 생각해 보겠다고 하셨다.

미국에서 주연은 연방 검사의 꿈을 꾸며 뉴욕 시라큐스로스쿨에 입학했었다. 하지만 비싼 학비를 감당하기가 만만찮았다. 아버지가 돌아가신 이후 엄마는 한인 타운 의류점에서 매장 점원으로 일했고, 주연도 파트타임으로 일했다. 사실 로스쿨에 입학하면서 정규수업뿐만 아니라 방대한 과제와 테스트로 여력이 없는 상황이었다. 어쩔 수 없이 엄마는 밤에 세탁소에서 하루도 쉬지 못하고 일해야 했다. 몰락한 재벌 그룹의 안주인이었던 엄마에겐 힘겨운 노동의 연속이었다. 주연은 옆에서 고스란히 그런 엄마의 모습을 지켜봤다. 그런 이유로 로스쿨을 졸업하고 감히 검사가 되겠다는 말을 할 수 없었다. 자신의 꿈을 위해 엄마의 인생을 더 고달프게 하고 싶지 않아서였다. 한국처럼 미국도 검사와 변호사의 보수 차이는 비교가 되지 않았다. 주연처럼 어려운 형편 때문에 검사, 판사보다 변호사 쪽으로 방향을 바꾸는 동기생들이 많았다.

주연은 잠시 쉴 틈도 없이 한 손에 커피를 든 채 서재의 PC를 켰다. 금융감독원의 전자 공시에 접속한 다음 혜성전자의 감사 보고서를 다운로드 받았다. 100퍼센트 믿을 만하진 않았지만 기업의 감사 보고서와 주석은 그 기업이 걸어온 길과 그동안의 자금 흐름을 파악하는 데 큰 도움이 되었다.

정수가 돕고자 한 인물이 강신만 회장이 틀림없다면 혜성전자는 분명 BW(신주인수권부사채)를 발행했어야 했다. 대차대조표를 확인한 주연의 눈가에 눈물이 맺혔다. 고정부채 항목에 BW 13억 3천만 원이라고 적혀 있었다. 생각보다 금액이 적다고 생각한 주연은 다시 주석을 넘겨 발행 조건이 어떻게 되는지 확인했다.

혜성전자는 1998년, 유로시장 공모 방식으로 193억 3천만 원을 발행했다. 그동안 사채는 대부분 상환하고 미상환 사채만 13억 3천만 원이 남아 있었다. 신주인수권 행사 기간을 보니 1998년 7월 15일부터 2005년 12월 30일까지였다. 주식 수 변동 현황에는 신주인수권 행사를 통해 주식이 늘어난 적이 한 번도 없었다. 누군가 워런트를 단 한 주도 행사하지 않았다는 얘기였다. 정수가 도와주려 한 분은 강신만 회장이 틀림없었다.

니코스홀딩스 측에서 워런트의 행방을 알고 있었다면 굳이 광고까지 해가며 의결권을 위임받으려고 할 리 없었다. 주연은 무조건 니코스홀딩스를 돕겠다고 맘먹었다. 대한그룹에 반대하는 사람이 있다면 그게 누구든 주연과 한편이었다. 주연이 그 모진 세월의 고통을 이겨낼 수 있었던 것도 그와 만날 수 있을 거라는 희망과 박 회장 부자에 대한 증오심 때문이었다.

현재 주연이 알고 있는 사실은 강 회장이 워런트를 보유했었다는 것 하나였다. 그게 어디에 있는지 아는 유일한 두 사람이 세상을 떠났다. 정수는 강 회장이 주거래 은행에 실물로 보관하고 있다고 말했었다. 그것으론 부족했다. 대한민국의 모든 은행을 뒤질 수도 없는 노릇이었다.

답답한 마음에 거실로 나와 창문을 열었다. 세상이 온통 하얗게 변해 있었다. 꿈 같은 화이트 크리스마스가 눈앞에 펼쳐졌지만 주연은 아무 감흥이 없었다. 불현듯 뭔가 떠오른 주연은 서재로 달려갔다. 한국신용평가정보 사이트에 접속해 혜성전자의 신용평가 요약보고서를 구입했다.

신용평가보고서에는 해당 기업의 주거래 은행을 기재한다는 이야기를 들은 적이 있었다. 짐작대로 혜성전자의 주거래 은행을 발견했다. 하지만 주연의 의문은 계속되었다.

'과연 강 회장이 거래한 은행과 혜성전자의 거래 은행이 같을까? 어떻게 같다고 보장할 수 있지? 그렇다고 회사의 주거래 은행에 가서 대뜸 돌아가신 강 회장이 맡긴 물건을 확인하자고 할 수도 없잖아.'

단서는 잡았지만 풀어 갈 방법이 막막했다. 주연은 하루 종일 침대에 누워 멍하니 천장만 올려다보았다.

침대 옆 탁자 위의 휴대전화 진동음이 박찬민을 깨웠다. 누군지 확인할 필요도 없이 아내임을 직감했다. 허락된 자 외에 제왕의 아침을 방해할 권한은 그의 아내 말고는 없었다.

"미안해, 어젠 좀 늦어서 호텔에서 잤어."

박찬민은 여전히 눈을 감은 채 말했다.

"피곤할 텐데 미안해요. 정연이가 자꾸 아빠를 찾아서."

"정연이, 일어났나?"

"아침 9시가 넘은걸요."

아침 9시란 말에 감긴 눈이 저절로 떠졌다. 머리가 무거웠다. 방 안은 아직도 컴컴했다. 빛을 완벽히 차단해 주는 광막 커튼이 설치되어 있었다. 조금만 환해도 잠을 못 이루는 그의 습관 탓에 집은 물론 호텔 침실까지 빈틈없이 창을 가렸다. 더듬거려서 찾은 리모컨 스위치를 누르자 커튼이 걷히면서 막혀 있던 햇살이 한꺼번에 쏟아졌다. 순식간에 환해졌다.

"정연이 좀 바꾸지."

"아빠!"

그의 말이 끝남과 동시에 외동딸인 정연이가 아빠를 불렀다. 바로 옆에 있었던 모양이다.

"우리 정연이, 산타 할아버지한테 선물 많이 받았어요?"

"네, 아빠. 정연이 빨간 부츠랑, 하얀 털모자랑, 음, 토마스 기차랑."

"어휴, 우리 정연이가 착한 일 많이 했나 보네?"

"아빠도 산타 할아버지한테 선물 받았어요?"

"아빠?"

딸아이의 말에 엊그제 경제신문에서 읽은 기사의 한 대목이 생각났다. 산타 할아버지가 혜성전자에만 선물을 준 것 같다는 내용이었다.

"근데 아빠는 언제 와요?"

"정연아! 아빠 회사에 계시잖아! 엄마가 아빠 회사에 계실 땐 전화하면 안 된다고 했지?"

막상 할 말이 없었는데 다행히 아내가 전화기를 뺏었다.

"오늘은 좀 일찍 들어갈게."

"정연이가 징징대서 안 되겠어요. 이만 끊을게요. 수고하세요."

뺏긴 전화기를 놓고 투덜대는 딸애의 목소리가 조그맣게 들렸다.

휴대전화를 다시 탁자 위에 올려놓고 일어나서 침대에 걸터앉았다. 아침부터 머리가 무거웠다. 아주 잠깐이지만, 어제저녁에 뭘 했는지 기억나지 않았다. 방 안을 두리번거리다 발코니 쪽 테이블 위의 빈 술병을 보았다. 두통의 주범은 로열살루트 38년산 두 병이었다.

평소 발렌타인을 즐겨 마시는 박찬민이었지만, 석 달 전 대한물산의 주식을 매집하면서부터 좀 더 강하고 거친 맛을 찾게 되었다. 한쪽으로 쓰러진 위스키 잔 옆에는 금고에 보관되어 있어야 할 두꺼운 파일이 보였다.

무심코 꺼내 본 그 파일 때문에 새벽까지 술을 마셨다. 술에 취해 파일을 금고에 넣어 두는 것을 잊었던 모양이었다. 숙취로 몸을 제대로 가누지도 못하면서 파일을 손에 들고 침실에 딸린 욕실로 들어갔다. 들어서자마자 욕조의 수도꼭지 윗부분을 엄지손가락으로 눌렀다. 그러자 욕조 중앙이 반으로 갈라지면서 제법 커다란 공간이 생겨났다. 그만이 알고 있는 비밀금고였다. 수도꼭지에는 지문인식으로 작동되는 센서가 부착되어 있었다. 다른 사람이 만지면 보통 욕조처럼 물이 나왔다. 오직 그의 지문이 있어야 제대로 열렸다.

금고 안에 파일을 넣고 다시 엄지손가락을 댔다. 열린 문이 닫히면서 원래의 욕조 모양으로 돌아왔다.

'용비어천가!'

한손에 잡히지 않을 만큼 두꺼운 파일의 이름이었다. 3년 전 정만철 부회장에게 처음 이 파일을 받고서 누가 지은 파일명인지 물어보지 않았다. 누군지 몰라도 기막힌 파일명을 지었다고 생각했다. 파일의 존재 이유와 역할이 용비어천가를 지은 세종대왕의 취지와 다를

게 없었다.

할아버지 태조가 역성혁명을 통해 건국한 조선의 정통성을 알리기 위해 세종은 태조의 4대 조상부터 칭송을 해야 했다. 그 조상부터 아버지인 태종에 이르기까지 125장에 달하는 이 서사시는 조선 건국이 피할 수 없는 천명이라고 말하고 있다.

박찬민이 비밀금고 안에 보관 중인 용비어천가는 대한그룹이 왜 14년이란 세월 동안 분식 회계를 해야만 했는지 나름대로의 당위성이 상세히 기록되어 있었다. 제목은 똑같았으나, 하나는 세종이 선대 왕을 칭송하면서 조선 건국의 당위성을 얘기한 서사시였고, 다른 하나는 아버지 때부터 시작된 대한그룹 분식 회계에 대한 대응 지침서였다.

박 회장 부자의 대한그룹은 태생적인 한계를 지니고 있었다. 모기업인 대한물산은 서정식 회장의 창업 이래 섬유류 수출을 시작으로 원사, 직물로 그 영역을 넓혀갔다. 계열사 역시 대한나일론, 대한폴리에스터, 대한염공 등 모두 섬유와 관련됐으며 국내 섬유 분야에서는 부동의 1위 기업이었다. 1970~80년대 수출 원동력이었던 섬유는 톡톡히 효자 노릇을 했다. 그 중심에는 대한물산이 있었다. 다른 재벌 그룹의 부채비율은 평균 600퍼센트를 웃돌았다. 그에 비해 대한물산의 부채비율은 10분의 1 수준이었다. 당시로서는 초우량 재무구조였다.

다른 재벌들이 사업 영역을 확장할 때 서 회장은 섬유 분야에 집중 투자를 했고, 경쟁력은 날로 높아졌다. 하지만 서 회장의 신임을 한 몸에 받고 대한물산을 실질적으로 이끌었던 당시 부회장 박동수의 야심 앞에 만족이란 없었다. 섬유 재벌이란 딱지를 떼어 버리고 수많은 계열사를 거느린 거대 제국의 제왕이 되고 싶었던 박동수에게 대한물산은 초라한 섬유회사에 불과했다. 서 회장에게 수없이 여러 번 확장을 제안했지만 번번이 거절당했다.

서울 올림픽이 끝나고 내수 시장이 커졌다. 서 회장은 기존 섬유 분야에서 독자적인 브랜드를 갖고 있는 남성복, 여성복, 아동복, 유아복 사업으로 영역을 확장할 계획을 하고 있었다. 서 회장을 설득하는 데 실패한 박동수는 급기야 자신을 키워 준 서 회장을 해외지사 통합 명분으로 미국으로 내보냈다. 그리고 서 회장에게 외화 밀반출 혐의를 뒤집어씌운 것이었다.

서 회장이 한국으로 귀국하지 못하는 틈을 타서 박동수는 주주총회를 소집, 불법 행위를 한 대주주의 지분을 소각해야 한다는 안건을 제출했다. 대주주 지분만 무상 감자한다는 안건을 통과시키고 2대 주주였던 자신이 대한물산의 경영권을 차지했다.

부채가 없고 현금이 넘쳐났던 대한물산의 회장에 오른 박동수는 거칠 게 없었다. 닥치는 대로 기업을 사들였고 회장에 취임한 지 9년 만에 자신의 야망대로 대한물산을 38개의 계열사를 거느린 재계 7위의 대한그룹으로 변신시켰다.

초기에는 대한물산의 자금으로 기업들을 사들였는데 인수 기업이 늘어나면서 물산의 자금만으론 부족하게 되었다. 그래서 인수한 회사의 자금으로 또 다른 기업을 인수하는 방법을 썼다. 그러나 인수한 기업들의 대부분은 다른 기업을 인수할 만큼 현금 사정이 넉넉지 않았다. 그러다 보니 모자라는 돈은 금융기관에서 차입해야 했다. 그동안 인수했던 기업들이 지급보증을 서주는 방식으로 차입할 수 있었다. 차입하는 기업이나 지급보증을 해주는 기업 모두 재무 상황이나 실적이 좋아야 금융권에서 자금을 조달하기가 수월했다. 그때부터 대한그룹은 그룹의 분식 회계를 전담하는 비선조직을 운영했다.

박동수 회장의 비서실장인 정만철 부회장이 이 특별조직을 관리했다. 60명으로 구성된 이 조직은 그룹 계열사의 분식 회계를 체계적으로 관리하며 주도했다. 이들은 계열사들의 재고자산을 부풀리거나 있지도 않은 가공자산을 보유한 것처럼 꾸몄다. 거기에 비용을 고정자산으로 바꾸고 영업권을 과대 계상했다. 서류상으로 자산을 많이 보유한 것처럼 회계 장부를 조작했다. 팔지도 않는 상품을 출고하고, 가상의 서비스를 제공한 것처럼 매출액을 부풀려 가공의 매출 채권을 만들어 해당 계열사가 흑자가 나도록 하기도 했다. 이 경우 해외 현지 법인으로 제품을 공급한 것처럼 꾸미는 방식을 주로 사용했다. 해외 현지 법인이 파산을 해서 대금의 회수가 불가능해졌는데도 재무제표에는 멀쩡히 받을 수 있는 채권으로 기재했다.

창업자 서 회장 때는 해외 현지 공장이 모두 다섯 곳뿐이었다. 박동수 회장이 인수한 후 해외 계열사는 쉰 곳이 넘었다. 이 중 대부분이 박 회장과 비선조직이 운영하는 페이퍼 컴퍼니였다. 이런 조직적인 분식 회계가 있었기에 실질적으론 최악의 실적이었던 IMF 직전 해에는 전 계열사 흑자 달성이 가능했다.

또한 이익을 늘려 잡는 것도 자주 쓰는 수법 중 하나였다. 해외 법인이나 가맹점에 대여해 돈을 받았으면서, 장부에는 아직 받을 대금이 있는 것으로 놔두고, 돌려받은 돈을 이익으로 잡았다.

상품을 공급하고 수금한 자금을 특별 이익으로 처리하기도 했다. 이런 경우 매출 채권은 그대로 있는 것으로 해놓는다. 계열사 지분에 욕심이 많았던 박동수는 인수한 회사의 지분 절반은 반드시 본인 명의나 차명으로 인수했다. 그럴 때마다 명동 사채 자금을 이용했다. 이렇게 조성한 사채 자금은 계열사의 인건비를 늘려 잡거나, 가공 매출을 일으킨 후 자금을 세탁하는 방식으로 비자금을 조성해서 상환했다.

분식 회계의 가장 악질적인 조작은 부채를 숨기는 것이다. 금융기관이나 사채시장에서 돈을 차용하고도 장부에는 누락시킨다.

대한그룹을 담당한 회계법인이 매년 계열사의 회계감사를 하며 거래 금융기관에 채무 잔액 증명서를 발송한다. 해당 금융기관은 공란으로 비워 둔 증명서를 분식 회계팀으로 넘긴다. 분식 회계팀은 금융기관으로부터 넘겨받은 증명서에 미리 새겨 놓은 각 금융기관의 도장을 찍는다. 대출액란에 해당사항 없다고 도장을 찍어 다시 회계법인에 제출한다.

금융기관에서 직접 보낸 것처럼 꾸미기는 의외로 간단했다. 해당 금융기관 인근의 우체국 소인만 보고 회계법인은 금융기관이 직접 보낸 것으로 철석같이 믿는다. 이런 비리를 알면서도 눈감아 준 은행이나 회계법인의 묵인 없이는 불가능한 일이었다. 이런 식으로 감춘 부채가 1조가 넘었다.

그룹의 어음, 당좌수표는 분식팀에서 아예 위조를 했다. 사기꾼들이나 사용하는 일명 쌍둥이 어음도 직접 만들었다. 은행에서 해당 기업에 몇 권을 교부했는지 전산에 남기기 때문에 어음과 당좌를 조작하기란 쉽지 않았다. 은행 전산에 남아 있는 교부 내용과 기업에서 사용한 어음, 사용하지 않은 어음의 합계가 맞아야 하기 때문이다. 어음은 회장이 비자금 조성을 위해 즐겨 사용했다. 정상적인 상거래로 인한 진성어음보다 비자금 조성을 위한 융통어음의 수가 점점 늘어났다. 회계감사 때는 융통어음을 백지어음 상태로 회사에서 보관하고 있는 것처럼 위조해서 회계사에게 제시했다. 실제 금액을 기재해서 융통시킨 어음의 당좌와 일련번호가 같은 백지어음 당좌를 만들어 회계사의 눈만 속이면 간단히 해결되는 문제였다.

'용비어천가'에는 대한그룹 각 계열사들의 분식 회계 방식, 규모, 조달한 자금의 사용 내역, 사채 사용 내역, 이자 지급 내역 등이 상세히 기록되어 있었다. 각 계열사별 분식 회계의 실무자와 책임자가 정해져 있었는데, 만약 금융 당국이나 수사기관에 적발되었을 경우 책임지고 자수할 사람들이었다. 이들 분식 회계를 담당하는 60명은 특별 팀원으로 관리되며 용비어천가에는 이름, 직책, 개별 업무 분장, 이들이 급여 외로 일 년에 받아 가는 특별 수당과 격려금의 액수까지 상세히 기재되어 있었다.

박동수 회장은 아들에게 이 파일의 존재만은 알리고 싶지 않았다. 하나밖에 없는 아들에게 자신과 그룹의 치부를 보이고 싶지 않았기 때문이었다. 그러나 정만철은 박찬민 회장이 그룹의 총수에 오른 이상 어두운 부분도 짊어질 몫이라며 공개할 것을 권했다. 이런 정만철의 주장은 책임 소재가 분명치 않을 경우 모든 책임이 자신에게 돌아올지 모른다는 염려 때문이었다. 박동수 회장도 언젠가는 아들이 알게 될 내용을 굳이 숨길 이유가 없다고 판단했다.

결국 박찬민은 그룹 회장으로 취임한 지 6개월이 지나서야 용비어천가의 존재를 알게 되었다. 그가 JP모건에서 근무할 때, 한국 재벌들은 분식 회계를 하기 때문에 믿기 어렵다는 말을 들어 왔다. 외국 투자가들도 기정사실로 받아들였다. 그래서 정 부회장으로부터 파일을 넘겨받았을 때는 대수롭지 않게 여겼다.

그러나 천천히 보면 볼수록 놀라웠다. 거의 분식 회계의 백화점을 보는 듯했다. 분식 회계의 방법도 1990년대 초부터 매년 치밀해지고 대담해져 갔다. 과연 어떻게 수습해야 할지 엄두조차 나질 않았다.

올 초 네오트러스트의 그린메일에 토건 자금을 빼내는 무리수를 두면서까지 합의를 본 이유는 이런 그룹의 약점을 잘 알고 있었기 때문이었다. 하지만 냉정히 보면 용비어천가에 자신이 직접 개입한 사실은 없었다. 멋진 승용차를 선물 받고 보니, 트렁크에 냄새나는 쓰레기까지 딸려 온 꼴이었다. 냄새는 충격적이었지만 숨통을 조일 정도는 아니었다. 재벌의 분식 회계가 어제오늘 일이 아닌 이상 자연스럽게 받아들이면 그뿐이었다. 최근에는 금융감독원이 집단소송제의 도입 이전까지 과거의 분식 회계를 고해성사하면 해당 기업을 처벌하지 않겠다는 입장을 밝히기도 했다. 아버지의 과오를 대신해 머리 숙여 사과하는 아들의 모습은 나쁘지 않았다. 오히려 여론의 동정과 용감한 행동을 칭찬하는 격려 박수를 상상해 본 적도 있었다.

사실 박찬민은 그 시기를 저울질하고 있었다. 정상적인 영업 활동만으로 분식을 털어 낼 자신이 없었다. 그러나 이런 생각도 그 자신이 분식 회계에 직접 개입하지 않았던 지난가을까지만 유효했다. 대한물산의 지분을 매입하기 위해서 물산은 물론 계열사 자금까지 빼낸 사실을 알고 있음에도 묵인한 것은 자신의 책임이었다.

자신의 3년 임기가 만료됨에 따라 내년 3월에 열리는 정기 주주총회에서 재선임 안건은 반드시 통과시켜야 할 사명이었다. 재선임에 실패하는 것은 대한그룹에서 물러나는 것을 의미했다. 그룹 총수로선 상상도 할 수 없는 일이었다. 원래 계획은 전체 지분의 12퍼센트를 추가 매입하는 것이었으나, 7퍼센트를 매집했다. 나쁜 결과는 아니었다.

경영권 방어를 위해 꼭 필요한 일이었으나, 이 일로 박찬민 자신도 분식 회계에서 자유로울 수 없는 입장이 되었다. 후일 불법으로 매집한 주식을 사회에 환원해서 용서를 구할 수 있지 않을까 하는 별의별 생각이 다 들었다.

그러나 혜성전자 매입 자금은 얘기가 달랐다. 이건 분식 회계의 수준을 넘어선 횡령이었다. 벨기에에 설립한 티파트너스의 실질적인 주인은 박찬민이었다. 대주주는 모건스탠리였지만 어디까지나 서류상일 뿐이었다. 대한물산 USA는 모건스탠리의 보유 채권 4,500만 달러를 매입한 다음 그 채권을 모건스탠리에게 담보로 맡기고 이면 계약을 체결했다. 티파트너스의 서류상 대주주는 모건스탠리지만 실제 소유는 박찬민으로 한다는 내용이었다. 티파트너스의 모든 수익이 박찬민 개인에게 귀속되는 계약이었기 때문에 결과적으로 대한물산 자금을 박 회장이 개인 용도로 사용하는 것이었다. 만약 이 사실이 드러나기라도 한다면 박 회장은 여론의 동정은커녕 사법 처벌도 피할 수 없게 될 것은 불을 보듯 뻔했다.

박 회장은 다시 침대에 누워 천장을 멍하니 바라보았다.

한참을 그러고 있다가 벌떡 일어나 인터폰을 눌렀다.

"예, 회장님!"

"오늘 계열사들 주가 어때?"

"혜성전자 빼고는 모두 강보합입니다."

"혜성은 오늘도 상한가인가?"

"예!"

"알았어, 샤워하고 나갈 테니까 계열사 사장들과 컨퍼런스 콜 준비해 놔요."

"알겠습니다, 회장님!"

박찬민은 아버지에게 그룹과 재산 말고 특유의 배짱도 물려받았다.

'내가 아버지 아들인 것이 숙명이듯이 이 길이 숙명이라면 받아들이자!'

누워서 죄책감에 고민하던 그가 내린 결정이었다.

'혜성! 혜성만 인수하면 이 모든 문제는 한꺼번에 해결된다!'

워런트를 찾아라

여의도 트럼프타워 지하주차장에서 아우디 A8 한 대가 미끄러지듯 빠져나와 노들길을 지나 올림픽대로로 진입했다. 운전 중인 삼십 대 후반의 사내는, 프라다 선글라스를 낀 채 만족스러운 표정으로 킨 Keane의 노래를 따라 부르고 있었다.

크리스마스 다음 날이어서 그런지 도로는 수산시장부터 차들로 꽉 막혀 있었다. 방금 전까지 흥겹게 노래를 따라 부르던 사내는 짜증이 나는지 오디오 볼륨을 줄였다. 그때 휴대전화가 울렸다.

사내는 주머니에서 휴대전화를 꺼내 발신자를 확인하더니 인상을 쓰며 전화를 받지 않았다. 그리고 보조석에 놓여 있는 다른 휴대전화의 단축번호를 눌렀다.

"야! 이 새끼야! 너 장중에 내 전화로 전화하지 말라고 했지?"

사내는 대뜸 욕부터 해댔다. 거친 사내의 목소리에 주눅이 들었는지 상대방은 아무 말도 못했다.

"너 한 번만 더 장중에 내 전화로 전화했다간 죽을 줄 알아! 알았어?"

"조심하겠습니다, 형님."

"그래, 뭔데?"

"혜성 말인데, 거래량이 없어서 물량 잡기가 쉽지 않습니다."

"상한가 잔량이 얼마나 쌓였는데?"

"300만 주가 넘습니다."

"300만 주? 유통 물량이 200만 주도 안 되는데 300만 주나 쌓여 있다고?"

"우리가 모르는 세력이 개입된 게 아닐까요?"

"우리가 상한가에 매수 걸어 놓은 물량이 얼마나 되는데?"

"100만 주 정도 됩니다."

"매수 들어오는 주식 창구는 확인해 봤어?"

"장 시작부터 대신증권이랑 미래에셋 쪽에서 10만 주씩 덩어리로 들어왔습니다."

개인이 상한가 18,700원에 10만 주 단위의 주문을 내긴 쉽지 않았다. 기관에서 거래도 안 되는 상한가 매수 잔량에 주문을 낼 리 없었다. 그렇다면 또 다른 세력이 분명했다. 사내가 이끄는 주포 세력의 개입을 눈치 챈 다른 세력들이 소액 투자자들의 물량을 받으려고 달려들고 있다고 봐야 했다. 그 세력들에게 물량을 뺏긴다면 목표주가인 40,000원까지 가는 데 차질이 생길 수 있었다.

박찬민의 티파트너스가 혜성전자 대주주 지분 1,689,600주를 540억에 매입했으니, 주당 31,960원에 매입한 셈이었다. 혜성전자

주가가 그동안 12,000원대에서 등락을 거듭했으니까, 주식을 매도한 강 교수란 사람은 수지맞는 장사를 했다고 사내는 생각했다.

그러나 매도한 사람을 부러워할 때가 아니었다. 정만철 부회장은 사내에게 혜성전자 주가를 박 회장이 매입한 금액 이상으로 올려놓으라고 지시했다. 늘상 하는 일이어서 큰 어려움은 없었다. 문제는 거래량이었다. 혜성전자 인수 사실을 좀 더 일찍 알았어도 장중에 물량을 확보할 수 있었을 것이다. 사내는 정만철의 지시를 신문에 기사나기 이틀 전에야 받았다.

혜성전자는 투자자들에게 인기 있는 주식은 아니었다. 한때 소형 가전 분야 국내 1위 업체라는 타이틀로 간신히 주가 10,000원대를 지켜왔지만 거래량도 별로 없고, 큰 하락도, 큰 상승도 없는, 한마디로 재미없는 주식이었다.

거래량도 원래 적었지만, M&A 기사가 나간 후에는 어느 누구도 주식을 팔려고 하지 않았다. 소액 투자자들도 점점 약아져서 평생 한번 있을까 하는 이런 대형 호재에 순순히 주식을 팔 리 없었다. 하지만 서너 번 정도 상한가를 기록하면 맘 약한 투자자들은 흔들리는 게 이 바닥의 룰이었다. 주식시장은 투자자들의 심리가 80퍼센트 이상 지배하고 있다.

3~4일 연속 상한가에 흔들리지 않을 강심장을 가진 소액 투자자는 그다지 많지 않았다. 이젠 개미 투자자도 세력이 개입한 주가의 경우, 애덤 스미스가 말한 '수요공급의 원칙'이 아닌 세력의 뜻대로 가격이 정해진다는 것쯤은 알고 있었다.

그래서 세력이 이탈하기 전에 자신이 먼저 물량을 정리하자는 나름대로 합리적인 판단을 내린다. 며칠만 더 강하게 주가를 당겨 주면 소심한 소액 투자자의 주식부터 서서히 시장에 쏟아지는 건 명백했다. 그때를 기다렸다가 개미들의 물량을 걷으면 되었다.

문제는 다른 세력이었다. 개인 투자자의 물량이 다른 세력으로 넘어간다면 얘기가 완전히 달라진다. 주포가 있는 것을 알면서도 순순히 세력들이 물량을 내 놓을 리 없었다. 지금 상한가에 매수 주문을 넣는 세력들에게 절대로 물량을 뺏기지 말아야 했다.

"형님! 한번 흔들어 볼까요?"

"물량도 없으면서 어떻게 흔든다는 거야?"

"대주해서 던져 버리면 되잖습니까?"

"대주?"

사내는 무슨 말인지 잠시 생각했다.

"이 새끼가 뭘 잘못 처먹었나? 너 행여 어디 가서 대주 얘기 꺼내기만 해봐!"

"……"

지적으로 생긴 사내의 입에서 거친 욕설이 끝없이 흘러나왔다.

"나 지금 그리 가고 있으니 대기하고 있고, 당분간 동시호가부터 강하게 밀어 붙여서 거래랑 터질 때 쓸어 담을 생각 하라고!"

"알겠습니다, 형님!"

사내는 휴대전화를 보조석으로 던졌다. 사실 사내도 물량만 충분하다면 손해를 감수하고라도 저가에 매도해서, 놀란 개미들이 던지는 물량을 걷고 싶은 심정이었다.

시세가 하락할 것을 미리 예상해서 갖고 있지도 않은 주식을 저가에 매각한 뒤, 주가가 더 하락하면 다시 주식을 사서 앞서 판 주식 수와 맞춰 놓을 수 있었다. 하지만 이처럼 매도한 가격과 더 하락한 이후에 매수한 주식 가격의 시세 차익을 남기는 공매도 투자를 국내에선 허용하지 않는다.

미국의 전설적인 주식 투기꾼 제시 리버모어Jesse L. Livermore는 이 공매도의 대부였다. 1929년 미국의 대공황으로 주가가 폭락했을 때 리버모어는 공매도로 일약 월가의 큰손이 되었다. 당시 미국뿐 아니라 전 세계의 금융과 정치를 장악했던 JP모건도 이 시골 풋내기에게 제발 공매도를 자제해 달라고 부탁할 정도였다. 이런 공매도가 투기꾼들에 의해서 악용되면서 지금은 미국에서도 엄격하게 규제하고 있다. 국내도 특수한 몇몇 상황 외에 공매도는 금지되어 있다.

이런 공매도와 비슷한 효과를 볼 수 있는 것이 대주 거래다. 증권사나 대주주가 가지고 있는 주식을 빌려서 시장에 매각하고, 주가가 더 떨어지면 다시 사서 해당 증권사나 대주주에게 빌려 온 주식만큼 다시 돌려주는 매매 방법이었다.

매에는 장사 없다는 말이 있듯이 집중 매도를 이겨 낼 주식은 없다. 특정 세력이 맘먹고 장중에 주식을 집중 매도하면 주가는 폭락할 수밖에 없는 것이다. 그 세력은 자신이 판 금액보다 더 하락한 가격에 주식을 다시 매입해서 처음의 주식 수와 맞춰 놓으면 된다.

사내는 지금 상황에서 대한그룹 박 회장이 주식만 빌려 준다면 얼마든지 시장을 흔들 자신이 있었다. 박 회장 주식도 주식이지만 자신이 운영하는 팀도 한몫 단단히 잡을 좋은 기회였다. 그런데 망할 놈의 물량이 없다 보니 주가를 밀어 올리는 게 전혀 흥이 나질 않았다.

그렇다고 대한그룹 총수에게 주가 조작을 함께 하자고 제안할 순 없으니 답답한 노릇이었다. 물론 박 회장 역시 응할 리 없겠지만 말이다.

한강대교를 지나자 차에 속도가 붙기 시작했다. 사내는 다시 오디오 볼륨을 크게 올리고 흘러나오는 노래를 따라 불렀다. 정 부회장은 곧 혜성전자의 신갈 부지가 풀리면 쇼핑몰과 아파트를 조성할 계획이라고 했다. 이미 자신에게 그 시행을 맡긴다고 약속했다. 주식에서 재미를 보지 못하는 게 좀 아깝긴 했지만, 시행 건은 주식과 비교할 수 없을 만큼 덩어리가 컸다. 사내는 시키는 대로 주식만 올려 주고 대가로 시행권만 받으면 만사 오케이였다.

기분이 다시 좋아진 사내의 주머니 속 휴대전화가 울렸다. 발신자를 보니 그 미국 변호사를 감시하라고 붙여 놓은 부하였다. 그러고 보니 이 녀석의 보고를 받은 지 꽤 된 것 같았다.

"그래, 나다!"

"오랜만에 인사드립니다, 형님! 보내 주신 자금은 동생들과 고맙게 쓰겠습니다."

"필요한 거 있으면 항상 연락하고, 위에서 지시하겠지만 그 변호사 감시는 이제 그만 해도 될 것 같다. 곧 다른 임무가 떨어질 거야. 기다려라."

"그게 말입니다, 형님!"

"왜? 무슨 일 있어?"

"오피스텔 전화 도청하는 동생한테 연락이 왔는데, 강 회장이 워런튼가 뭔가 하는 걸 주거래 은행에 보관했다고 하던데요. 통 무슨 말인지⋯⋯."

"뭐? 그게 언제야?"

"바로 좀 전에 확인해서 저에게 전화한 겁니다."

"너, 녹음한 거 가지고 논현동으로 넘어와. 최대한 빨리!"

사내의 차는 비상등을 켠 채 이리저리 차선을 바꾸며 속도를 더 내기 시작했다.

"주연이에게 사람을 붙여 놨었다구요?"

박찬민은 버럭 화를 내며 정만철을 노려보았다. 하지만 강 회장이 숨겨 놓은 워런트를 찾는 일이 시급했던 정만철의 귀에는 정작 아무 말도 들어오지 않았다.

"혹시 몰라서 봄부터 동태만 살피는 정도였지, 특별한 건 없었습니다."

"특별한 게 없었다구요? 전화까지 도청했으면서 그런 말이 나옵니까?"

지금 중요한 건 주연을 감시했느냐가 아니었다. 생각지도 못한 워런트가 주연의 입을 통해 나왔다. 급한 맘에 덜컥 인수를 하긴 했는데, 워런트가 있는 것까지 챙기지는 못했다.

M&A의 기본은 해당 기업의 지분 분포를 분석하는 일이었다. 자신이 일을 맡았으면 사소한 불씨도 남겨 놓지 않았을 것이었다. 하지만 명예회장이 갑작스럽게 인수를 추진하라고 지시하는 바람에 그런 것까지 따질 여유가 없었다. 권 상무가 워런트 얘기를 꺼냈을 때는 이미 김 사장이 미국에서 강 교수와 도장을 찍은 후였다. 처음 권 상

무의 애길 들었을 때는 가슴이 철렁 내려앉는 것 같았다. 그러나 이미 시장에서 워런트가 분실된 것으로 잠정 결론을 내린 보고를 받고서는 한숨을 돌렸다.

강 교수에게 물었을 때도 같은 대답이었다. 외국인 투자자들끼리 거래하는 과정에서 이유는 모르겠지만 분실된 것으로 들었다고 했다. 이미 매각 대금의 대부분을 받은 강 교수가 적극적으로 나서서 알아봐 줄 리 만무했으나 믿는 것밖에 도리가 없었다.

누군가 워런트를 갖고 있다면 이렇게 주가가 높을 때 벌써 주식으로 전환하고도 남았을 텐데 이상한 일이었다. 전환 기간도 사흘밖에 남지 않았는데 그런 움직임은 전혀 없었다. 주식 거래량만 보면 알 수 있었다. 워런트가 주식으로 전환되면 물량 부담이 되고 이어서 주가 상승에 영향을 끼친다. 이 경우 워런트의 존재를 알고 있는 사람들은 이미 주식을 내다 팔아야 정상이었다. 그런데 오늘도 거래량은 만 주를 넘지 않았다. 이렇게 거래량만 봐도 워런트가 행사될 가능성은 희박해 보였다.

그런데 뜬금없이 서주연이 니코스홀딩스에 전화를 걸어 강 회장이 주거래 은행에 워런트를 보관해 두었을 테니, 혜성전자 대표이사를 통해 알아보라고 알려 줬다. 보통 문제가 아니었다. 그런데도 박 회장은 주연을 감시했다며 자신만 나무라고 있었다.

"회장님께서 문책하신다면 얼마든지 달게 받겠습니다. 하지만 지금은 워런트를 찾는 게 급선무입니다."

정만철은 단호한 목소리로 말했다. 혜성전자 인수는 명예회장의 지시였다. 자신이 아는 명예회장이었다면 이런 경우 훌륭하다며 포상까지 할 일이었다. 그래서 박찬민에게 당당하게 대답할 수 있었다.

"회장님! 부회장님 아니었으면 니코스 쪽에 워런트를 뺏길 뻔했습니다. 그만 고정하십시오."

웬일로 최순권이 정만철의 편을 들어 주었다.

사실 부사장도 워런트가 여간 신경 쓰이는 게 아니었다. 혜성전자 인수는 어떻게 보면 박찬민뿐만이 아니라 지금 이 자리의 모든 이에겐 사활이 달린 문제였으므로 어찌 보면 당연한 반응이었다. 워런트 때문에 낭패를 본다면 대한그룹의 이인자도, 삼인자도 의미가 없어지게 되는 것이었다.

박찬민이 담배에 불을 붙였다.

"부회장님도 한 대 피우시죠?"

"전 괜찮습니다."

담배 생각이 간절했지만 감히 회장과 맞담배라니, 있을 수 없는 일이었다.

"최 실장 연락받자마자 각 은행 본사 임원들에게 전화를 넣어 놨습니다. 우선 정말 강 회장 명의로 대여금고가 있는지부터 확인하고 있으니 곧 연락이 올 겁니다."

정만철의 말이 끝나기 무섭게 회장실 문을 노크하며 권 상무가 들어왔다.

"직접 보고하세요."

습관적으로 정만철에게 다가가던 권 상무가 박찬민의 말에 걸음을 멈췄다.

"일단 혜성전자 주거래 은행인 기업은행, 산업은행, 우리은행에는 강 회장님 명의로 된 대여금고는 없는 것으로 확인되었습니다."

"혜성전자 주거래 은행이 아니라 강 회장 주거래 은행을 확인해야지?"

보고를 듣고 있던 정만철이 신경질적인 어조로 권 상무에게 말했다. 박찬민도 묻고 싶은 말이었다.

"강 교수에게 물어봤는데, 강 회장은 과거 주택은행 시절부터 국민은행하고만 거래를 했답니다. 상속받으면서 계좌를 모두 정리했기 때문에 국민은행에 없으면 다른 곳에도 없는 것이라고 했습니다."

"국민은행은 언제쯤 확인이 되지?"

"우리 변호사가 강 교수와 함께 갔으니까 곧 연락이 올 겁니다. 만약 대여금고에 워런트가 있으면 강 교수가 찾아서 변호사에게 주기로 했습니다."

"또 워런트 값 달라고 하겠군요."

캐피탈 김 사장을 통해서 강 교수의 성향을 보고받은 최순권이 비꼬듯 말했다.

"수고했고, 30일까지는 비서실 비상근무니까 다들 시간 비워 두라고 해!"

정만철의 지시를 받은 권 상무는 깍듯이 인사를 하고 회장실에서 나갔다.

"그런데 그 변호사는 어디서 무슨 얘길 듣고 강 회장이 워런트를 갖고 있다고 한 걸까요?"

여유가 좀 생겼는지 최순권이 소파에 몸을 기대며 말했다.

박찬민은 정만철이 대신 말하라는 눈짓을 보냈다.

"그 변호사 아버지와 강 회장이 절친한 사이였다지, 아마?"

최순권은 박찬민이 왜 그 변호사 얘기만 나오면 과민 반응을 보이는지 알 수 없었다.

소액 주주 위임장을 받기 위해 니코스홀딩스의 직원들은 일사불란하게 움직였다. 급하게 TV 광고 제작에 들어가는 한편 직원들은 연말 휴가를 모두 반납했다. 하지만 처음부터 무모한 시도였는지 이틀도 지나지 않아서 여기저기서 불만의 소리가 터져 나왔다.

우선은 TV 광고를 보고 회사로 전화한 사람들 대부분이 심한 욕설과 폭언을 쏟아 부었다. 놀란 여직원들은 아예 전화받는 것 자체를 두려워했다. 주가가 한창 상승하고 있고, 외국계 기업이 국내 굴지의 대한그룹과 연합해서 인수한 회사를 너희가 뭣 때문에 방해를 놓으려 하느냐는 항의성 전화였다.

상장 기업은 주가로 모든 것을 말한다는 말이 있다. 주주에게는 주가만 상승하면 회사가 어떻게 되건 말건 상관없는 일이었다. 그렇기 때문에 주가 상승에 조금이라도 나쁜 영향을 미치는 대상에게 집단적 광기까지 보이는 것이었다.

언론도 호의적이지 않았다. 혜성전자의 주식도 없는 투자회사가 무슨 의도로 경영권 분쟁의 회오리바람을 일으키느냐는 것이었다. 영준은 대기업과의 싸움이 그리 호락호락하지 않다는 것을 피부로 느끼고 있었다.

모두가 쉬는 크리스마스에 출근해서 얼굴도 모르는 사람들의 욕설을 들어야 했던 직원들은 이렇게까지 해서 얻는 게 뭘까 하며 힘들어했다. 민선은 직원들의 불만을 들으며 행여 영준이 힘들지나 않을까 염려했다. 영준은 그 자신은 물론이고 회사 직원들과 티파트너스, 그리고 수많은 주주들과 싸워 이겨 내야 했다. 사장실에서 혼자 외롭게 있을 영준을 생각하면 당장이라도 달려가 위로해 주고 싶은 맘이 너무 간절했다.

"부사장님 호출해 주실래요?"

점심시간 무렵 영준의 목소리가 인터폰에서 들렸다. 목소리가 많이 잠겨 있었다. 몸이 좋지 않은 것 같았다.

힘 빠지긴 윤태호도 마찬가지였다. 차마 영준에게 반대하지 못하는 간부들이 아침부터 윤태호를 찾아와 특단의 조치를 요구했다. 어렵게 쌓아 온 기업 이미지가 하루아침에 바닥으로 떨어졌다며 사장을 직접 만나겠다는 전략이사를 간신히 말려 놓은 상태였다. 영준이 이런 윤태호의 입장을 모를 리 없었다.

"분위기 썰렁하죠?"

지친 기색으로 방에 들어오는 윤태호에게 영준이 웃으며 말했다.

"이 정도까지는 생각 못 했는데, 주주들 반응이 의외인데요?"

"호의는 기대도 안 했는데, 이 정도로 험악하게 나올 줄은 몰랐어요."

"아무래도 전략을 수정해야 할 것 같은데, 사장님 생각은 어떠십니까?"

"주주들 전화를 우리 직원들이 받도록 하는 건 처음부터 좀 무리였나 봐요. 김 변호사님께 빨리 콜센터 업체 선정하라고 해서 그쪽에서 처리하도록 하세요."

"광고는 계속하실 생각이세요?"

"어차피 위임장은 받아야 하니까, 주주들 안내해 주는 곳은 있어
야 하잖아요?"

영준이 보자고 했을 때, 윤태호는 혹시나 하고 기대했었다. 이쯤
에서 그만 접자고 할 줄 알았는데 역시나 그런다고 물러설 영준이 아
니었다.

"주주들 개별 방문도 해야 하니 용역 업체 고용하는 문제도 검토
해 주세요."

"업체 몇 개 선정해서 보고드리겠습니다."

윤태호는 영준의 지시 사항을 꼼꼼히 적어 내려갔다. 오너의 비위
를 맞추려는 게 아니라, 영준의 신념에 차마 찬물을 끼얹을 수 없어
서였다.

"점심 약속 없으시면 함께 드실래요?"

'많이 힘들어하는구나.'

생전 밥 한번 같이 먹자는 말을 않던 사람이 점심 식사를 제안하
니, 윤태호는 괜히 영준이 안쓰러워 보였다.

"사장님께서 사주신다면야 물론 가야죠."

"그럼 부사장님 비서들이랑 김 비서랑 함께 갈까요?"

"제 비서들이 며칠 동안 잠 못 자겠는데요?"

활짝 웃으며 사장실을 나온 두 사람은 마침 임원실 로비에서 재무
이사와 대화하던 전략이사와 마주쳤다.

"이젠 노골적으로 돈을 요구하는 사람도 있답니다. 주식이 5퍼센

트 있으니 50억을 주면 위임장을 주겠다나요?"

영준이 지나가도 알은척하지 않던 전략이사는 일부러 목소리를 높여 비아냥거리듯 말했다.

"혹시 그분 연락처 받아 놨습니까?"

"예?"

못 들은 척 지나칠 줄 알았던 영준이 대뜸 물어보자 전략이사는 당황해했다.

"5퍼센트면 적지 않는 지분인데 위임만 해준다면 협상이라도 해야 하는 거 아닙니까?"

혜성전자의 지분을 5퍼센트나 보유하고 있는 개인 투자자는 없었다. 전략이사가 괜히 없는 말을 지어내서 영준의 기를 꺾어 놓으려 한 것이었다. 그런 사실을 알고 있는 영준은 이 기회에 분명히 경고하고 싶었다.

"난 단 한 주라도 받아 보려고 생쇼를 하고 있는데 박 이사는 무려 5퍼센트나 주겠다는 주주 연락처도 받아 놓지 않았다구요?"

영준은 반말에 가까운 말투로 전략이사를 나무랐다. 지금껏 영준이 그 정도로 거칠게 화내는 모습을 본 적이 없던 윤태호는 깜짝 놀랄 수밖에 없었다.

뜻밖의 질책에 놀란 전략이사는 마른침을 꿀꺽 삼켰다. 뒤따라 오던 비서들과 민선도 영준의 호통에 멈칫하며 서로 눈치를 살폈다.

"강 회장이 워런트를 주거래 은행에 보관하고 있으니 알아보라는 사람도 있는데 그런 말도 안 되는 전화를 이사가 받아야 하겠습니까?"

전략이사도 밀리고 싶지 않았는지 휙 돌아 나가는 영준의 등 뒤로 한마디를 더 보탰다. 그 말에 메인 로비까지 걸어갔던 영준이 깜짝 놀라 임원실 로비까지 단숨에 뛰어왔다.

"지금 뭐라고 했습니까?"

"제가 잘못 말한 겁니까?"

전략이사는 영준이 따지러 돌아온 줄 알고 기가 막혔다.

"방금 강 회장이 주거래 은행에 워런트를 보관하고 있다고 하지 않았어요?"

"예! 제가 그런 정신 나간 말까지 들어야 하냐고 말했습니다!"

흥분한 전략이사가 언성을 높였다. 하지만 영준의 생각은 이미 다른 쪽으로 뻗어 가고 있었다. 갑자기 휴대전화를 열고 어디론가 전화를 걸었다.

"이모! 난데, 지금 평창동으로 출발할 거야. 이모도 빨리 그리 와!"

급하게 전화를 끊은 영준은 점심을 다음으로 미루자며 서둘러 뛰어 나갔다. 영준과의 점심 식사를 위해 기다리고 있던 직원들은 영문을 몰라 어리둥절해했다.

미숙이 영준보다 30분 먼저 집에 도착했다.

"할머니 금고 2층에 있지?"

가정부가 대문을 열어 주자마자 현관으로 뛰어 들어온 영준은 신발도 제대로 벗지 않고 2층으로 뛰어 올라갔다.

"갑자기 왜 그래?"

미숙도 영준을 따라 2층으로 올라갔다. 미숙의 평창동 집은 1층보다 2층에 방이 많았다.

미숙은 시어머니의 손때가 묻어 있는 장부를 버릴 수 없어 가나다 순으로 정리한 다음 14개의 금고에 나누어 보관해 왔다. 가끔 영준이 와서 쉬고 가는 침실 외에 그런 금고를 보관하는 방만 4개나 되었다.

영준은 '하'라고 적힌 금고의 비밀번호를 눌렀다. 익숙한 손놀림이었다. 문이 열리자 잔뜩 쌓인 누런 봉투 더미에서 혜성전자라고 적힌 봉투 하나를 꺼냈다. 그리고 주저 없이 봉투 안의 내용물을 바닥에 쏟아 부었다.

"영준아! 도대체 이게 뭐니?"

미숙은 열 번 말해야 한 번 올까 말까 한 영준이 갑자기 나타나 하는 행동이 하도 이상해서 무슨 일인가 싶었다.

영준은 방바닥에 널린 서류와 조그만 봉투들을 유심히 들여다보았다. 그중 기업은행 을지로 지점 봉투 겉면에 '현철'이란 글씨가 눈에 들어왔다. 봉투 안에는 열쇠 하나만 달랑 들어 있었다. 한눈에 봐도 은행의 대여금고용 열쇠였다.

"부사장님! 접니다! 강 대표더러 내일 아침에 무조건 우리 회사로 올라오라고 하세요!"

전화를 끊은 영준은 바닥에 주저앉아 이마를 타고 내려오는 땀을 닦았다.

"아휴! 이 땀 좀 봐. 영준아! 빨리 가서 샤워해라. 감기라도 걸리면 어쩌려고 그래?"

"우리 이모 역시 최고야!"

영준이 두 팔로 끌어안으려 하자 미숙은 징그럽다는 듯 살짝 피했지만 싫지 않은 기색이었다.

보이지 않는 위협

　홍콩에 도착한 대한캐피탈 김영호 사장은 화려한 크리스마스 풍경을 볼 기운조차 없었다. 연말 휴가를 미국의 아들과 함께 보내려고 했으나 지난 열흘간 미국, 벨기에, 영국을 경유해 이제 마지막 도착지인 홍콩까지 빡빡한 일정으로 이동하느라 지금까지 단 하루도 편하게 쉬지 못했다.

　홍콩 공항에 도착한 김 사장은 몸이 천근만근이었다. 하지만 반대로 자신에게 주어진 임무를 말끔히 처리했다는 성취감에 마음만은 가벼웠다. 긴장이 풀려서인지 그동안 쌓인 피로가 한꺼번에 몰려와 쏟아지는 잠을 이길 수 없었다. 공항에서 택시를 타고 침사추이의 인터컨티넨탈 호텔로 오는 동안 세상모르게 잠들었다. 호텔 벨보이가 깨워서 겨우 체크인하고 객실로 들어올 수 있었다.

　호텔의 객실에서는 반대편 홍콩 섬의 현란한 야경을 한눈에 볼 수 있었다. 꼭 크리스마스가 아니어도 홍콩 섬의 야경은 세계 어디에도 뒤지지 않았다. 더군다나 그런 섬 전체를 크리스마스트리로 장식해 놔서인지 그 화려함은 말로 표현할 수 없을 정도였다.

크리스마스와 연말, 게다가 택스 프리인 홍콩의 대규모 세일로 인해서 세계 각지에서 관광객들이 몰려들었다. 오성급 호텔도 싸구려 재래시장을 방불케 할 정도로 사람들로 붐볐다.

스위트룸에 들어온 김영호는 옷도 그대로 입은 채 침대에 쓰러져 잠이 들었다. 얼마나 잤을까? 밖에서 시끄럽게 눌러 대는 벨소리 때문에 잠이 확 달아났다.

끈질긴 벨소리에 축 처진 몸을 이끌고 비몽사몽간에 간신히 문의 손잡이만 돌렸다. 호텔 직원은 막무가내로 들어와 음식을 담은 이동식 테이블을 두고 나가 버렸다. 시키지도 않았는데 무슨 룸서비스인지 어리둥절했다. 언뜻 보니 빈 쟁반 위에는 누가 보냈는지 모를 하늘색 쪽지가 놓여 있었다.

달콤한 잠을 방해받고 싶지 않았던 김영호는 쪽지를 펴볼까 하다 다시 침실로 들어와 침대에 누워 버렸다. 그렇게 몇 시간 동안 충분한 수면과 휴식을 취했을 무렵 저절로 눈이 떠졌다.

정말 간만에 긴 잠을 자서인지 아까보다 훨씬 몸이 가벼워졌음을 느꼈다. 몸이 어느 정도 회복되자 바로 여유를 찾은 김영호는 침대에서 일어나 커튼을 힘껏 양쪽으로 밀어 젖혔다. 빽빽하게 늘어선 고층 건물들로 가득 찬 홍콩 섬이 눈에 들어왔지만 흐린 날씨 탓에 빌딩의 조명만 더 화려하게 보였다.

이미 밖은 꽤 어두워진 듯했다. 시계를 보니 오후 4시 50분이었다. 새벽 1시쯤 침대에 쓰러졌으니 거의 16시간을 자버린 것이었다.

지난 열흘간의 이동은 정말 강행군이었다. 사십 대 후반에 접어든 자신이 소화하기엔 만만치 않은 일정이었다. 푹 자고 일어나서인지 지독한 허기가 느껴졌다. 생각해 보니 홍콩으로 오는 비행기에서 아무것도 먹은 게 없었다. 하루 이상을 굶은 셈이었다. 창가에 비치된 호텔 인포메이션 브로슈어를 보다 잠결에 룸서비스를 받은 생각이 났다. 즉시 거실로 나가 카트 위에 놓인 은쟁반을 보았다. 둥근 뚜껑을 열려다 차갑게 식어 버린 맛없는 음식이 떠올랐다. 그런 음식을 보면 괜히 식욕만 떨어질 것 같았다. 에비앙 생수만 따서 한 모금 들이켰다. 쟁반 밑에 있는 쪽지가 눈에 띄었다. 귀찮아서 그냥 놔둔 것이 기억났다. 호텔 VIP에게 보내는 지배인의 인사 정도겠지 하고 쪽지를 펼쳐 봤다.

티파트너스 설립의 1등 공신인 김 사장님을 한번 뵙고 싶습니다. 만나서 상의할 일이 있으니 오후 3시까지 맞은편 IFC 빌딩의 로비로 와주십시오. 김 사장님의 얼굴을 알고 있으니 로비에 오시면 바로 모시겠습니다.

메시지를 다 읽기도 전에 가슴이 울렁거렸다. 그의 벨기에 업무에 대해서 아는 사람은 박 회장과 최 부사장, 그리고 영국인 변호사뿐이었다. 메시지 내용만 봐서는 이 세 사람은 분명히 아니었다.

그렇다면 누가 무슨 목적으로 이런 메시지를 보냈을까? 푹 자고 일어난 개운함이 어느새 정체를 알 수 없는 쪽지 한 장 때문에 팽팽한 긴장감으로 변해 있었다.

김영호는 다시 한 번 쪽지를 확인했다. 자신이 인터컨티넨탈에 있다는 것까지 알고 있는 자라면 분명 메시지에 어떤 단서를 넣었을 거란 생각이 들었다.

'1등 공신?'

그냥 무심코 넘겨 버린 단어였다.

'내가 티파트너스 설립의 1등 공신이라고? 난 그저 위에서 시키는 일만 했을 뿐인데.'

메시지를 보낸 사람은 뭔가 알고 있는 것이 분명했다. 누군지 모르지만 직설적으로 자신을 1등 공신으로 지명했고, 거기 담긴 의미는 스스로 판단하길 바라는 것 같았다. 굉장한 자신감이었다.

김영호가 서 있는 거실 창밖으로 홍콩 섬에서 가장 우뚝 서 있는 IFC 빌딩이 보였다. 뿌연 안개가 건물 전체를 가리고 있어서 근접할 수 없는 요새처럼 보였다.

'한국에 보고해야 하나?'

이런 중대한 사안은 당연히 최 부사장에게 보고를 해서 지시에 따라야 했다. 하지만 김영호는 주저했다. 메시지를 보낸 사람이 자신과 티파트너스의 설립에 관여한 사람들을 안다면 자신이 메시지를 보는 순간, 한국에 바로 보고하리란 사실까지 예측했을 것이었다. 그럼에도 불구하고 메시지를 보낸 이유가 궁금해졌다. 뭔가 새로운 거래를 제안할지도 모른다는 생각이 들었다.

재벌이라는 커다란 울타리 안의 금융사 사장이지만, 김영호는 금융 쪽에서 잔뼈가 굵은 사람이었다. 위에서 시키는 일만 묵묵히 처리하는 우직한 사람은 못 되었다. 금융계는 빠른 두뇌 회전과 판단이 필요한 분야다. 직감적으로 한국에 연락할 필요가 없다는 판단을 내렸다. 어떻게 대응할 것인지가 문제였다. 그렇다면 저쪽에서 자신을 왜 티파트너스 설립의 1등 공신으로 지목했는지 알아야 했다.

'뭐지?'

김영호의 시선이 다시 창밖을 향했다.

'IFC 빌딩이라.'

미국에 도착해서부터 지금까지 열흘간 자신의 행적을 하나하나 되짚어 나갔다. 딱히 단서가 될 만한 것은 없었다. 강 교수와 협상할 때 적극적으로 나선 것 외에 자신은 서울의 최 사장 지시대로 움직이기만 했을 뿐이었다.

'강 교수?'

강 교수를 떠올리자 번쩍하고 머리에서 섬광이 일었다.

'혹시. 설마.'

자신의 생각이 틀리지 않았다면 최대한 빨리 메시지를 보낸 사람을 만나야 했다.

홍콩 섬 센트럴 18번지에 있는 인터내셔널 파이낸스센터.

세계에서 세 번째로 높은 420미터 건물의 84층에서 고속 엘리베이터가 멈췄다. 엘리베이터 문이 열리자 말쑥한 정장 차림의 신사가 내렸다. 왠지 침울한 표정이었다. 복도를 따라 걷던 남자는 막다른 곳에 이르자 오른쪽 문 앞에 섰다. 현판에는 네오트러스트 리미티드라고 씌어 있었다.

남자가 다가서자 자동으로 문이 열렸다. 천장의 센서가 주머니 속의 블루투스 카드를 인식하는 자동문이었다. 문이 열림과 동시에 남자의 비서 모니터에는 상사가 회사로 들어왔음을 알리는 메시지가 떴다. 비서는 얼른 일어나 상사를 모시러 나갔다.

"보스 어디 있어요?"

"방금 VIP 접견실로 들어가셨습니다."

"미팅 시간 아직 여유 있죠?"

비서는 손목시계를 확인했다.

"30분 정도 남았습니다."

"곧 가겠다고 전해 줘요."

남자가 자신의 방으로 들어서는데 들고 있던 가방에서 휴대전화의 진동이 느껴졌다. 남자는 가방을 책상에 올려놓고 3만 달러짜리 노키아 수제 휴대전화 버튼을 꺼냈다. 가만히 상대편의 말을 듣고 있던 남자의 표정이 갑자기 활기차게 변했다. 남자는 방에서 필기도구만 챙긴 후 상기된 표정으로 VIP 접견실로 향했다.

'Only VIP'라고 적힌 방문을 열자 이름에 걸맞은 화려한 접견실이 모습을 드러냈다. 모던한 바를 연상시키는 감각적인 인테리어와 창밖의 빅토리아 항(港)이 환상적인 조화를 이루고 있었다. 남자가 접견실로 들어서자 비슷한 또래로 보이는 남자가 뒷짐을 지고 창밖을 바라보고 있었다.

"어이, 보스?"

창가의 남자가 뒤를 돌아봤다. 소파 쪽으로 풀 죽은 표정을 하며 걸어가는 남자와 눈이 마주쳤다.

"연락 왔구나?"

"자네에겐 뭐든 숨기려야 숨길 수 없다니까? 오후 3시까지만 해도 아무 소식 없었는데 꼭 연락이 올 거라고 확신한 근거가 뭐야?"

남자는 여유롭게 큰 소파에 몸을 던지며 말했다. 그는 조금 전까지 1층 로비에서 대한캐피탈 김영호 사장을 무려 두 시간이나 기다리다 지쳐 올라왔다. 그런데 자신의 친구이자 보스는 당연히 연락이 올 줄 알고 있던 사람처럼 행동하니 약이 올랐다.

"보스턴에서 실제 있었던 얘긴데, 한 작가가 지역 유지들에게 편지를 보냈대. 내용은 간단해. 모든 게 들통 났으니 빨리 이 지역을 떠나라고."

"뭐야? 그냥 무턱대고 그런 편지를 보냈단 말이야?"

"어떤 일이 일어났을 것 같아?"

"설마, 편지에 겁을 먹고 도망이라도 갔다는 거야?"

"14명에게 보냈는데, 그중 5명이 그 지역을 떠났다는군."

"정말 어이없는 일이군."

"이봐, 존. 남의 일이라고 생각 말게. 어느 날 자네가 그런 편지를 받게 된다면 과연 당당할 수 있을까? 5명이 도망쳤다고 하지만 남아 있던 9명의 심정도 도망간 사람과 별반 다르지 않았을걸?"

남자의 보스는 계속 말을 이어갔다.

"물론 나 역시도 도망친 5명과 다르지 않았을 거라 생각해. 도망까진 아니어도 최소한 내가 무슨 잘못을 했는지 고민했겠지. 사람이라면 누구나 근거 없는 두려움을 숨기고 산다고 봐. 그걸 자극하면 정도의 차이는 있지만 분명히 반응을 보일 거야."

"그래서 그냥 무턱대고 김 사장에게 다 알고 있는 것처럼 메시지를 보낸 거야?"

"우리가 원하는 결과만 얻으면 되는 거 아닌가?"

"잭, 자넨 미스터 김이 우리에게 협조할 거라 확신해?"

"그야 대한그룹의 박 회장이 그동안 계열사 사장을 어떤 식으로 관리했느냐에 달려 있겠지. 다른 업종이면 몰라도 금융 계통의 사람들은 다른 구석이 있으니 얘기가 통하지 않을까?"

"잭, 자넨 역시 대단해. 어떻게 대한캐피탈 김 사장을 궁지에 몰아넣을 생각을 다 했어?"

"어차피 전면전은 우리에게 불리하니 허점을 집중 공격해서 굴복시킬 수밖에."

두 사람은 서로를 마주보며 꽤나 만족스러운 듯 유쾌하게 웃고 있었다. 그때 벽에 걸린 LCD TV 화면에 비서의 얼굴이 비쳤다.

"대표님, 지금 VIP께서 1층 엘리베이터에 타셨습니다."

"보스! 오늘 이 사람들만 설득시키면 대한그룹의 절반은 우리 것이나 다름없겠지?"

"그건 나중 문제고 지금은 사람들을 우리 쪽으로 끌어들이는 게 더 급해."

말을 끝낸 두 사람은 손님을 맞이하기 위해 접견실을 떠났다.

잠시 후 두 남자는 명품 정장 차림을 한 여섯 명의 중년 신사들을 만나 VIP 접견실로 안내했다. 사람들은 회의실인 줄 알고 들어갔다가 어딘가 모르게 바를 연상시키는 인테리어와 분위기에 흠칫하는 기색이었다.

"이쪽으로 모시겠습니다."

잭은 접견실에 딸린 회의실 문을 열고 우두커니 서 있는 사람들을 안내했다. 회의실은 접견실과 달리 고풍스러운 가구와 은은한 조명이 잘 어우러져 차분한 분위기가 인상적인 곳이었다.

"아까는 호텔 고급 바에 온 줄 착각했어요. 오늘 와인파티에 초대된 줄 알았지 뭡니까? 오랜만입니다, 잭!"

익숙한 회의실에 마음이 한결 편해진 VIP 한 명이 잭에게 인사를 건넸다.

"우리 쪽 일이 워낙 피를 말리다 보니, 접견실을 바로 꾸며 봤습니다. 회의 끝나고 간단하게 와인 한 잔 하시죠?"

"와인이오? 좋습니다."

사십 대 초반의 신사는 네오트러스트 대표인 잭에게 예의를 갖춰 말했다.

"존! 이분은 KKR의 로버트 폴슨 멤버스시고, 로버트! 여긴 제 파트너 존 스트로입니다. 제가 메일로 새로운 파트너가 합류했다고 했었죠?"

"반가워요, 존! 요즘은 잭과 존처럼 젊은 분들이 더 왕성하게 활동하니까 점점 나 같은 사람이 설 자리가 줄어든다니까요."

'KKR의 멤버스를 이렇게 직접 보다니!'

존은 로버트 폴슨을 소개받아 악수까지 했지만 당최 실감이 나질 않았다. KKR은 사모펀드의 교과서라고 불릴 만큼 사모펀드의 역사를 써나가는 데 있어서 선두주자였다. 차입금을 이용한 투자 기법, 지배구조의 개선, 기업 구조조정 등 현재 사모펀드의 투자 형태 대부분이 KKR이 처음 시도한 것이라고 해도 무방할 정도였다.

KKR은 근무 햇수가 16년 이상인 원로급 펀드 운용 역에게 멤버스라는 직급을 준다. 그리고 이 멤버스를 통해 KKR의 투자 결정과 관리가 이뤄지고 있었다. KKR의 멤버스는 월가에서도 혀를 내두를 정도로 자존심 세기로 유명했다.

잭이 VIP와 회의가 있다고 해서 돈 많은 투자자 몇 명이 올 줄 알았다. 그런데 자신은 상상도 못할 막대한 자금을 직접 운영하는 KKR의 멤버스를 직접 보다니, 존은 꿈만 같았다.

"잭! 당신의 회사는 올 때마다 더 커져 있는데 그 성장 비결이 뭡니까?"

로버트 옆에 서 있던 사십 대 초반으로 보이는 남자가 잭에게 다가왔다.

"이렇게 먼 곳까지 찾아 주셔서 정말 반갑습니다. 알렉스! 이쪽은 제 파트너 존입니다."

"알렉스 콜스라고 합니다."

존은 사내가 주는 명함을 받았다. 명함에는 모건스탠리딘위터 아태지역 수석 부사장이란 직함이 적혀 있었다.

일반인은 모건스탠리로 알고 있지만, 모건스탠리딘위터는 1997년 모건스탠리 그룹과 딘위터, 디스커버앤드컴퍼니가 합병해서 탄생한 세계 최대의 투자은행이었다. 모건스탠리는 20세기 초 세계 정치와 경제를 좌우한 모건 가에서 출범한 투자은행이었고, 사람들에게 잘 알려진 기업이었다. 회사의 공식 명칭은 모건스탠리딘위터지만, 사람들에게 혼동을 주지 않으려는 방침상 공식 계약서 외에는 그냥 모건스탠리라고 했다. 자산이 4,300억 달러가 넘는 이 거대한 투자은행의 아태지역 수석 부사장이면 그 영향력은 실로 어마어마한 것이었다.

존은 오늘 미팅에 참석한 인물들의 거창한 면모에 살짝 주눅이 들었다.

"올봄 코리아에서 한 건 했다는 소문을 들었는데 좋아 보이십니다."

동양인 외모에 유창한 영어 실력을 가진 사내는 혼혈인이 분명했다. 남자는 무례하게도 정중한 인사는커녕 악수 한 번 청하지 않고 바로 자리에 앉아 버렸다.

"존! 저분은 올림푸스캐피탈의 마이클 미켈리 수석 운용 역이세요."

"반갑습니다. 존 스트로라고 합니다."

마이클은 가볍게 손만 들었다. 존은 그의 거침없는 말투와 거만한 행동이 맘에 들지 않았다. 올림푸스캐피탈은 2003년 한국에서 론스타에게 외환카드 지분을 헐값에 넘긴 사모펀드였다. 별 재미도 보지 못하고 한국에서 철수한 경우였다.

외환카드의 대주주는 외환은행이었고, 2대 주주가 올림푸스캐피탈이었다. 그런데 대주주인 외환은행의 대주주가 론스타로 바뀌면서 올림푸스캐피탈의 위상이 위태롭게 되었다. 아무리 같은 국적의 펀드라고 해도 수익 창출이 설립 목적인 펀드의 특성상 국적 따위는 그리 중요하지 않다.

당시 한국에서는 카드사의 부실이 눈덩이처럼 불어나고 있었다.

외환카드 역시 예외는 아니었다. 올림푸스캐피탈은 2대 주주였지만, 지분만 많이 가졌을 뿐, 회사에 필요한 아무런 도움도 주지 않았다. 론스타에게 기득권만 챙기려는 올림푸스캐피탈은 눈엣가시 같은 존재였다. 외환은행 입장에서는 자회사인 외환카드 부실이 해소돼야 주가 상승을 기대할 수 있는 입장이었다. 이 때문에 론스타는 외환카드의 정상화를 위해서 올림푸스캐피탈이 자신들과 함께 추가로 자금을 넣길 바랐다.

올림푸스캐피탈은 추가 자금을 지원할 생각이 전혀 없었다. 회사의 정상화보다 자신들의 지분을 다른 곳에 프리미엄을 받고 넘길 속셈이었다. 올림푸스캐피탈이 자금을 지원할 수 없다고 버티자, 론스타는 외환카드를 감자해 버리겠다고 위협했다. 이런 론스타의 입장이 알려지면서 외환카드의 주가는 7,000원대에서 5,000원대로 곤두박질쳤다. 이에 당황한 올림푸스캐피탈은 자신들의 지분을 헐값에 론스타에 넘기고 한국에서 철수해 버렸다.

이 일은 론스타의 기침 한 번에 놀란 올림푸스가 4,500만 달러도 포기하고 한국에서 도망쳤다는 소문으로 번져 사모펀드 업계의 웃음거리가 되었다.

존은 올림푸스 마이클의 무례한 행동이 오히려 안쓰럽게 보여서 웃음이 나오려 했다.

"존! 곧 회장님께서 오실 테니, 인사는 나중에 하고 서로 통성명이나 하세요. 저분은 블랙스톤 그룹의 에드워드 길허이 부회장님, 옆에 계신 분이 텍사스퍼시픽 그룹의 짐 월커 이사님, 그리고 헤지펀드계의 베스트 드레서로 유명한 타이거펀드의 존 프리드먼 수석 운용 역님이십니다."

'타이거 펀드까지?'

잭은 존에게 사모펀드의 핵심 운용 역이 모인다고만 말했었다. 존은 헤지펀드계의 큰손인 타이거펀드까지 관심을 보이며 참석한 것이 흥미로웠다. 하긴 한국의 대한그룹 정도면 사모펀드건 헤지펀드건 군침을 흘릴 만한 충분한 먹잇감이란 생각이 들었다.

잭에게 소개받은 나머지 사람들은 모두 가벼운 미소로 인사를 대신했다. 존은 처음 보는데도 불구하고 펀드계에서 워낙 유명한 인물들이다 보니 그다지 낯설지 않았다.

"존, 잭, 오늘 이 자리에 우리 말고 초대받은 사람이 더 있나요? 방금 회장님이 온다고 들었는데……."

KKR의 로버트는 예정에 없던 참석자는 곤란하다며 퉁명스럽게 말했다. 로버트뿐 아니라 다른 사람들도 마찬가지 반응이었다. 모임에 신분이 불확실한 사람이 끼어드는 게 못마땅한 입장이었다. 당장이라도 일어날 기세들이었다.

"사전에 미처 공지를 못해 대단히 죄송하게 생각합니다. 나중에 아시게 되겠지만, 여기 모이신 분들 못지않게 행동 하나, 말 한마디까지 언론에 뉴스거리를 제공하는 분입니다. 자신의 일정이 노출되는 걸 염려한 그분을 배려하는 차원에서 여러분께 알리지 못했습니다. 이 점 양해 부탁합니다."

오늘 회의 참석자들은 모두 자신이 세계 최고라고 여기는 사람들이었다. 그들은 잭이 저토록 조심스럽게 행동하고 말하게 만든 사람이 도대체 누구일까 점점 궁금해졌다. 미리 공지하지 않은 인물이 올 거란 잭의 말에 회의실 분위기는 차갑게 가라앉았다.

잠시 후, 단 한 번의 노크도 없이 회의실 문을 벌컥 열고 한 사람이 들어왔다. 그러자 먼저 와 앉아 있던 사람들은 누가 먼저랄 것도 없이 모두 일어나 그 남자에게 예의를 갖추었다. 그러면서도 다들 믿기지 않는 표정이었다.

170센티쯤 돼 보이는 동양인 남자는 당당하게 걸어가 테이블 중앙 상석에 앉았다. 마치 그 자리가 자신을 위해 비워 둔 것인 양 매우 당연하게 행동했다. 남자는 자리에 앉자마자 오른손 검지를 이용해 코끝까지 흘러내린 검정색 뿔테 안경을 콧등까지 쭉 밀어 올렸다. 검은 안경은 그의 트레이드마크였다.

"다들 앉으세요. 그렇게 서 있으니 내가 좀 불편하군요."

일흔이 훨씬 넘어 보이는 남자는 유창한 영어를 구사했다.

아무리 날고 기는 펀드의 운용 역이라지만 아시아 최고의 갑부, 아시아 최고의 재벌 그룹 회장인 리카싱 앞에서는 다들 하룻강아지에 불과했다.

"회장님 건강은 어떠세요?"

예기치 못한 거상의 출현에 다들 경이로워하는 가운데 잭이 먼저 말을 꺼냈다.

"이렇게 건강한데 왜 기자들은 내 건강이 좋지 않다는 기사를 써서 시장에 혼란을 주는지 모르겠어. 요즘 젊은 기자들은 패기만 있지, 신중하지 못해서 탈이란 말이야."

리카싱의 목소리에서는 육십 평생을 살아오는 동안 쌓인 경륜과 힘이 느껴졌다.

지난여름, 리카싱의 건강 악화설 보도로 홍콩의 항생지수가 무려 300포인트나 폭락했다. 홍콩에서 리카싱은 재벌 그룹 회장을 뛰어넘는 상징적인 존재였다. 홍콩인은 홍콩을 '리카싱 제국'이라고 부르기를 좋아했다.

리카싱의 청쿵실업은 홍콩의 전력·통신·항만·유통·IT·바이오·해운·병원·부동산 등 거의 모든 분야의 사업을 독점하다시피 운영하며 제국을 확장해 나갔다. 그러나 홍콩인 누구도 리카싱의 문어발식 확장을 비난하지 않았다. 리카싱은 갑부들이 일반인에게 쉽게 얻을 수 없는 존경을 한 몸에 받고 있었다. 때문에 황제의 건강 이상설은 홍콩 사회에 한차례 큰 파장을 몰고 왔다. 리카싱은 사실의 진위 여부를 떠나 보도하는 데 급급했던 언론과 기자들을 매우 못마땅하게 여겼다.

"리처드는 자주 만나지?"

"스탠퍼드 때부터 캐나다까지 한 번도 떨어져 본 적 없다는 거 잘 아시잖아요?"

'잭이 리처드와 그렇게 가까웠나?'

리카싱의 둘째 아들 리처드 리와 보스인 잭이 스탠퍼드 동문이란 건 존도 알고 있었다. 하지만 이렇게 리카싱과 안부를 주고받을 정도로 친하다는 얘긴 이 자리에서 처음 들었다. 존은 두 사람의 다정한 대화가 어색해 보였지만, 다른 사람들 앞이라 내색하진 않았다.

잭은 동업자이자 친구인 존에게도 자신의 인맥만큼은 잘 오픈하지 않았다. 물론 그것이 잭이 존의 보스인 이유였지만, 리카싱과 이렇게 막역한 대화를 나눌 정도로 그의 차남인 리처드와 친분이 있는 줄은 꿈에도 몰랐다. 하지만 존이 듣기로 그들 부자 사이는 썩 좋지 않았다. 그럼에도 불구하고 리카싱까지 이 자리에 참석하도록 만들다니, 존은 역시 잭이 대단한 친구라고 생각했다.

"어떻게 된 게 아들 소식을 신문에서 읽는지 모르겠구나."

하늘이 내린 부자도 자식 문제는 어쩔 수 없는지 리카싱의 목소리는 다소 힘이 빠진 듯했다.

"리처드는 자신의 공격적인 성격을 회장님께 물려받은 큰 자산으로 생각합니다."

"자산? 그놈 형하고 딱 반반씩만 섞어 태어났으면 좋으련만."

회의실에 모인 사람들은 리카싱 부자의 불화설을 익히 들어왔다. 그런데 지금의 리카싱은 소문과 달리 아들에 대한 속 깊은 부정을 내보이고 있었다. 모두 의외라고 생각했다.

리카싱이 일흔 중반을 넘어서자 형제 중 누가 리카싱 제국을 물려받을 것인지에 대해 서서히 관심이 모아졌다. 사업 수완은 리처드가 형 빅터보다 월등히 뛰어났다.

젊은 시절부터 아버지의 품을 떠나 다양한 경험을 했던 리처드는 거래 가격이 무려 45조였던 홍콩텔레콤 인수를 성공적으로 마무리했다. 아시아 최대 규모의 M&A로 사업 능력을 사람들에게 각인시키는 좋은 기회가 되었다.

이에 비해 장남인 빅터 리는 어릴 적부터 철저한 경영 수업을 받고 자랐다. 그룹에서의 위치는 장남인 빅터 리가 리카싱의 후계자로 유력했다. 그렇지만 사업가 기질은 차남인 리처드가 훨씬 뛰어났다. 이런 능력 때문에 전문가들 사이에서 후계자로 최종 낙점될 사람은 빅터가 아닌 리처드일 거란 의견이 공공연하게 흘러나왔다.

하지만 리카싱의 생각은 달랐다. 장남에게 가업을 물려주는 전통도 있었지만 리카싱 자신이 평생 공격적으로 일궈 온 제국에 필요한 것은 리처드의 추진력보다 빅터의 유연함이라고 생각했다. 리카싱은 아시아 최고의 청쿵그룹 수장에게 필요한 덕목으로 균형과 융화를 우선으로 꼽았다. 최고에 오르려는 리더에게 독단과 추진력만큼 중요한 건 없지만, 더 이상 올라갈 곳이 없을 땐 현재의 자리를 지키는 것이 더 중요했다.

그런 면에서 리카싱은 후계자로 이미 빅터를 점찍은 상태였다. 아버지에게 어떻게든 인정받고 싶었던 리처드는 그간의 사업 방향과 전혀 다른 분야에 뛰어들었다. 그 다음부터 항간에 부자간의 불화설이 나돌았다.

그런데 회의실에 들어온 리카싱의 표정에는 누구보다 리처드를 걱정하는 눈빛이 역력했다. 사람들은 시중의 소문과 전혀 다른 리카싱의 모습에도 놀랐지만, 그런 리카싱과 격의 없이 대화를 나누는 잭의 태도에서 그가 결코 만만치 않은 상대임을 느꼈다.

존은 잭이 어떤 계산을 하고 있는지 짐작이 갔다. 오늘 모인 사모펀드와 헤지펀드의 공통점은 한국의 대한물산 주식을 장기간 보유하고 있는 펀드였다.

같은 펀드 내에서도 철저하게 독립성을 유지하면서 협력보다는 독자적으로 거래를 진행하는 것이 펀드의 일반적인 관행이었다. 더군다나 다른 펀드끼리 협력해서 뭔가를 도모한다는 것은 거의 불가능했다. 서로의 이해관계가 상충되는 부분에 군이 협력해야 할 필요를 느끼지 못하기 때문이다.

잭이 대한물산의 적대적 M&A를 위해 다른 펀드들이 보유한 지분의 의결권을 위임받겠다고 했을 때, 존은 거의 불가능한 일이라고 했다. 서로 간의 이해를 어떻게 맞출 것인지 불명확한 상황에서 단순한 지원 요청은 프로의 세계에서는 가당치도 않은 일이었다. 대한캐피탈 김 사장을 같은 편으로 만든다고 해도 결정적인 지분 확보가 안 되면 인수는 불가능했다.

존은 잭과 리카싱의 대화를 신기한 듯 쳐다보는 사람들의 얼굴을 보면서, 잭의 이번 작전이 주효했음을 느꼈다. 어떤 면에서 잭은 지금 자신을 주연으로, 리카싱을 조연으로 한 편의 퍼포먼스를 하는 중이었다. 또한 논리적인 백번의 설득보다 배경의 실력자를 직접 보여주는 편이 훨씬 효과적일 때가 있다. 천하의 리카싱도 이번만큼은 자신의 역할이 조연임을 아는지 몰라도, 존이 보기에 적어도 잭의 전략은 제대로 먹혀드는 중이었다.

리카싱은 자신의 천문학적인 자금을 주로 사모펀드에 투자했다. 자신들이 운영하는 사모펀드 자금 중 리카싱의 자금이 차지하는 비중이 꽤 높다는 것을 알고 있는 운용 역들이었다. 그들은 잭이 어떤 제안을 하든지 논쟁은 이미 물 건너갔다고 생각했다. 잭에게 반대하는 것은 잭을 친삼촌처럼 뒤에서 지원하고 있는 리카싱에게 반대하는 것이나 다름없었다.

화살은 이미 시위를 떠났다. 잭을 돕느냐, 마느냐의 문제를 고민할 필요 없이 이번 프로젝트에서 자신들의 펀드가 얼마나 많은 수익을 챙기느냐를 따져야 할 상황이었다.

"여러분께 리카싱 회장님을 소개하겠습니다."

한참 만의 대화가 끝나자 잭이 일어나 리카싱 회장을 소개했다. 그동안 머릿속으로 복잡한 경우의 수를 따지던 펀드 운용 역들이 자리에서 벌떡 일어났다.

"다들 앉으세요. 여러분들이 이 방면에서는 다들 유명한 분들이란 얘긴 이미 잭한테 들었습니다. 모쪼록 다 같이 협력해서 최상의 결과를 얻게 되길 바랍니다. 저도 도울 수 있는 일이 있다면 뭐든 돕겠습니다."

'게임은 끝났군!'

존은 회의가 예상보다 싱겁게 끝날 듯하자 탁자 위의 에비앙 생수를 컵에 따랐다. 리카싱의 등장 한 번으로 하마터면 꽤나 치열해질 뻔했던 회의가 단번에 정리되고 있었다. 말 한마디가 곧 백지수표나 다름없는 아시아 최고 갑부가 잭을 지원하겠다는데, 반대할 만큼 배짱 큰 펀드 운용 역은 없었다.

리카싱은 특유의 겸손한 어조로 부탁했지만, 모인 사람 누구도 부탁으로 받아들이지 않았다. 그들에겐 절대적인 명령이나 다름없었다.

"그럼 잭이 간략하게 설명해 주시고 질의응답을 하면 어떻겠습니까?"

회의 시작부터 계속 잭과 눈빛을 주고받던 모건스탠리의 알렉스가 연장자인 KKR의 로버트의 의견을 물었다.

로버트는 말없이 잭에게 동의한다는 눈빛을 보냈다.

"메일로 말씀드린 대로, 저희는 여러분도 잘 아는 한국의 대한물산을 인수하려 합니다!"

잭이 대한물산이라는 이름을 내뱉는 순간, 올림푸스캐피탈의 마이클은 표정이 일그러졌다.

올림푸스는 2003년 한국에서 외환카드로 망신을 당한 이후, 명예 회복을 노리고 있었다. 그래서 투자한 기업이 대한물산이었다. 그런데 지난가을부터 황당한 자금 악화설이 돌아 펀드 수익률이 고전을 면치 못하고 있었다. 게다가 잭의 네오트러스트는 지난봄, 대한물산에 그린메일을 시도해 4개월 만에 1억 9천만 달러라는 거대한 차액을 남겼다. 그 일로 네오트러스트는 펀드 업계의 '앙팡테리블(무서운 아이)'로 불리고 있었다. 올림푸스에겐 배 아픈 일이었다.

"잭의 회사에서 직접 보유한 대한물산 지분이 어느 정도나 되죠?"

마이클은 리카싱을 의식해서 정중하게 얘기하려 했으나 실제로 그의 입에서 튀어나온 말씨는 비꼬는 투였다.

"작년 말까지 보유했던 6.7퍼센트는 대한물산에 이미 팔았고, 여름부터 매입한 지분이 대략 5.8퍼센트입니다."

"대한물산의 최대 주주 지분은 파악되었습니까?"

직감적으로 적대적 M&A가 될 것이라 판단한 KKR의 로버트가 끼어들었다.

"공식적으로 박찬민 회장의 지분이 10.6퍼센트입니다."

"한국의 재벌은 직원들 명의나 역외펀드 형태로 우호지분을 숨겨서 관리합니다. 공식적인 지분율은 의미가 없어요."

이렇게 말한 사람은 타이거펀드의 존이었다. 한국에서 SK텔레콤을 상대로 한 그린메일로 꽤 재미를 봤던 존은 한국 재벌의 생리에 대해서는 자신이 있었다. 가벼운 조언인 셈이었다.

"그래서 1년 6개월 동안 대한물산의 주식 변동을 거의 실시간으로 분석해 봤습니다. 케이만 군도의 티비케이라는 페이퍼 컴퍼니가 보유한 4퍼센트의 지분이 대한물산의 역외펀드인 것으로 확인됐습니다. 그런데 대한물산은 이 지분을 지난 4월 말경에 모두 매각했습니다."

"확실합니까? 경영권과 관련된 중요한 지분을 매각했다는 게 좀 납득이 되지 않는데요?"

올림푸스캐피탈의 마이클은 계속해서 부정적인 의견을 내놓았다.

"그건 제가 보장합니다. 모두 저희 창구와 골드만삭스 창구를 통해서 처분했기 때문입니다."

모건스탠리의 알렉스가 잭을 대신해서 말했다. 해당 증권사의 부사장 말이니 의심할 여지가 전혀 없었다.

"그럼 박 회장은 현재 10.6퍼센트만 갖고 있다는 말입니까?"

KKR의 로버트가 뭔가를 열심히 적고 있는 메모지에서 시선을 떼지 않은 채 물었다.

"변수는 지난 9월부터 대한물산 주가가 폭락할 때 매입한 세력과 한국 내 다른 기관투자자의 움직임입니다. 갑작스러운 주가 폭락으로 거래를 면밀히 분석했는데, 저가 매집 세력이 분명 있다고 봅니다. 주 매집 세력이 어딘지는 파악하지 못했지만, 누군지 치밀하게 매입 작전을 쓰는 겁니다."

"그래도 일일 매매 동향을 분석하다 보면 순매수 세력이 대략 나오지 않습니까?"

사람들의 대화를 듣기만 하던 블랙스톤그룹의 에드워드가 끼어들었다. 대화가 점점 흥미롭게 진행되고 있다는 증거였다.

"만약 주 매집 세력이 대한물산 박 회장 쪽이라고 가정할 경우, 4개월 동안 파악된 순매수 물량으로 보아 약 7~8퍼센트가 그쪽으로 들어간 걸로 보입니다."

"이럴 경우, 상대방의 전력을 과대평가하고 전략을 세워야 합니다. 대부분 기업들이 상대방이 자신보다 약할 거란 근거 없는 착각 속에서 M&A를 시도합니다. 그래도 한국에서 서열 7위의 대기업인데, 지분 관리가 그토록 허술하다고 얕보면 안 됩니다. 잭이 말한 대로 7~8퍼센트는 박 회장의 우호지분이라고 보수적으로 계산합시다."

노련한 KKR의 로버트가 조언을 했다.

"기관 물량은 어떻겠습니까?"

"저는 오십 대 오십으로 보고 있습니다. IMF 이후 한국의 은행과 투신들은 무조건 자국의 기업 편만 들지 않는 분위기입니다. 그러니 어떻게 설득하느냐에 따라 그 이상도 가능하리라 보고 있습니다."

"백기사가 되어 줄 물량은 파악했습니까?"

"아시다시피 대한물산은 제조업이 아니기 때문에 협력업체들이 주식을 보유하는 경우가 없습니다. 백기사가 될 정도로 주식을 보유한 기업은 없습니다."

"우리 같은 펀드가 보유 중인 물량은 어느 정도입니까?"

블랙스톤의 에드워드가 좀 전보다 훨씬 적극적으로 나섰다.

"저희 네오트러스트의 물량까지 39퍼센트 정도 됩니다. 수치적으로는 박 회장보다 월등히 많습니다만, 워낙 분산되어 있어서 39퍼센트의 의결권을 전부 모으긴 사실상 불가능합니다. 각 펀드별로 이해관계가 다르다는 건 여기 모이신 분들께서도 잘 알고 계시리라 봅니다."

"제가 존경하는 소로스 회장님께서는 한국이 투자보다 투기하기에 적당한 나라라는 말을 즐겨 하더군요. 저희 펀드도 한번 재미를 봤습니다만, 잭! 오늘 당신이 우리를 초대한 이유는 여기 모인 사람들이 의결권을 모아 줬으면 하는 거 아닙니까? 괜한 시간 낭비 말고 본론으로 들어갑시다! 타이거 펀드를 대신해서 저는 잭의 계획이 어떻든 적극 지원할 생각입니다. 한국의 재벌을 지배한다는 건 생각만 해도 정말 환상적인 일입니다."

한국에서 이미 달콤한 성공의 축배를 맛본 타이거펀드의 존이 잭을 지원하는 쪽으로 대세를 몰아갔다.

"잭! 구체적인 전략을 말해 주세요. 설마 지분 대결로 나갈 생각은 아닐 테고. 우리도 잭의 계획을 알고 있어야 적극 도울 수 있을 것 아닙니까?"

KKR의 로버트는, 만약 잭이 대주주보다 더 많은 지분을 모아 주주총회의 의결권 대결로 경영권을 확보하겠다고 한다면 바로 그 자리에서 일어날 생각이었다. 서로 피 흘리는 싸움은 그다지 큰 재미를 못볼 게 뻔했다. M&A의 초보자들이나 써먹는 방법이었기 때문이었다.

《손자병법》에 승패는 싸움을 하기 전에 이미 결정된다는 말이 나온다. 싸움은 그것을 확인하는 과정이라고 했다. M&A에 투자하는 로버트의 원칙 역시 싸움에서 이기려는 계획이 아닌, 승리를 확인하는 싸움에 베팅하는 것이었다.

"박 회장의 관심을 다른 곳에 집중시키고 기습적으로 공격할 생각입니다."

"성동격서聲東擊西 전법을 쓰겠다는 말이군요."

KKR의 로버트가 중국말로 뭐라고 하자 그때까지 고개를 숙인 채 경청하던 리카싱이 말했다.

"《손자병법》을 알고 있습니까? 대단하군요!"

"과찬이십니다, 회장님! 그냥 조금 아는 정도입니다."

"로버트! 방금 한 중국말이 무슨 뜻인지 우리에게도 알려 주십시오."

그때까지 시큰둥한 반응을 보여 왔던 올림푸스캐피탈의 마이클도 대세를 거스를 수 없다고 판단했는지 대화에 적극적으로 끼어들었다.

"동쪽을 시끄럽게 하고 서쪽을 공격한다는 중국의 전법 중 하나입니다. 계속하세요, 잭."

"로버트의 말을 들어 보면 정말 KKR이 하루아침에 이뤄진 게 아니군요. 방금 전 로버트가 말한 중국의 전법과 제 계획이 들어맞는지는 모르겠지만, 암튼 초반에는 박 회장이 저희 공격에 전혀 대응할 수 없게끔 코너로 몰 겁니다. 그런 다음 네오트러스트와 여러분의 지분을 모아 공격할 생각입니다."

"박 회장을 궁지에 몰아넣을 구체적인 방안은 있겠죠?"

"우선 모건스탠리의 알렉스 부사장님 말씀을 듣고 제가 추가 설명을 드리겠습니다."

알렉스가 리카싱의 눈치를 살피면서 자리에서 일어났다. 그가 아는 리카싱은 목적을 위해서 불법을 저지르는 것을 절대 용납할 사람이 아니었기 때문이었다.

"얼마 전에 저희는 벨기에의 티파트너스라는 회사에 4,500만 달러를 출자해서 지분 90퍼센트를 취득했습니다."

알렉스는 계속 리카싱의 눈치를 살폈다. 리카싱이 어떤 반응을 보일지 도무지 감이 잡히지 않았다.

"하지만 서류상만 저희가 그 회사의 대주주이지, 실질적인 대주주는 대한물산의 박 회장입니다."

"모건스탠리가 한국의 재벌 총수에게 명의를 빌려 주는 일도 합니까?"

조금은 격양된 어조의 리카싱의 말에 알렉스가 당황하며 말을 잇지 못했다.

"계속 설명해 주세요, 알렉스."

잭이 괜찮다는 표정으로 알렉스를 바라보며 말했다.

"대한물산 홍콩과 대한물산 USA는 저희가 보유한 중국건설은행의 부실채권 5,000만 달러를 매입했습니다. 저희에게 매입한 채권을 다시 담보로 맡기고 돈을 융자받아 저희 명의로 티파트너스에 출자한 겁니다. 그러면서 티파트너스의 모건스탠리 지분은 모두 박 회장 소유라는 이면 계약도 체결했습니다."

"JP모건도 타락하더니, 모건스탠리도 타락했군요. 아무리 이면 계약이라곤 하지만 고객과의 계약을 누설하다니 말입니다. 5,000만 달러 채권을 담보로 4,500만 달러를 출자해 줬다면 이자만 500만 달러를 챙겼다는 얘긴데, 내 상식으론 납득이 되지 않는 거래군요."

예상한 대로였다. 리카싱이 알렉스를 쳐다보며 비꼬는 투로 말했다. 알렉스의 옆에 앉은 잭도 리카싱의 예상치 못한 지적에 적잖게 당황한 표정이었다.

"알렉스의 말대로 박 회장은 대한물산 자금을 세탁해서 티파트너스의 실질적인 사주가 되었습니다. 그리고 이유는 알 수 없지만, 지난 크리스마스이브에 혜성전자라는 회사를 인수했고요. 치명적인 약점이 노출된 겁니다."

잭의 말이 끝나자 그때까지 숨죽인 채 듣고 있던 KKR의 로버트가 들고 있던 몽블랑 만년필을 책상 위로 툭 던졌다.

"아니, 모건스탠리가 이런 불법적인 이면 거래를 했다고 한국의 수사기관에 자진해서 알리겠습니까? 그리고 자금 거래도 한국이 아닌 모두 외국에서 일어난 일인데, 이런 단서만 갖고 수사기관이 박 회장을 압박할 거란 생각은 너무 순진한 것 아닌가요?"

특별한 것을 기대했던 로버트의 목소리에는 커다란 실망감이 묻어났다. 로버트가 이렇게 흥분한 것은 그 또한 대한물산 인수에 관심이 있음을 말해 주는 것이었다. 물론 잭의 뒤에는 리카싱이 있어서 대놓고 반대하진 못하겠지만, 펀드 업계에서 로버트의 명성은 리카싱 이상이었다. 잭은 바로 지금이 자신의 히든카드를 던질 최적의 타이밍이라고 판단했다. 로버트까지 잭의 손을 들어 준다면, 나머지 사람들은 자연스럽게 따라올 것이 분명했다.

"로버트가 지적한 내용에 저도 공감합니다. 모건스탠리와의 이면 계약으로 박 회장을 흔들기엔 좀 무리가 있습니다."

자신의 질책에 순순히 동의하는 잭의 말에 로버트가 만년필을 다시 손에 쥐었다.

"이유는 모르겠지만, 박 회장은 혜성전자 인수에 전력을 쏟고 있습니다. 모건스탠리와의 이면 계약도 결국 혜성전자의 인수 자금을 조달하기 위한 방편 중 하나였습니다. 대한그룹이 뭔가 중대한 승부수를 던지고 있는 것 같습니다. 애초에 5,000만 달러를 조달할 계획이었으나 모건스탠리에 선이자를 주면서 계획에 차질이 생긴 것 같습니다. 박 회장이 모자란 500만 달러를 추가 조달하기 위해서 계열사인 대한캐피탈을 이용하려 한다는 정확한 정보가 있습니다."

"정확한 정보라면, 그 방법도 알고 있고, 핵심 인물도 포섭했다는 얘기입니까? 좀 구체적으로 말해 주십시오."

로버트는 잭이 확보한 정보의 깊이가 그 정도까지는 무리라고 내다봤다. 박 회장이 어떤 식으로 계열사를 이용하려는지만 정확히 알아도 해볼 만한 게임이라고 생각했다. 핵심 인물 포섭은 지금 상황에서 급한 일이 아니었다.

로버트가 적극적인 관심을 보이자 잭의 예상대로 나머지 사람들은 아무 말 없이 둘의 대화에 귀를 세우고 있었다.

"대한물산 홍콩이 HSBC에서 550만 달러를 대출받을 예정입니다. 대한캐피탈이 스탠바이 엘시STAND-BY L/C(letter of credit) 형태로 보증을 선답니다. 이미 대한캐피탈 쪽에서 엘시가 개설되었고 대출은 내일 마무리됩니다."

"그럼 대출받은 돈이 또 박 회장 쪽으로 흘러간단 말입니까?"

"지난번처럼 저희 쪽 채권을 매입하고 담보로 맡겨 티파트너스에 추가로 출자할 겁니다."

모건스탠리 부사장 알렉스가 차분한 어조로 대답했다. 아무도 그 말을 의심하지 않았다.

"대한캐피탈을 공격해서 대한그룹 박 회장을 끌어내린다?"

올림푸스캐피탈의 마이클도 잭의 전략이 맘에 들었는지 미소를 지으며 말했다.

"대한캐피탈 김영호 사장이 지금 맞은편 인터컨티넨탈에 묵고 있습니다. 저녁에 제가 직접 만날 겁니다. 캐피탈과 아무 상관 없는 대한물산 홍콩에 지급보증을 해준 것은 중대한 배임 행위임을 본인도 잘 알고 있을 겁니다. 적당히 위협하고, 괜찮은 조건을 제시한다면 우리 의도대로 따라올 겁니다."

"한국의 검찰과는 연결이 됩니까?"

"지난주 한국에 가서 어느 정도 교감을 마쳤습니다. 그렇지 않아도 검찰에서 박 회장을 내사 중이었습니다. 저희를 지원하는 JP모건의 한국 인맥 정도면, 검찰이 대한캐피탈을 수사하도록 하는 일은 식은 죽 먹기나 마찬가지죠. 그 일은 여기 모건스탠리의 알렉스 부사장님께서 도와주실 겁니다."

"한국전쟁 때 맥아더를 원수 자리에서 끌어내린 건 트루먼 대통령이 아니라 JP모건이라는 얘길 들은 적이 있습니다. JP모건이 아직까지 한국에 영향력을 행사하고 있나 보군요?"

알렉스는 리카싱이 무슨 의도로 묻는지 알 수 없어 옆에 앉은 잭을 쳐다봤다.

"회장님! 북한이 있는 한 한국이 아무리 뛰어나다 해도 우리의 영향력에서 자유롭지 못한 것 아니겠습니까?"

"잭, 디데이는 언제쯤으로 생각하고 있습니까?"

대화의 방향이 엉뚱한 곳으로 흐르자 로버트가 나섰다.

"너무 빠르면 박 회장 쪽에서 대응할 시간을 벌지도 모릅니다. 혜성전자 임시 주주총회 후 대한캐피탈의 압수수색을 시작으로 생각하고 있습니다."

"2월 중순이면 너무 늦지 않을까요?"

"박 회장이 혜성전자를 인수하려는 의도가 파악되지 않은 상황에서 움직이는 건 리스크가 큽니다. 혜성전자의 주총이 끝나고 2주 안에 끝내는 게 목표입니다. 저희를 믿고 의결권을 위임해 주십시오."

"잭! 당신에게 말 한마디로 상대방의 신뢰를 이끌어 내는 이런 훌륭한 파트너가 있는 줄 몰랐습니다."

로버트는 간단명료하고 겸손한 태도로 대답하는 존이 왠지 믿음직스러웠다.

"저희 계획은 다 말씀드렸습니다. 혹시 궁금하신 사항 있으십니까?"

"오늘 이 자리에 모인 펀드 지분이 어느 정도나 됩니까?"

"저희 네오트러스트와 합쳐서 17.6퍼센트입니다. 이 정도면 충분하겠지만 혹시 주변에서 대한물산 지분을 추가로 모아 주신다면 더 큰 힘이 되겠습니다."

"자, 그럼 이렇게 정리합시다! 내가 알고 있기로 여기 모인 분들은 각자의 펀드에서 의사 결정권을 갖고 있습니다. 이 자리에서 네오트러스트에게 의결권을 위임해 주고, 1월 말까지 추가로 지분을 모아 보도록 합시다!"

리카싱의 제안이었기 때문에 누구도 반대할 수 없었다. 모두들 찬성하는 분위기로 돌아서자 밖에서 대기하고 있던 비서와 변호사 3명이 사전에 준비한 의결권 위임장을 가져왔다.

"이렇게 사전에 철저하게 준비한 걸 보니, 잭은 우리가 찬성할 걸 미리 예상했나 보군요. 그래요. 그런 자신감이 제일 중요합니다."

블랙스톤의 에드워드가 위임장에 사인하면서 말했다.

잭은 사람들에게 걷은 위임장을 손에 들고 고마움의 표시로 한 사람 한 사람과 악수를 나눴다. 옆방의 바에서 와인 한 잔을 제안했지만, 모두들 연말이라 바쁜 스케줄을 이유로 사양하며 다음을 기약했다.

사실 그들의 속마음은 지금의 상황이 아주 달갑지만은 않았다. 대한물산을 인수하겠다는 잭의 계획이 매력적이긴 했지만 이름만 들으면 알 만한 사모펀드가 신생 사모펀드의 들러리를 섰다는 말을 들을까 염려되었다. 서둘러 자리를 뜨고 싶었다.

"저는 잭과 아들놈 문제를 상의해야 하니 좀 더 있겠습니다. 앞으로 잭을 잘 부탁합니다."

리카싱이 회의실 앞에서 참석한 사람들에게 차례대로 악수를 청했다. 사람들이 모두 엘리베이터를 타고 내려간 것을 확인한 잭과 존, 리카싱은 다시 접견실로 들어왔다.

"나 오늘 잘했어?"

굽은 허리로 천천히 걷던 리카싱이 갑자기 허리를 펴고, 잭을 향해 성큼성큼 걸어오며 말했다.

"야! 네가 예정에도 없던 한국전쟁이니 모건스탠리가 타락했느니 해서 얼마나 가슴이 철렁했는 줄 아냐?"

존은 갑작스럽게 돌변한 상황에 아직 적응이 안 된 상태였다.

"존! 인사해. 이쪽은 내 스탠퍼드 시절 룸메이트였던 제이 홍 교수야! 교수가 되지 않았다면 여기 홍콩에서 이름깨나 날리는 배우로 성공했을 거야."

"홍이라고 합니다."

리카싱, 아니 제이 홍은 검은색 뿔테 안경과 가발을 벗으며 존에게 악수를 청했다.

"홍! 틀니는 꽤 쓸 만해 보이던데 버리기 좀 아까운걸?"

"잭! 두 번은 사양할래. 내가 심장마비로 리카싱보다 먼저 죽을지 모르니까. 이런 일은 연기력보다 심장이 튼튼하지 않으면 못하겠더라고."

"오늘 위임장 받는 데 네 역할이 제일 컸으니까, 대한물산 인수하면 계열사 몇 개는 네게 맡길게."

존은 여전히 어안이 벙벙한 표정으로 두 사람의 대화 모습을 지켜보고 있었다.

"잭! 도대체 어떻게 된 거야?"

"존! 사전에 얘기 못해서 미안해. 이렇게 하지 않으면 저 사람들이 우리 얘기를 들으려고나 하겠어?"

"설마 그 사람들이 리카싱 회장 쪽에 확인해 보진 않겠지?"

"오늘 모임 자체를 서로 부인할 텐데, 확인할 리 있겠어? 자네도 그 정도는 알잖아?"

"암튼 자넨, 사람 놀라게 하는 데 뭐 있다니까?"

"우리 리카싱을 위해서 건배 한 번 하자고!"

제이 홍이 와인을 따르며 두 사람에게 말했다.

세 사람은 와인 잔을 손에 든 채 바다 건너편에 있는 인터컨티넨탈 호텔을 바라보았다.

"적대적 M&A의 묘미는 말이야, 상대방은 꿈에도 생각 못한 일을 철두철미하게 준비해서 공격하는 데 있어. 이번 대한물산 건은 우리 네오트러스트가 월스트리트에 이름을 올릴 절호의 기회야. 끝까지 최선을 다하자!"

모두들 잭의 말에 공감하는 듯 고개를 끄덕였다. 세 사람은 금세 와인 한 잔을 비웠다.

"존! 김영호 사장은 자네가 잘 설득할 거라 믿어."

잭은 존의 어깨를 가볍게 두드렸다.

폭풍의 중심, 혜성전자

"공단으로 가지."

"공단에 말입니까?"

기사는 확인차 다시 물었다. 강 대표는 오전 중으로 서울에 도착해야 한다며 새벽 일찍 집을 나섰다. 그런데 갑자기 목적지를 회사로 바꾼 이유가 궁금했다. 기사는 룸미러로 창밖을 바라보는 강 대표의 표정을 훔쳐봤다. 이유를 말해 줄 것 같지 않았다.

"비서에게 대표님 회사로 가신다고 전화하겠습니다."

"아니, 공장만 잠시 둘러볼 거니까 그럴 필요 없어요."

"어느 공장으로 모실까요?"

'어느 공장?'

강 대표는 잠시 생각했다.

"2공장으로 갑시다."

인터체인지를 향하던 차는 유턴을 해서 창원 기계산업공단 1단지로 향했다. 혜성전자는 1968년에 설립된 소형 가전제품 제조 회사였다. 지금은 필립스나 브라운 등에 밀려 고전을 면치 못하고 있지만, 한때는 잘나가는 중견 기업이었다. 1990년대 중반까지는 소형 가전 분야 국내 1위 자리를 삼성이나 LG에게도 뺏겨 본 적이 없었다.

황해도 개성 출신인 창업자 강신만 회장은 한국전쟁 때 부산으로 피난을 왔다. 전국 각지에서 피난민들이 부산으로 몰려들었다. 피비린내 나는 전쟁의 소용돌이 속에서도 부산은 기회의 땅이었다. 특히 강신만 같은 사업가들에겐 더욱 그랬다.

그가 소형 가전제품에 처음 관심을 가진 건 미군이 주둔하는 막사의 공사장에서 막노동을 하던 때였다. 미군 기술자들이 전기 배선 공사하는 모습을 보고 배워야겠다는 생각이 들었다. 막노동보다 일당이 적었지만 전기 배선 작업의 보조를 자청했다. 보조 생활 반년도 채 되지 않아 강 회장 혼자서도 전기 공사는 물론 발전기 정비까지 척척 해냈다. 남보다 뛰어난 그의 학습능력에 미군 기술자들은 혀를 내둘렀다.

그런 능력을 인정받아 비록 임시직이긴 했지만, 막사 내 전기를 담당하는 공병대대의 민간인 직원이 되었다. 당시 그가 맡았던 일은 부대 전기 시설 관리였다. 그러나 말이 시설 관리였지 하는 일은 보잘것없었다. 막사의 등을 교체해 주거나, 발전기가 제대로 작동하는지 수시로 점검하는 일이 전부였다. 전쟁 통에 그만큼 편하고 안정된 직장은 없었지만, 근면을 최고의 덕으로 생각하는 개성 사람에게는 하는 일 없이 시간만 때우는 일상은 죄악에 가까웠다.

그는 뭔가 새로운 것에 도전해 보고 싶었다. 마침 그의 눈에 들어온 것이 미군 장교들이 사용하는 커피포트였다. 미군들이 전기로 물을 끓여 커피를 타 마시는 것을 본 그의 머리에서 섬광이 일어났다.

크게 성공한 사업가들에게서 발견하는 공통점이 있다. '감'이란 것이다. 어떠한 논리나 이론으로도 설명이 불가능하다. 누가 알려준 적도 없고 다른 이에게 배운 적도 없는데, '감'을 가진 사람은 어떤 일에서 강력한 느낌을 받는다. 대부분의 사람들이 평생을 노력해도 얻기 힘든 것이, 그런 노력과는 전혀 상관없이 살아온 사람을 성공으로 이끈다. 누가 인생은 공평하다 했는가!

특정한 사람만이 느낄 수 있는 감의 소용돌이가 스물아홉의 강 회장을 휘감았다. 그는 뭔가에 홀린 듯 사표를 쓰고 나와 미군 부대 주변에 혜성전파사를 세웠다. 미군 부대에서 나오는 고장 난 라디오, 커피포트, 토스터 등을 수리하면서 제품 내부를 손바닥 보듯 훤하게 꿰뚫게 되었다. 무조건 미군을 따라 해야 앞서간다는 소리를 들었던 그 시절, 미군 부대에서 나온 고장 난 제품들은 수리해 내놓기가 무섭게 금세 동이 났다. 제품을 수리해 팔기 시작하면서부터 제법 큰돈이 모이기 시작했다.

기술과 자본이 없었던 시대에서 인맥은 사업가에게 큰 자산이었다. 전쟁이 끝나갈 무렵, 강 회장은 미군 부대에서 나오는 중고 제품을 수리해서 파는 사업만으로는 성공하기 어렵다고 판단했다.

그는 부산에 주둔 중인 미군 부대의 군수 총괄자인 미 육군 대령을 만났다. 부하 장교를 통해 강 회장의 얘기를 들은 대령은 미국 현지에서 제품을 공급받을 수 있도록 채널을 열어 주었다. 그의 앞선 판단력은 적중했다. 휴전 후 부산 내 미군 부대가 대거 철수했다. 미군 부대를 통해 나오던 제품 수가 급격히 줄 수밖에 없었다. 하지만 강 회장은 미 현지 기업으로부터 제품을 공급받아 시장에 내놓았기 때문에 아무런 타격을 받지 않았다.

사람들은 강 회장이 평생 무차입 경영을 했다고 하지만, 그도 누군가에게 자금을 융통했던 시절이 있었다. 미군 부대의 제품은 버리려고 하는 것들이었기 때문에 돈을 미리 지급할 필요가 없었다. 한꺼번에 물건을 받아 수리해서 팔고 나중에 정산하는 식이어서 재고 부담이 전혀 없었다. 하지만 미 현지에서의 제품 조달은 달랐다. 주문을 하면, 물건이 오는 데 한두 달씩이나 걸렸다. 그래서 한번 주문할 때마다 대량으로 구매를 해야 했다. 전쟁으로 폐허가 된 나라의 이름 없는 기업과 신용거래를 할 무모한 기업은 없었다. 무조건 달러로 결제해야 물건이 들어왔다.

제품을 창고에 쌓아 두고 못 팔면 어쩌나 고민했지만, 강 회장은 처음으로 모험을 하기로 했다. 아무 자본 없이 시작한 자신이 기반을 잡기 위해서 한 번은 승부수를 던져야 한다고 생각했다. 보수적인 개성 사람의 피 속에는 필요한 순간 모험할 줄도 아는 승부사의 기질이 흐르고 있었던 것이었다. 그만큼 시장에 대한 확신이 있었다.

종로의 황 할머니라 불리는 황금순 여사를 찾아간 때가 바로 이즈음이었다. 황 할머니는 서울에서 현금을 가장 많이 굴린다는 소문이 자자했다. 황 할머니를 찾아간 강 회장은 자신이 예상했던 것보다 훨씬 젊은 황 여사를 보고 꽤나 놀랐다.

황 할머니는 실제로 할머니가 아닌 서른 중반의 젊은 여자였다. 황 여사는 사람들이 여자라고 만만하게 볼까 봐 일부러 그런 별명을 지어냈다고 설명했다.

"아버지는 왜정시대부터 종로 일대에서 상인을 대상으로 사채놀이를 하셨지요. 꽤 이름난 사채업자였어요. 외동딸인 저에게 돈놀이하는 것만은 물려주지 않으려 하셨는데, 역시 피는 못 속이나 봐요. 아버지 어깨 너머로 보아 온 그 일이 너무 하고 싶더군요."

황 여사는 아무것도 모르면서 그저 아버지를 따라 하고 싶었던 자신의 철없던 옛날 모습이 떠올랐는지 입가에 미소를 머금었다.

"제가 결혼이 좀 늦은 편이었어요. 남편은 와세다 대학교 상대를 졸업한 인재였어요. 제가 결혼한 후에도 아버지는 늘 하시던 대로 사채놀이를 하셨죠. 남편도 그 일을 도왔는데 큰 기업을 상대로 돈을 융통해 주는 일이었어요."

"그런데 두 분은 어딜 가시고, 이렇게 객지에서 혼자……."

"빨갱이 놈들이 아버지와 남편을 부르주아라면서 끌고 가 사람들 앞에서 처형했어요. 그 죽일 놈들이."

강 회장도 어렴풋이 짐작은 하고 있었으나, 교양미까지 겸비한 황 여사 입에서 어울리지 않게 분노에 찬 욕설이 튀어나오자 순간 당황했다.

"제가 괜한 것을 물어봤습니다. 죄송합니다."

여러모로 서울 생활이 힘들어진 황 여사는 두 살배기 아들을 데리고 부산으로 피난을 온 것이었다. 당시 부산에서 혜성전파사가 꽤 유명해서인지, 강 회장이 자금을 융통하려는 이유를 설명하자 황 여사는 그 자리에서 천만 원을 빌려 주었다. 이 자금이 1970, 80년대를 풍미했던 혜성전자를 만든 원동력이 되었다.

강 대표의 차가 공단에 들어섰다. 크리스마스가 지난 공단의 이른 새벽, 도로는 여느 때와 다름없이 한산했다. 각 공장에서 흘러나오는 작은 소음과 불빛만이 활기찬 새벽 기운을 내뿜고 있었다. 차창 문을 조금 열었다. 차가운 새벽 공기가 차 안으로 순식간에 빨려 들어왔다. 폐부를 찌르는 익숙한 시원함이었다.

강 대표는 대학 졸업 후 잠깐의 휴가를 제외하곤 늘 새벽에 일과를 시작했다. 신입사원 시절에는 자전거를 타면서, 결혼 후에는 직접 차를 몰면서, 그리고 이사가 돼서는 기사가 운전하는 차의 뒷자리에서 신선한 새벽 공기를 들이켰다.

아버지가 반평생을 바쳤고 뒤를 이어 자신 또한 18년이란 세월을 바친 혜성전자를 떠난다고 생각하니, 마음속에 아버지의 임종을 지킬 때와 비슷한 두려움이 생겨났다.

강신만 회장은 차남인 강 대표에게 서울의 아파트 몇 채만을 상속했다. 그리고 장남에게 혜성전자 지분 전체를 넘겨주었다. 강 대표는 그런 아버지의 마음을 이해했다. 장손이었던 아버지는 항상 장손이 제일 중요하다며 신앙 교리처럼 말하곤 했다. 장남에게 모든 것을 물려주는 개성 사람들의 지독한 고집이었다.

강 대표에게 아버지는 거역할 수 없는 존재였고, 비록 자신과 여섯 살 차이밖에 안 나지만 형에게 반대한다는 건 상상해 본 적도 없었다. 그의 머릿속에는 아버지가 안 계시면 형이 아버지나 다름없다고 배워 온 가정교육이 지금까지도 강하게 인식되어 있었다.

오늘 일정은 서울에 올라가서 최영준이란 젊은 사업가를 만나는 것이었다. 최 사장을 떠올리자, 미안한 감정이 먼저 들었다. 회사가 어려워지면서, 서울에서 이른바 투자자라는 사람들이 많이 내려왔다 갔다. 모두 자신의 이득만 챙기려는 속이 시커먼 사람들이었다. 누구 하나 회사의 정상화에는 관심조차 없었다.

하지만 최영준은 달랐다. 아버지의 소개로 알게 된 사람이어서 믿음이 가기도 했거니와 그의 눈빛에서 자신과 혜성을 돕겠다는 진심이 느껴졌다. 그런 최영준과 한마디 상의도 없이 임시 주주총회를 위한 이사회를 개최한 것은 신의를 저버리는 행동이었다. 물론 자신도 원하던 일이 아니었다.

형인 강 교수가 갑자기 전화해서 이사회를 소집하라고 했을 때만 해도 최영준 사장에게 먼저 이야기하려고 했었다. 하지만 강 교수의 고집은 완강했다. 그쪽과는 더 이상 협상하지 않기로 했다며 티파트너스코리아라는 이름도 못 들어 본 회사에 지분을 넘겼다고 했다. 그러니 서둘러 임시 주주총회를 열어 경영진을 바꿔야 한다고 재촉했다.

강 대표는 강 교수의 말에서 자신에 대한 어떠한 배려심도 느낄 수 없었다. 강 교수는 그저 주식을 매수한 사람들에게 혹시 흠이라도 잡히지 않을까 초조해했다. 그래서 더욱 강력하게 이사회 소집을 요구했다.

그는 자신의 형에게 반대할 수 없도록 사십 평생을 길들여져 왔다.

그런 까닭에 회사에서 쫓겨난다는 걸 알면서도 불평 한마디 없이 긴급 이사회를 소집했다. 후에 전화로 최 사장에게 사과했지만, 맘이 편하지 않았다. 말로는 이해한다고 했지만 분명 최 사장도 자신에게 실망했을 게 뻔했다. 갑자기 서울로 올라오라는 것도 그런 이유 같았다.

강 대표의 차는 혜성전자 제2공장에 도착했다. 제2공장은 진공청소기, 전기밥솥, 전자레인지, 녹즙기 등을 생산하고 있다. 공장 문이 열리자 수위 두 명과 미리 연락받은 공장장이 나와서 대기하고 있었다. 그는 늘 그랬던 것처럼 제일 먼저 구내식당으로 향했다.

아침 7시면 근무를 마친 새벽 조가 오전 조와 교대를 한다. 밤새 근무한 근로자들이 먹는 아침밥은 최고의 품질이어야 한다는 것이 평소 강 대표의 지론이었다.

공장장은 식당으로 향하는 강 대표에게 준비한 작업복을 건네주었다. 동일한 유니폼은 직원들에게 소속감을 부여하고 모두가 한 식구라는 동질감을 주었다. 강 대표는 이런 점 때문에 작업복 착용을 무척 중요시했다. 옷맵시 때문에 가끔 작업복을 벗어 던진 간부가 강 대표의 눈에 띄어 호되게 야단맞은 적도 있었다.

구내식당 앞에서 하얀 가운과 모자를 쓴 영양사가 활짝 웃으면서 강 대표를 맞이했다.

"새벽 조 식사 준비하느라 크리스마스 때 데이트도 못했겠네?"

"저 놀 거 다 놀면서 일하는 것 모르셨어요?"

발랄한 영양사는 친삼촌을 대하듯 격의 없이 말했다.

지난 며칠 동안 신문 지면에는 혜성전자의 경영진 교체에 관한 기사가 끊이지 않았다. 때문에 종업원들도 10년 이상 한솥밥을 먹던 강 대표가 이제 곧 떠난다는 사실을 모르지 않았다. 오늘따라 유난히 밝게 그를 맞이하는 영양사 역시 알고 있는 게 틀림없었다.

강 대표는 평상시처럼 메뉴판을 확인한 다음 곧장 식판을 들고 배식받는 줄에 합류했다. 메뉴는 전체적으로 만족스러웠다. 특히 고기를 듬뿍 넣은 미역국이 먹음직스러워 보였다. 강 대표가 아침마다 일찍 출근하는 이유는 바로 구내식당에서 밥을 먹으러 몰려올 직원을 기다리는 설렘 때문이었다. 맛있는 밥을 해놓고 자식을 기다리는 어머니의 맘처럼 훈훈함을 느낄 수 있었다.

시간이 되자 야간 조 작업자들이 하나 둘씩 식당 안으로 들어왔다. 매일 보는 풍경이었지만 오늘따라 들어서는 직원들이 하나하나 소중해 보였다. 강 대표를 발견한 각 생산 라인의 조장들이 서둘러 달려와 인사를 했다. 그는 사무실에서 보고받는 것보다 현장에서 얘기 듣는 것을 더 즐겼다.

생산 라인의 조장들은 차장급이었다. 모두 강 대표보다 나이가 많은 사십 대 중후반이었다. 이들은 회사에서 강 대표와 가장 말이 잘 통하는 사람들이었다. 몇 마디 대화만 나눠도 공장이 어떻게 돌아가는지 금방 알 수 있었다.

오늘은 전자레인지 검수 라인의 조장이 제일 먼저 달려왔다. 지금 사용하는 전자저울이 너무 낡고 오래돼서 영점이 잘 맞지 않는다며 교체해야 한다고 했다. 완성품의 최종 중량은 크게 신경 쓸 일은 아니었지만, 해당 라인의 최고 책임자에게는 그렇지 않은 모양이었다. 그런데 바로 뒤따라 들어온 다른 라인의 조장이 자신의 조에서 저울을 구입한 지 얼마 안 되니, 필요할 때마다 가져다 쓰라고 했다. 라인 조장들은 대부분 입사 동기들이었다. 그래서 그런지 사소한 일에 승강이질하는 경우가 많았다. 저울을 새로 갈아야 한다던 조장이 빌려 쓰란 말에 자존심이 상했는지, 내가 왜 저울을 빌려 써야 하느냐며 따지고 들었다. 그러자 저울을 빌려 쓰라고 말한 조장이 회사가 어려운데 함께 쓰면 될 걸 비싼 전자저울을 굳이 사달라고 하느냐고 맞받아쳤다. 악의 없는 실랑이가 계속되자 강 대표가 나서서 말렸다. 그러자 둘은 또 언제 그랬냐는 듯 실실대며 아침을 먹으러 갔다.

공장의 아침 풍경은 언제나 시끄럽고 활기찼다. 오늘따라 직원들의 표정이 약속이라도 한 듯 밝았다.

식사를 마친 시간이 아침 7시 20분이었다. 오전 중에 서울에 도착해야 했다. 강 대표는 서둘러 구내식당을 나왔다. 정문에서 대기 중인 차까지 걸어가는데 생산 라인 직원 두 명과 마주쳤다. 이름은 기억이 나지 않았지만, 고등학교를 갓 졸업한 직원들이란 건 알고 있었다. 두 명 모두 2공장에서는 유명한 장난꾸러기들이었다. 일부러 둘을 불러 세웠다.

"공장장님 놀리려고 또 어디서 일 꾸미느라 늦은 거야?"

평소엔 철없이 잘 까불어도 하늘 같은 회사 대표가 어려운 건 알았는지 잔뜩 주눅 든 얼굴이었다. 둘 다 고등학생 티를 채 못 벗고 우물쭈물하는 모습이 귀여워 머리를 쓰다듬으며 말했다.

"빨리 가서 밥 먹어, 오늘 미역국 맛있더라."

"예."

우렁찬 대답 소리와 함께 두 사람이 뛰기 시작했다. 그런데 얼마 안 가 몸을 획 돌리더니 강 대표를 향해 소리 질렀다.

"대표님, 힘내입시더!"

강 대표는 어리다고만 생각했던 직원들의 진정 어린 격려에 순간 가슴이 후끈했다. 뜨거운 뭔가가 가슴속을 휘젓는 느낌이었다.

서울로 향하는 차 안에서 강 대표의 마음에서는 애써 감춰 왔던 아버지에 대한 원망이 마른 장작에 불붙듯 활활 타올랐다. 재산의 대부분을 형에게 상속해서가 아니었다. 중학교 때 서울로 유학 간 형은 대학에서 심리학을 전공하고 졸업 후 바로 영국 유학을 떠났다. 교수가 꿈이었던 형을 대신해 누군가는 가업을 이어야 했다. 아버지의 한평생이 고스란히 담긴 혜성전자를 남의 손에 맡길 순 없었다. 어머니가 극구 말렸지만, 구미의 금오공대에 입학했다. 누가 시킨 것도 아닌데, 졸업 후 혜성전자에 입사해 다른 직원들과 똑같이 기숙사 생활을 해나갔다. 거짓말처럼, 강 대표가 강 회장의 아들이라는 사실을 입사 8년이 지나도록 아무도 몰랐다.

아버지는 생전에 단 한 번도 강 대표에게 회사를 맡기겠다고 말하지 않았다. 아버지가 갑자기 뇌졸중으로 쓰러졌고, 다른 이사들의 적극적인 권유가 없었다면 대표이사에 취임할 일도 없었을 것이다.

대표이사였지만 막상 회사 주식은 단 한 주도 가진 게 없었다. 그렇지만 직원들은 그를 믿고 지지했다. 강 대표는 여태까지 그런 힘으로 회사를 이끌어 올 수 있었다.

황 여사로부터 융통한 자금은 혜성전파사가 혜성전자로 발돋움하는 데 큰 도움이 되었다. 제품은 안정적으로 공급되었고, 내놓기가 무섭게 팔려 나갔다. 회사는 전국에서 몰려드는 도매상인들로 북적거렸다. 회사 이름도 혜성물산으로 바꿨다.

회사 규모가 커지고 신용이 쌓이면서 조금씩 신용거래가 가능해졌다. 신용을 목숨처럼 여긴 강 회장의 의지가 현금 거래만 고집하던 미국 업체에게도 통한 것이었다. 황 여사에게 빌린 천만 원을 6개월 만에 모두 상환했다. 이후 회사는 계속 승승장구했고, 무차입 경영 신화는 이때부터 시작되었다. 하지만 지금의 혜성전자가 있기까지는 몇 번의 고비를 넘겨야 했다.

잘나가던 혜성물산에게 닥쳐온 첫 번째 위기는 5·16쿠데타였다. 정권을 잡은 군부는 사회 정화라는 명목으로 불량배들을 무차별적으로 잡아들이고, 기업인들을 부정축재자로 지목해서 구속했다. 강 회장도 두 달 동안의 옥고를 치르고, 재산의 절반을 사회에 환원한다는 각서를 쓰고 나서야 풀려날 수 있었다. 혜성전자가 미국 제품을 값싸게 들여와 국내에는 비싸게 유통시키는 과정에서 막대한 이득을 숨겼다는 의혹 때문이었다. 이 일로 강 회장은 자신의 사업에 크게 실망한 한편 미국 제품을 팔아 봤자 돌아오는 건 장사꾼이란 업신여김 뿐임을 깨달았다.

그때부터 직접 물건을 만들어 팔아야겠다고 다짐했다. 다시 회사의 상호를 혜성전자로 바꾸고 미국 기업의 기술 자문을 받아 제품을 개발하기 시작했다. 오랜 노력 끝에 국내 최초의 전기주전자에서부터 전기다리미, 선풍기, 전화기까지 제품 영역을 확장해 나갔다. 우리나라가 1970~80년대의 고도 성장기를 지나는 동안, 혜성전자는 국내 1위의 소형 가전 제조 기업으로 발돋움했다.

가파른 성장곡선을 그리던 혜성전자에 제2의 위기가 찾아온 것은 1990년대 중반 이후였다. 물밀듯 밀려온 외국산 제품과, 중국산 저가 제품…… 그리고 IMF가 터졌다.

국내 소형 가전 분야에서 시장점유율 1위의 기업이었지만, 다국적 기업의 고품질, 저렴한 가격의 제품과 경쟁하는 것은 버거운 일이었다. 국내 소형 가전 시장은 인체공학적으로 설계된 네덜란드의 필립스와 독일의 브라운 등에 의해 조금씩 잠식되었다.

혜성전자는 외국산 제품과 경쟁하기 위해 품질 연구소도 설립하고, 제품 수준을 끌어올리는 데 주력했으나, 시장에 중국산 저가 제품이 유입되면서 상황은 점점 악화 일로로 치달았다. 저렴한 중국산 제품과 고성능, 감각적인 디자인으로 무장한 다국적 기업 제품 사이에 낀 샌드위치 신세였다. 고급 소형 가전 시장은 브라운과 필립스에게 내주고 저가 시장은 중국산 제품에게 내주다 보니 해가 갈수록 혜성전자의 경쟁력은 떨어져 갔다. 시장 1위의 탈환 노력은 IMF라는 뜻밖의 암초에 걸려, 전진은 고사하고 벼랑 아래로 떨어지지 않기 위해 발버둥 쳐야 했다.

강 회장의 무차입 경영이 아니었다면, 혜성전자는 벌써 여러 번 도산했을 운명이었다. 지금까지 겨우 버티고 있지만 연구 개발비에 투자해야 할 돈을 회사 일반 운영자금으로 사용하는 등 여전히 불씨를 안고 있었다.

"대표님! 서울 톨게이트입니다."

강 대표는 잠시 눈을 감는다는 게 그대로 잠들어 버렸다. 눈을 떠 보니 이미 서울에 도착해 있었다. 아침 10시 50분이었다.

"휴게소에도 들르지 않았나?"

"대표님께서 주무시기에, 그냥 쉬지 않고 왔습니다."

강 대표는 크리스마스이브에 이사회를 결의한 게 맘에 걸려 요 며칠 잠을 설쳤다. 많이 피곤했던지 창원에서 서울까지 오는 내내 잠에서 한 번도 깨지 않았다.

"아셈타워로 갈까요?"

"그러지."

창문을 열었다. 차가운 공기는 어디나 비슷했지만, 서울 공기는 창원에서 맛보는 그런 상쾌함이 없었다. 서울 친구들은 공기가 안 좋다며 불평하는 그에게 공단 공기가 좋으면 얼마나 좋겠느냐며 따지곤 했다. 아마 창원 공기가 더 상쾌하게 느껴지는 건 그곳에 제일 아끼는 혜성전자가 있기 때문일 것이다.

주주총회에 참석한 주주로부터 낮은 주가와 회사 실적 때문에 직원 감원까지 요구하는 이야기를 들었지만, 강 대표는 꿈쩍도 하지 않았다. 한때 반짝하는 실적으로 면피하고 싶은 생각은 해본 적도 없었다. 자신을 믿어 주는 직원들과 직면한 어려움을 함께 헤쳐 나가고 싶었을 뿐이다. 아버지가 그래 왔듯이 자신 또한 자발적인 사직 외에 회사에서 직원들을 내보내는 일은 절대 없을 거라고 다짐했다. 머릿속에 직원들 얼굴이 하나하나 스쳐 지나갔다. 또다시 서글픔이 밀려왔다.

새로운 경영진들은 분명 구조조정을 할 테고 제일 먼저 직원해고를 감행할 것이다. 직원해고는 단기간에 재무구조를 건전하게 만드는 가장 효과적인 방법이었다. 구조조정 전문가들이 가장 선호하는 방법이기도 했다.

순진한 직원들은 강 대표만 믿고 있었다. 그 또한 직원들을 위해 마지막까지 싸우고 싶은 마음이었으나 그럴 힘이 없었다. 아버지가 원망스럽고, 하나밖에 없는 형이 야속하게 느껴졌다.

복잡한 마음에 휴대전화로 최 사장에게 전화를 했다.

"최 사장님! 강현철입니다! 오전 11시 15분까지는 도착할 수 있을 것 같은데, 제가 회사로 올라갈까요? 예, 알겠습니다. 그럼 회사에서 뵙겠습니다."

"사장님! 혜성전자 강현철 대표님 도착하셨습니다. 모실까요?"

"부사장님도 들어오라고 하세요."

민선은 바로 부사장 비서실에 연락했다.

좀처럼 부르는 일이 없던 사장이 자신을 찾는다는 소리에 윤태호는 부리나케 달려왔다. 사장실에 호출받은 사람은 그 말고 또 있었다. 방금 전 도착한 강 대표였다. 두 사람의 눈빛이 마주쳤다.

"부사장님, 안녕하셨습니까?"

윤태호를 본 강 대표가 소파에서 일어나며 먼저 악수를 건넸다.

"아휴! 대표님, 오랜만입니다. 마지막으로 뵌 게 회장님 발인 때니까 석 달 만인가요? 건강하시죠?"

"주주총회 소집은 정말……."

"일단 들어가서 얘기하시죠."

강 대표가 먼저 사과하려 하자 윤태호가 말을 막았다.

두 사람은 민선을 따라 사장실로 들어갔다.

"어떤 차로 드릴까요?"

"저도 사장님과 같은 걸로 주세요."

테이블 위에는 영준이 마시던 커피 잔이 놓여 있었다.

"부르시기 전에 제가 먼저 올라왔어야 했는데 정말 죄송합니다, 사장님."

"죄송하긴요. 전 정말 괜찮습니다, 대표님. 이제 그런 말씀은 마세요."

강 대표는 생각보다 영준의 표정이 밝아 보여 한숨을 돌릴 수 있었다.

"암튼 면목 없습니다. 저 때문에 사장님께 피해가 가는 일이 없어야 할 텐데 걱정입니다."

"저희 같은 투자회사가 무슨 피해를 보겠습니까? 오늘 오전 장에서 혜성은 거래량 3,000주에 상한가더군요. 이럴 줄 알았으면 몰래 사두는 건데 아깝네요."

"전 몇 주밖에 안 산 게 아주 후회됩니다. 강 교수님이 너무하셨어요. 저희한테 안 파실 거면 정보라도 미리 주시지."

윤태호가 강 대표에게 장난 섞인 볼멘소리를 했다.

"아시잖아요? 형님 욕심 많은 거……."

강 대표 역시 기분 나쁘지 않게 응수하자 방 안 분위기가 훨씬 부드러워졌다.

크리스마스가 끝나고 개장하기 무섭게 혜성전자는 또다시 상한가를 기록했다. 거래량이 3,000주인데 상한가 매수 잔량은 무려 300만 주나 되었다.

"제가 오늘 오시라고 한 건 아무래도 대표님이 직접 확인하시는 게 좋겠다 싶어서입니다."

"뭘 말입니까?"

영문을 모르는 강 대표는 영준에게 되물었다. 영준은 테이블 옆 인터폰을 눌렀다.

"예! 사장님."

"기업은행 지점장님께 곧 간다고 전해 주고, 김 변호사님 들어오라고 하세요."

잠시 후 김준석 변호사가 들어왔다. 손에는 두꺼운 투명 테이프로 봉인한 편지 봉투가 들려 있었다.

"강 대표님 오셨어요?"

강 대표는 강 교수와 김 변호사의 사이가 좋지 않다는 사실을 예전부터 알고 있었다. 그래서인지 김 변호사와의 대면이 조금은 껄끄러웠다.

김 변호사는 가져온 편지 봉투를 테이블에 올려놓았다. 봉투의 겉면에는 기업은행 로고가 인쇄되어 있었다.

"사장님! 제가 설명드릴까요?"

김 변호사의 말에 영준은 말없이 고개를 끄덕였다.

"이 봉투 안에는 돌아가신 강 회장님께서 대표님께 남기신 열쇠가 들어 있습니다."

"아버님이요?"

강 대표에게 영준을 소개한 사람은 돌아가신 아버지였다. 아버지는 영준을 소개하면서 믿을 만한 사람이라고 했었다. 하지만 아무리 그래도 자식도 모르는 유품을, 영준이 알고 있다는 게 이해되지 않았다. 또다시 아버지에게 서운한 마음이 들었다.

"무슨 열쇠죠?"

"은행 대여금고 열쇠입니다. 강 대표께서 직접 은행에 가셔야 합니다."

강 대표는 갑자기 혼란스러웠다.

"전 도무지 이해할 수 없군요. 아버지께서 제게 뭘 남기셨다는 건지."

"은행에 가서 확인하면 금방 알게 됩니다. 너무 복잡하게 생각하지 마십시오."

강 대표가 충격 때문에 멍하니 바닥만 보고 있자, 윤태호가 위로의 말을 던졌다.

"자, 그럼 다 함께 은행으로 이동할까요? 제 차는 승차 정원이 두 명입니다. 할 수 없이 부사장님 차로 이동해야겠네요?"

영준 일행을 태운 차가 을지로 입구에 섰다. 차에서 내린 네 사람은 기업은행 안으로 들어갔다.

"형님! 정말 워런트가 있을까요? 어제 형님 얘기 듣고 어찌나 놀랐는지……"

김준석은 반신반의하는 표정으로 윤태호에게 물었다.

"나도 보진 못했어. 사장님이 확신하니까 그렇다고 믿는 거지."

"워런트는 공중에 붕 뜬 거 아니었습니까? 그걸 강 회장님 본인이 갖고 계시면서, 죽을 때까지 시치미 떼고 있었다구요?"

"나도 실사하면서 이상하긴 했어. 누가 갖고 있는지, 왜 아직까지 행사하지 않고 있는지 도통 감을 잡을 수가 없더라고. 그때 왜 대주 주가 갖고 있을 거란 생각을 못했을까?"

"설마 한 사람이 그 많은 워런트를 다 갖고 있겠어요?"

"내 말이 그 말이야! BW를 발행한 자료를 보면 유로시장에서 공모했다고 되어 있어. 그럼 여러 기관에서 워런트를 갖고 있었을 텐데 왜 한쪽에서 보유한 것처럼 아무 움직임이 없었냐는 거지."

BW는 CB(전환사채)와 다르다. 본드BOND를 상환해도 주식으로 전환할 수 있는 권리인 워런트는 남게 된다. 혜성전자는 1998년에 유로시장 공모 방식으로 194억 3천만 원의 BW를 발행했다. 본드는 2003년까지 대부분 상환했는데 이 워런트의 행방이 묘연해졌다.

리픽싱(refixing, 주가가 낮아질 경우 전환가격이나 인수가격을 함께 낮추어 가격을 재조정할 수 있도록 하는 계약) 조항에 의해 워런트 행사 가격을 주가에 맞게 조절할 수 있다. 혜성전자도 몇 번의 조정을 거쳐 최저 11,500원대로 내려왔다. 그동안 주가가 한때 28,000원까지 상승했을 때도 워런트가 전환되지 않아서 말들이 많았다. 흔한 경우가 아니었다.

전문가들은 워런트를 소유한 누군가가 분실했거나 소유 사실을 잊고 있을 가능성을 제기했다. 워런트를 행사하는 기간의 만료 시점이 2005년 올해까지였다. 이미 한 해가 저물어 가는데 어떠한 움직임이 없다는 건 이러한 가능성을 뒷받침하는 증거였다.

기업은행 을지로 입구 지점에 들어서자 대기하고 있던 지점장과 대여금고 담당자가 일행을 반갑게 맞이했다.

"최 사장님! 내일 모레 본점 상무님과 한번 찾아뵐까 합니다. 잠시 시간 좀 내주실 수 있으십니까?"

"우리 회사 실세는 여기 계신 부사장님이시니까 이분과 상의하세요."

영준은 지점장의 정중한 제안을 기분 나쁘지 않게 거절했다. 그리고 강 대표의 호적등본을 지점장에게 보여 주었다.

"혹시 모르니까 저희도 한 부 카피해 놓겠습니다. 괜찮으시겠습니까?"

"일단 금고 먼저 확인한 후 제가 카피해서 드리겠습니다."

김 변호사가 무게 있는 어조로 말했다. 담당 직원이 대여금고의 두꺼운 출입문을 열었다.

"열쇠는 갖고 오셨죠?"

직원이 묻자 김 변호사가 대답 대신 봉투에서 열쇠를 꺼냈다.

"제가 먼저 들어가 보겠습니다."

영준이 직원과 함께 금고 안으로 들어갔다.

"밖에서 잠시 기다려 주십시오. 딱 한 분만 들어가실 수 있습니다."

윤태호가 따라 들어가려 하자 직원이 앞을 막았다.

금고 안에 들어온 영준과 직원은 강 회장의 금고 서랍 앞에서 걸음을 멈췄다. 금고 양쪽으로 열쇠 구멍이 보였다. 영준과 직원은 각자 손에 든 열쇠를 구멍에 꽂았다. 하나, 둘, 셋 하는 구호 소리와 동시에 오른쪽 방향으로 열쇠를 돌렸다. 열쇠를 돌리는 손목에 서랍의 잠금장치가 풀리는 느낌이 전해졌다.

은행 직원은 고객의 대여금고 안을 볼 수 없었기 때문에 영준만 남기고 나가 버렸다.

긴장된 순간이었다. 영준은 참았던 호흡을 크게 내쉬었다. 막연히 짐작했던 것을 실제 눈으로 확인하는 데에도 용기가 필요했다. 심장 박동이 한층 빨라진 것을 느끼며 천천히 서랍을 열었다.

역시 예상한 대로였다. 서랍 안에는 무기명 신주인수권 증권과 편지 한 장이 가지런히 놓여 있었다. 천천히 세어 보았다. 모두 10억 원 권 19장과 1억 원 권 4장, 천만 원 권 3장이었다.

'194억 3천만 원.'

영준은 재빨리 휴대전화를 꺼냈다. 계산 기능을 이용하기 위해서 였다. 194억 3천만 원을 전환가액인 11,500원으로 나누어 보았다. 1,689,565주였다. 강 교수가 티파트너스에 넘긴 1,689,600주와는 단 35주 차이였다. 워런트를 행사하면 티파트너스의 지분이 32퍼센트에서 24.2퍼센트로 낮아지고 자연히 영준의 지분이 24.17퍼센트가 된다. 정말 절묘한 수였다. 이 게임에서 절대 지지 않으리라는 확신이 생기는 순간이었다.

'도대체 강 회장은 어떻게 이런 일이 일어날 줄 미리 알고 워런트를 숨겨 놨을까?'

사람의 혜안이란 참으로 놀라운 것이었다.

워런트가 확실히 있을 거라고는 생각했지만, 그 액수가 작으면 어 쩌나 하는 약간의 두려움마저 있었던 영준의 속이 홀가분해졌다. 워런트는 자신이 확인했지만 편지는 강 대표가 뜯어 봐야 할 것 같았다. 영준은 서랍의 내용물을 챙겨 금고 밖으로 나왔다.

강 대표가 초조하게 영준을 기다리고 있었다. 영준은 윤태호에게 워런트를 넘겨주고 편지는 강 대표에게 전해 주었다. 워런트를 건네받은 윤태호는 아까 영준이 한 것처럼 계산기를 빌려 계산하느라 여념이 없었다. 강 대표는 편지를 한참 응시하다가 뭔가 결심한 듯 천천히 봉투를 열었다.

현철아!

아버지의 필체가 분명했다. 자신을 부르는 한마디에 생전에 느껴 보지 못했던 아버지의 따뜻한 마음을 단번에 느낄 수 있었다.

아비는 솔직히 네가 이 편지를 끝까지 읽지 않았으면 한다. 네가 이 편지를 본다는 건, 회사에 큰일이 생겼다는 뜻이니, 생각만 해도 걱정이구나. 하지만 그게 하늘의 뜻이라면 받아들여야지 어쩌겠니? 내가 우려했던 일이 생긴 게 맞다면 꼭 영준이를 도와라. 난 그 아이가 어릴 적부터 봐왔어. 틀림없는 사람이지. 영준이라면 널 도와 혜성을 지켜 낼 수 있을 거야. 현철아! 혜성은 이 아비가 평생 동안 피땀을 바친 곳이야. 너한테 미안한 게 많다만 난 네가 혜성을 꼭 지켜 줄 거라 믿는다. 네 형은 너무 원망 말고 못난 아비를 용서해 다오.

강 대표는 편지를 가슴에 묻고 오열했다. 그동안 가슴속에 사무쳤던 모든 원망과 서러움, 분노, 그리움 등이 한꺼번에 터져 나오는 울음이었다. 옆에서 지켜보던 윤태호와 김준석은 그 모습을 보고 가슴이 울컥하는 걸 애써 참았다.

한편 영준은 워런트를 찾았다는 안도감에 모처럼 평온한 기분을 맛보고 있었다. 그러자 갑자기 워런트의 행방에 대한 결정적인 힌트 제공자가 누굴지 궁금해졌다. 하지만 전화를 받은 전략이사는 누구와 통화했는지 전혀 기억도 못하고 있을 게 뻔했다.

불가항력적인 1퍼센트

"대표님, 여깁니다!"

영준이 먼저 강 대표를 발견하고 손을 흔들었다. 윤태호 부사장과 함께 북한산 정릉 매표소 앞에서 강 대표를 만나기로 했었다. 영준을 발견한 강 대표는 환하게 웃으며 매표소 앞까지 빠르게 걸어왔다.

"서울 올라오시라, 산에 가자, 제가 대표님을 너무 귀찮게 하죠?"

"무슨 말씀을요? 저도 산 타는 거 좋아합니다."

강 대표는 영준이 마련해 준 메리어트 호텔 스위트룸에서 푹 자고 나와선지 컨디션이 무척 좋았다.

"천천히 올라가면서 얘기하시죠."

영준이 앞서 오르자 윤태호와 강 대표는 나란히 그 뒤를 따랐다.

"사장님이 산을 좋아하신다니 의외네요. 부사장님이 그러는데 한 달에 한두 번은 꼭 산에 오르신다면서요?"

강 대표의 말에 영준이 걸음을 멈추고 뒤를 돌아보았다.

"왜 의외라고 생각하세요?"

"그렇잖습니까? 사장님 정도 되면 이렇게 찬바람 맞으며 산에 오르기보다 호텔 피트니스에서 운동하는 게 어울리지 않나요?"

"왜 하필 호텔 피트니스죠?"

두 사람의 대화를 듣고 있던 윤태호가 끼어들었다.

"영화나 드라마를 보면 많이 나오잖아요. 사장님처럼 성공한 M&A 전문가들이 고급 피트니스에서 운동을 하고, 운동 끝나면 호텔 레스토랑에서 우아하게 아침을 먹잖습니까?"

나이 마흔이 넘은 데다 어엿한 중견 기업을 이끄는 대표치곤 너무 순진한 대답이었다. 영준과 윤태호는 서로를 바라보며 미소를 지었다.

"대표님! 그건 드라마나 영화 시나리오 작가가 이쪽 일을 잘 모르고, 그저 화려한 모습이겠거니 하는 짐작만으로 글을 써서 그런 겁니다."

"사실, 저처럼 M&A에 관해 아무것도 모르는 사람도 막연히 그 세계를 동경하기는 합니다. 그런데 꼭 그렇지만도 않은가 보죠? 하긴 뭐든 쉬운 일은 없겠지만 말이죠."

"세상에 전쟁터 아닌 곳이 없겠지만, 저희 쪽은 특히나 그렇습니다. 워낙 단기간에 큰돈과 이권이 오가다 보니, 겉으로만 화려해 보이지 속을 들여다보면 매일매일 피가 마릅니다."

"부사장님! 처음부터 말씀을 많이 하시면 신년회처럼 반도 못 올라가세요. 연말인데 유종의 미를 거두셔야죠?"

올 초 신년회 때 윤태호는 비서들과 농담을 주고받느라 중간에 지쳐 버렸다. 결국 평창동 갈림길에서 포기하고 다시 내려온 일이 있었다. 그때 일을 기억하고 오늘이야말로 체력 안배를 잘해서 꼭 정상에 올라가겠다고 맘먹고 집을 나섰다. 그래서 영준의 말에 길게 심호흡을 하면서 강 대표와 조금 거리를 두었다.

"산에서 얘기하자고 창원에 있는 사람 불러 놓고 이렇게 개인 플레이들 하실 겁니까?"

맨 앞에서 선두로 걷는 영준과 그 뒤를 바짝 따라붙어 걷고 있는 윤태호를 향해 강 대표가 싫지 않은 투정을 부렸다. 그 말에 윤태호가 보폭을 줄이자 앞서 가던 영준이 걸음을 멈추고 두 사람을 지켜보았다.

"사장님 걷는 모습 보니까 산 잘 타시겠는데요?"

강 대표가 옆에 있는 윤태호에게 나지막하게 말했다.

"삼십 대 초반이시니까 한창 나이 아닙니까?"

일부러 영준이 들으라는 듯 큰 소리로 대답했다.

"전, 사장님 나이 때 공장 기숙사에서 야식 먹는 재미 하나로 살았어요. 암튼 젊으신 분이 대단하세요."

강 대표는 앞에 서 있는 영준을 보자 저절로 힘이 솟는 것 같았다. 영준과 알고 지낸 지 석 달밖에 되지 않았지만, 어느덧 영준은 강 대표가 가장 신뢰하는 사람이 되어 있었다. 평상시 사람 좋다는 소리를 많이 듣는 강 대표였지만 대인 관계에 있어서는 꽤 깐깐한 편이었다. 그런 그가 만난 지 몇 달 만에 상대방을 전적으로 믿기는 이번이 처음이었다.

생전에 아버지는 사람을 만날 때 늘 신중해야 한다고 귀가 닳도록 얘기했었다. 하지만 그 역시 개성 사람 특유의 보수성을 그대로 물려받아 한때는 자신의 보수적인 성격이 문제라고 생각했을 정도다. 혜성전자를 이끌고부터는 리더로서 항상 마음은 열어 놓되 사람을 보는 눈만큼은 지독히 보수적이어야 한다고 생각했다. 사람 한 명 잘못 만나 조직 전체가 흔들리게 되면 큰일이었기 때문이다.

영준은 신선한 존재였다. 다른 사람들에게서 쉽게 볼 수 없는 진실함이 느껴지는 데다 금융인 특유의 음흉한 구석도 전혀 없었다. 뿐만 아니라 아버지의 임종을 지켜본 사람 중 가족이 아닌 사람은 영준이 유일했다. 그의 아버지가 응급실에서 사경을 헤맨다는 소식에 형보다 먼저 달려온 사람이 영준이었다. 언론에 보도되는 영준의 회사는 별 메리트 없는, 그것도 지방에 있는 부실기업에 관심을 둘 정도로 한가하지 않았다.

장례식장에서 영준이 혜성전자를 지켜 주겠다고 했을 때 강 대표는 그에게 뭔가 다른 의도가 있다고는 생각지 않았다. 단지 아버지에 대한 예의 차원이라고 봤다. 잘나가는 투자회사의 사장이 별 볼일 없는 기업에 특별한 관심을 기울일 리가 없었다.

회사가 어려움에 처했다는 소식이 전해지자 소위 구조조정이나 M&A 전문가가 하루가 멀다 하고 전국에서 찾아왔다. 하지만 그들은 회사의 재무 상태에만 관심을 보였지, 혜성전자의 미래는 전혀 고려하지 않았다. 그들의 의도는 분명했다.

강 대표는 아직도 영준이 자신에게 처음 한 말을 생생하게 기억하고 있다. 처음 만나던 날 영준은 기업도 사람과 같은 인격체로 봐야 한다고 말했다.

누구든 새끼손가락 하나만 다쳐도 정상적인 생활이 어려운 것은 사람의 신체 조직이 모두 유기적으로 결합됐기 때문이고 기업의 조직 역시 마찬가지로 유기적인 결합체라고 보았다. 때문에 재무, 물류, 서비스, 마케팅 등의 분야를 개별적으로 접근해서는 안 된다고 했다. 좀처럼 다른 사람에게서는 듣지 못했던 독특한 기업관이었다.

기업관뿐만 아니라 모든 면에서 다른 구조조정 전문가들과는 확연히 달랐다. 그는 재무에 대한 관심 외에 혜성전자 전체의 운용 시스템에 대해서 이해하고 문제점을 파악하려 노력했다. 제품의 발주와 생산, 배송, 사후 관리, 고객 서비스에 이르는 전 과정은 물론이고 하청 업체와의 협력 구조 등까지 회사와 관련된 모든 것을 알고 싶어 했다. 강 대표는 그 모습에 반하지 않을 수 없었다.

심지어는 미국에 가 있는 강 교수와 연락이 닿지 않자 영준은 우리사주조합을 설득하기 위해 생산 라인의 신입사원으로 입사까지 했다. 스스로 혜성전자의 맨 밑바닥으로 들어가 직원들과 한솥밥을 먹으면서 부대끼는 걸 마다하지 않았다.

서울에 와서 하루 쉬고 함께 산을 오르자고 했을 때 영준이 뭔가 할 얘기가 있겠구나 싶었다. 강 대표가 그동안 보아 온 영준은 어떤 말이나 행동이 늘 계획되어 있는 사람, 절대 즉흥적으로 움직이지 않는 신중한 사람이었다. 강 대표는 본래 등산을 좋아하기도 했지만 이번에는 영준이 무슨 말을 들려줄지 잔뜩 기대감에 부풀어 있었다.

"이 코스는 처음부터 사람 진을 빼는군요."

윤태호는 벌써부터 거친 숨을 몰아쉬었다. 영준은 아무 말 없이 걷기만 했다.

매표소부터 시작된 경사는 오를수록 급해졌다. 등산 초반 몸이 덜

풀린 상태에서 경사진 포장길을 올라가는 게 쉽지 않았는지 제법 힘에 부쳤다.

"조금만 가시면 약수터가 있으니 힘내세요!"

윤태호에게는 영준의 말이 긴 가뭄 끝 단비처럼 반갑게 들렸다. 그 말에 마지막 힘을 내서 10분을 더 올라가니 조그만 공터에 벤치와 약수터가 있었다. 대성문까지 2.8킬로미터가 남았다는 이정표가 반갑게 그들을 맞이했다.

"이제부터는 산길이니 지금보단 덜 힘드실 겁니다. 처음 이 코스에 오르는 분들은 다들 초반에 힘들어하시고 대성문 바로 앞 계단에서 또 한 번 힘들어하시죠. 강 대표님이야 평소 산에 자주 오르는 편이라고 하셨으니 별 무리 없으실 것 같고, 우리 부사장님이 제일 걱정이네요."

영준은 배낭에서 이온 음료수를 꺼내 강 대표에게 건네주며 말했다.

'어쩌면 무슨 말을 하든 저렇게 믿음직스러울까?'

초행인 산길을 오를 때 그 길을 잘 아는 사람의 말은 큰 힘이 되기 마련이다. 강 대표는 영준의 안내에 훨씬 안심이 되었다. 아마도 영준 또한 지금처럼 모든 상황에서 자신이 그를 믿고 따라와 주길 원할 거라는 생각이 들었다. 그래서 산에 오르자고 제안한 건지도 몰랐다.

"오전 중으로 등기가 끝나겠죠?"

영준이 윤태호에게 물었다.

"어제 오후에 신청서 접수했으니 늦어도 오전 중으로는 등기가 끝날 겁니다. 김 변호사가 등기 끝나면 바로 연락 주기로 했습니다."

윤태호는 벤치에 앉지 않고 혼자서 열심히 스트레칭을 하고 있었다.

"보도자료는 어떻게 됐습니까?"

"지시하신 대로 등기가 끝나면 김 변호사가 언론사에 배포할 겁니다."

"오늘 하루 전화에 불이 나겠군요."

"회사야 오늘부터 1월 3일까지 휴무니 상관없지만, 아무래도 법무팀 직원들이 기자들에게 시달리지 않겠습니까?"

"김 변호사님께 연락하세요. 관계된 직원들은 모두 휴대전화를 아예 꺼놓으라고요. 우리도 이따가 등기된 것만 확인하고 전화기는 며칠 꺼두죠."

"김 변호사더러 오후에 호텔로 올 때 회사 명의로 된 휴대전화 몇 대 가져오라고 하겠습니다."

"아닙니다. 그것도 노출될 수 있으니 제가 준비할게요."

두 사람의 대화를 듣고 있던 강 대표는 드디어 시작되었다는 것이 실감났다. 영준은 치밀하게 세운 전략대로 움직이는 장수 같았고, 윤태호는 잘 훈련된 전사 같았다.

"대표님!"

자신을 부르는 영준의 목소리에 잠시 다른 생각을 하고 있던 강 대표가 무의식적으로 자리에서 벌떡 일어났다.

"지금부터 대표님도 당분간 휴대전화 꺼두세요. 오후에 다른 휴대전화를 장만해 드리겠습니다. 그리고 지금 사모님께 전화하셔서 당분간 친정에 가 계시라고 하세요."

"집사람까지요?"

강 대표는 영준의 말에 덜컥 겁이 났다. 가족들까지 상관이 있으랴 싶었기 때문이었다.

"강 교수님이 신문기사를 보고 제일 먼저 대표님을 찾을 겁니다. 그런데 대표님과 연락이 안 닿으면 그 다음은 바로 사모님께 연락하지 않겠습니까? 이제부터 시작이니 맘을 굳게 잡수셔야 합니다. 연초까지는 저희와 함께 호텔에 계셔야 하고요."

강 대표는 돌아가는 상황이 자못 심각해지자 잠깐 주저하는 눈치였다. 그걸 본 영준의 눈빛이 금방 매서워졌다.

"사장님! 혹시 절 믿지 못하셔서 그러십니까?"

영준은 지금까지와는 전혀 다른 어조로 단호하게 말했다.

"이건 믿고 못 믿고의 문제가 아닙니다! 이런 일에 경험이 많은 저희는 앞으로 발생할 여러 가지 일들을 대충 짐작하고 있습니다. 그렇지만 대표님은 아닙니다. 대표님 의도와는 상관없이 사소한 말과 행동 하나 때문에 우리 쪽이 불리해질 수 있습니다. 무엇보다 그런 일은 사전에 막아야죠."

강 대표는 바지 주머니에서 휴대전화를 꺼냈다.

"여보 난데, 애들 데리고 부산에 며칠 내려가 있어. 내가 나중에 부산으로 전화할게."

갑작스러운 얘기에 영문을 모른 부인이 계속 물어보는지 강 대표가 쩔쩔매고 있었다. 그 역시 이런 상황이 달가울 리 없었다.

"뭐 이렇게 말이 많아? 내가 나중에 얘기할 테니까 지금 바로 부산으로 가! 장모님께는 애들이랑 쉬러 왔다고 하면 되잖아?"

전화가 의외로 길어지자 강 대표는 차분히 설명을 하기는커녕 도리어 큰 목소리로 화를 내고 있었다. 그 모습을 지켜본 영준이 윤태호에게 눈짓을 보냈다.

"대표님! 일이 긴박하게 돌아가니 저희 사장님도 좀 예민해지셨나 봅니다. 맘에 담아 두지 마세요. 이 모든 게 혜성전자를 지키자고 하는 일 아닙니까?"

"말로는 한 배를 탔다고 하더니 저에게 한마디 상의 없이 이러실 수 있습니까?"

강 대표는 자신도 꼭 알아야 할 일들이 자신만 모르게 진행되는 것 같아 매우 섭섭했다. 결국 서울로 급하게 올라오라고 한 이유도 이런 의도였나 싶어서 씁쓸한 기분까지 들었다.

"저희 사장님이 일할 땐 심하다 싶을 정도로 철두철미한 성격입니다. 이제까지 몇 년을 모신 저도 아무것도 모른 채 사장님 지시만 따르는 경우가 많습니다. 대표님이 그냥 이해해 주세요."

사실 영준은 입 밖에 꺼낸 적은 없지만 강 대표의 무른 성격 때문에 일을 망칠까 걱정스러웠다. 맘 약한 강 대표가 혹시라도 우발적인 행동을 할지 몰라서 서울로 불러들였던 것이다.

수많은 M&A를 해봤지만 이번 혜성전자처럼 대기업의 공격을 막아야 하는 입장에 서보기는 영준으로서도 처음이었다. 조심한다고 한 일이 오히려 팀 불화의 원인이 되는 건 그 역시 바라지 않았다.

"대표님! 사전에 말씀드리지 않은 거 사과드리겠습니다. 너그럽게 이해해 주십시오."

강 대표는 한참이나 나이 어린 영준이 조심스럽게 양해를 구하는

데 자신의 감정만 고집할 순 없었다. 어른답지 못한 행동이었다. 강 대표 역시 자신의 약점이 무엇인지 잘 알고 있었기에 영준의 염려를 이해 못하는 바도 아니었다. 강 대표는 영준에게 악수를 청했다.

"그동안 형님 문제에 우유부단하게 대처했던 거 인정합니다. 하지 만 지금은 달라졌습니다. 형님 입장보다 돌아가신 아버님의 뜻을 따라야 한다고 생각합니다. 사장님! 전 무조건 두 분 계획에 찬성입니다. 어떤 요구도 마다 않을 테니 염려 마세요. 어려운 상황이란 거 알면서도 제가 잠시 속 좁은 투정을 부렸네요."

"죄송합니다. 솔직히 저희도 이런 상황은 처음이다 보니 좀 예민하게 행동했습니다. 앞으로는 가급적 대표님과 상의해서 진행하겠습니다."

잠깐의 오해로 생겨났던 균열이 마음을 터놓은 진심 어린 사과로 전보다 몇 배는 더 단단해진 듯했다.

"그럼 몇 가지만 체크하고 산에 올라갈까요?"

두 사람의 화해를 멀찍이 떨어져 지켜보던 윤태호가 영준의 말에 벤치로 걸어왔다.

"회사 공시팀은 모두 믿을 만한 사람들입니까?"

거래소나 코스닥에 상장된 기업에서 경영권 분쟁이 일어날 경우 공시팀의 역할은 중요했다. 회사에서 벌어지는 일들을 불특정 다수의 투자자들에게 알리는 일이 공시팀의 주된 업무였기 때문에 일종의 언론 역할을 하는 곳이었다.

한 나라에서 전쟁이 발발하거나 쿠데타가 일어나면 공격자나 방어자 모두 언론 장악을 우선 과제로 삼는다. 자신들의 입장을 국민들에게 알려 지지를 호소해야 하기 때문이다. 기업의 경영권 분쟁 역시 비슷한 맥락에서, 공시팀을 누가 장악하느냐가 승패를 결정하는 중요한 요인이었다.

"공시팀에는 팀장 한 명과 실무자 두 명이 있습니다. 팀장은 제 고등학교 후배 녀석이라 제가 죽으라면 죽는 시늉까지 하니까 염려하지 않으셔도 됩니다."

"대표님! 잘 들으세요. 앞으로는 상대에게 약점 잡힐 일은 절대 해서는 안 됩니다. 저희도 신경을 쓰겠지만 대표님이 먼저 그동안 관행처럼 했던 일들도 앞으로는 꼭 저희 법무팀과 상의하셔서 해야 합니다."

"그럼요. 그래야죠."

"혜성전자도 이사회는 형식적으로 하시죠?"

윤태호의 질문에 강 대표는 대답을 망설였다.

"추궁하려는 게 아니니까 말씀해 보세요."

윤태호가 별것 아니라며 강 대표를 안심시켰다.

"부사장님도 잘 아시겠지만, 그 많은 이사회를 법에 정해진 절차대로 하기가 어디 쉽습니까? 저희도 다른 기업처럼 관행적으로 합니다. 회의록만 작성하고 보관해 오던 이사들 도장 찍어서 이사회가 열린 것처럼 처리하는 겁니다."

"좋습니다. 지금까지 그래 왔다면 이제 바꿔야죠. 오늘부터는 모두 원칙대로 해야 합니다. 이전 이사회야 저쪽에서도 문제 삼아 봐야 서로 곤란하긴 마찬가지입니다. 그 일로 시비 걸진 않겠지만, 앞으로는 작은 것 하나하나 트집을 잡으려 할 겁니다."

"부사장님! 다른 이사님들과는 연락이 다 되었죠?"

"협조는 다 구해 놨습니다. 혜성전자 이사는 사외 이사 포함해서 6명입니다. 우리 쪽에 반대할 이사는 강 교수님, 강 교수님이 추천한 김웅석 박사 이 두 분뿐입니다. 나머지 과반수가 대표님을 지지하니 이사회는 우리가 장악하고 있다고 봐야 합니다."

공시와 이사회 양쪽을 모두 장악하고 있는 셈이니 혜성전자는 일단 철옹성이나 다름없었다. 상대가 재벌이긴 하지만 50퍼센트 이상의 주식을 확보하지 않는 이상 혜성을 마음대로 집어삼킬 순 없었다. 영준은 객관적으로 싸워 볼 만하다는 확신이 들었다. 조금이나마 마음이 놓였다.

"부사장님, 혜성전자 정관에 이사회 소집권자가 누구로 되어 있습니까?"

"대표이사로 제한되어 있습니다."

며칠 동안 정관을 분석하느라 이제 거의 암기하는 수준인 윤태호가 자신 있게 대답했다.

"그럼 대표님께서 공시팀에 지시하세요. 이사회 지금 소집 통보하라고요. 안건은 주주총회 장소 변경에 관한 결의입니다. 지난번 이사회 결의를 보니까 서울 삼성동 인터컨티넨탈 호텔로 되어 있던데, 강 교수님 아이디어인가요?"

"예."

강 대표는 형 얘기만 나오면 목소리가 기어 들어갔다.

"강 교수님이 아니라 티파트너스에서 정했을 겁니다. 주주총회를 어디서 하느냐는 중요한 문제입니다. 이왕이면 홈그라운드인 혜성전자 대강당이 훨씬 낫겠죠?"

"그러네요."

윤태호로서는 미처 주주총회 장소 변경까지 생각지 못했는데 영준의 말을 듣고 보니 그 말이 맞았다. 주주총회 장소를 경기장이라고 치면 당연히 익숙한 홈그라운드가 나왔다.

"티파트너스에게 우선 주주총회 장소 변경으로 한방 먹이자구요!"

윤태호는 주먹을 들어 불끈 쥐고 투지를 불태웠다.

강 대표는 숨가쁘게 돌아가는 상황 전개가 여전히 혼란스러웠다. 회사의 대표이사인 자신도 숙지하지 못하는 회사 정관을 줄줄 외우다시피 하는 것도 모자라 이미 이사들의 협조까지 얻어 놓은 윤태호와, 사소해 보이는 주주총회장 변경까지 용의주도하게 계획하는 영준을 보며 M&A 세계의 무서운 단면을 보는 듯했다.

"공시팀에 이사회 개최 지시하시고 이번에는 대표님이 앞장서시죠?"

영준의 말이 끝나자 강 대표는 바로 공시팀장에게 전화를 걸었다. 옆에서 보기에도 두 사람 간의 친밀도와 신뢰도가 상당해 보였다. 공시 쪽은 걱정하지 않아도 된다는 생각에 영준은 마음이 한결 가벼워졌다. 전화를 끊은 강 대표가 앞서 걷고, 영준과 윤태호가 나란히 뒤를 따랐다.

"저, 사장님!"

윤태호가 영준을 불렀다.

"예?"

"정말 궁금해서 그러는데요?"

"꼭 이렇게 산에 오르면서 물어보셔야겠어요?"

영준이 웃으면서 대답했다.

"예전에 모닝에셋에 대한물산이 운영하는 전국 매장에 대한 분석을 의뢰하신 적 있잖습니까? 혹시, 혜성전자를 도와주시려는 것과 어떤 연관이 있습니까?"

"왜 그런 생각을 하셨어요?"

"혜성이 티파트너스에 넘어갔다는 뉴스를 들으면서 포기하시는 것 같다가, 대한그룹 얘기가 나오니까 맘을 돌리신 것 같다는 느낌을 받았습니다. 사장님께서 대한물산에 왜 관심을 두시는지 모르겠지만 대한물산은 대한그룹의 모체 아닙니까? 비약이 너무 심했나요?"

"부사장님의 무한한 상상력에 찬사를 보냅니다."

영준이 박수를 치며 말했다.

'분명 뭔가 있어!'

자신의 말을 대충 얼버무리려는 영준의 말에 윤태호는 자신이 모르는 다른 이유가 있음을 확신했다. 나란히 걷던 영준의 걸음이 갑자기 빨라졌다. 어느샌가 앞서 가는 강 대표의 뒤를 바짝 따라잡고 있었다.

"사장님! 그렇게 빨리 가시면 뒤에 가는 사람은 어떻게 합니까?"

윤태호는 두 사람을 놓칠까 봐 걸음을 재촉했다.

전쟁에서 공격자와 방어자는 의미 없는 구분이다. 전쟁의 본질은 동전의 양면과 같다. 공격과 방어 모두 전쟁의 어느 한쪽인 것이다. 오직 승자에게만 의미가 부여된다.

영준은 현재 자신이 공격 지점에 서 있는지 방어 지점에 서 있는지 구분 짓고 싶지 않았다. 다만 자신이 원해서 시작된 이 전쟁을 빨리 끝내고 싶었다. 이미 소리 없는 총성과 보이지 않는 포탄은 떨어지기 시작했다. 영준에게는 반드시 승리해야 한다는 사명만 존재할 뿐이었다.

출근하자마자 혜성전자 주가를 확인한 대한그룹의 최순권 부사장의 입가에 미소가 번졌다. 연초의 실수로 인해서 1년 내내 눈치를 봐야 했던 그에게 혜성전자는 하늘에서 내려온 동아줄이나 진배없었다. 자신의 실수에 대한 징계는 가혹했다. 정만철 부회장에게 받는 결재는 그 자체가 모욕이었다. 다행히 이번 혜성전자 건으로 그룹 내 자신의 입지를 다시금 확고히 굳힐 수 있었다.

2005년 주식 거래 마지막 날인 12월 30일, 혜성전자는 5일 연속 상한가 기세를 이어가 32,700원을 기록했다. 이젠 개인 투자자들까지 매수에 가담하고 있었다. 며칠 조정을 받는다고 해도 50,000원 이상은 충분히 갈 기세였다.

그룹 내 견원지간인 최순권과 정만철은 기업 주가에 대한 견해도 극과 극이었다. 최순권은 워런 버핏의 견해를 따라 주가는 기업의 가치가 반영된 것이라고 믿었다. 그러나 정만철은 앙드레 코스톨라니 Kostolany의 견해를 신봉했다. 주가는 곧 심리의 반영이라는 이론이었다. 물론 최순권은 정만철이 과연 유럽의 전설적인 투자가, 코스톨라니를 제대로 알고나 있는지 의심스러웠다.

하지만 최근 혜성전자 주가의 움직임은 최순권이 아는 이론으로는 도저히 설명이 불가능했다. 그렇다고 정만철의 생각이 옳다고 인정할 맘은 전혀 없었다. 물론 수년간 적자에 허덕이며 주당 순이익이 마이너스인 데다가 미래 가치가 반영되는 벤처기업도 아닌, 몰락 중인 제조업체의 주가가 이토록 무서운 기세로 상승하는 것을 심리 이론 말고 마땅히 설명할 논리가 없긴 했다.

혜성전자를 인수하는 박찬민에게 논리는 전혀 상관할 바 아니었다. 혜성의 주가가 연일 파죽지세로 오르는 현상은 아주 긍정적인 신호였다. 그가 티파트너스를 통해서 강 교수의 지분을 프리미엄까지 얹혀 매입한 원가는 주당 31,960원이었다. 오늘 주가는 30,000원을 넘었다. 차익을 실현하지는 않았지만, 수치적으로 이미 원금 이상을 회복한 셈이었다. 게다가 아직 추가 상승 여력은 충분해 보였다.

오늘은 이태원의 박 회장 자택에서 대한그룹 본사 및 계열사 임원들이 모두 모이는 송년회가 열리는 날이다. 매년 그렇듯 연말 송년회는 다음 해 봄 정기 인사를 앞두고, 계열사 임원들이 본사 임원들에게 로비를 할 수 있는 절호의 기회였다. 계열사 임원들이 승진을 위해 최순권과 정만철의 라인 중 어디에 손을 쓰는지 그 미묘한 움직임들을 감지할 수 있었다.

송년회는 그룹 내 힘의 향방을 가늠하는 명확한 기준이 되었다. 임원들이 최순권과 정만철 중 누구에게 몰리는지만 봐도 알 수 있었다.

캐피탈 김영호 사장은 대한그룹 계열사 임원들 중에도 신망이 가장 높다는 평을 받고 있었다. 이전부터 최순권과 정만철은 김영호를 자기 사람으로 만들기 위해 노력해 왔다. 그룹의 2인자 자리를 확고히 하려는 방편이었다. 하지만 여우 같은 김영호는 어느 쪽에도 기울지 않은 채 지금까지 중립을 유지했었다. 최순권은 이번 혜성전자를 계기로 김영호가 확실히 자신 쪽으로 넘어왔다고 확신했다. 잃었던 회장의 신뢰도 찾고 김영호처럼 그룹 내 입지가 탄탄한 사람까지 얻었으니 새옹지마가 따로 없었다. 역시 사람 일은 끝까지 두고 봐야 아는 일이었다.

"부사장님! 부회장님께서 차 드시러 내려오신답니다."

부회장이 부사장실로 직접 내려온다는 게 비서도 이상했는지 반신반의하는 목소리였다.

"알았어요. 오시면 바로 모시세요."

난데없는 정만철의 방문 소식에도 최순권은 여유 있게 대답했다. 문득 나중에 웃는 사람이 진짜 웃는 사람이라는 생각이 들었다. 그러면서 손깍지를 끼고 두 팔을 머리 위로 올려 힘껏 스트레칭을 했다. 잠시 후 노크 소리와 함께 정만철이 비서와 함께 들어왔다.

"최 부사장! 자네는 왜 캐피탈 김 사장 일을 보고하지 않았나?"

정만철은 들어오자마자 선 채로 최순권을 나무랐다. 뒤따라 온 비서가 무안했는지 급히 방을 빠져나갔다.

최순권은 정만철이 보고를 못 받아 화가 나서 따지는 게 아니라는 것쯤은 알고 있었다. 상대방의 기를 꺾는 데는 여러 가지 방법이 있지만, 특히 패배를 인정하기 싫어하는 상대가 흥분할 때는 훨씬 침착하게 대응해야 한다. 더욱 흥분시켜 스스로 풀이 죽게 만드는 것이었다.

"우선 자리에 앉고 나서 말씀하시죠, 부회장님."

최순권은 자신의 소파를 가리키며 정중하게 권했다.

"김 사장이 갑자기 벨기에로 갔다는데 미리 보고해야 할 사항 아닌가?"

정만철은 자신이 중요한 정보 라인에서 제외되었다는 점과, 그로 인해 캐피탈 김영호 사장이 최순권 쪽에 편입되었다는 사실에 화가 났다.

"회장님께서 함구하라고 하셔서…… 이해해 주십시오. 이번 건은 민감한 계약들도 많고……."

"민감한 계약? 뭐 말인가? 모건스탠리 채권 말인가?"

"부회장님! 목소리 좀 낮추세요. 모건스탠리와의 계약은 아예 이 세상에 없는 계약이어야 한다는 회장님 지시를 벌써 잊으셨습니까?"

그 말을 듣는 순간 정만철은 아차 싶었다. 너무 흥분한 나머지 입에 담지 말아야 할 말까지 해버렸다.

"부사장 비서는 차도 한 잔 권하지 않나?"

당황한 기색이 역력한 정만철은 헛기침을 하며 말을 돌렸다.

"제가 요즘 자연산 칡즙을 마시는데 몸에 참 좋습니다. 한 잔 하시죠."

"칡즙? 좋지."

부사장의 지시를 받은 비서가 곧 칡즙을 잔에 담아 왔다.

"그런데 왜 벨기에까지 가서 회사를 세운 건가?"

칡즙을 단숨에 들이켠 정만철은 언제 화를 냈었냐는 듯 호기심에 찬 눈으로 최순권을 바라보았다. 최순권의 반응을 떠보기 위해 의도적으로 언성을 높였는데, 만만치 않자 바로 180도 자세를 바꾼 것이었다. 그는 역시 처세의 달인이었다.

"작년 말에 론스타가 역삼동 스타타워를 싱가포르 투자청에 매각한 건 알고 계시죠?"

"아마 2001년도였을 거야. 현대산업개발이 론스타에 매각하려고 할 때 우리도 인수를 검토했었기 때문에 잘 알고 있지."

"다들 론스타가 스타타워라는 건물을 매각한 것으로 알고 있는데, 사실은 스타타워를 보유하고 있는 주식회사 스타타워의 주식을 매각한 겁니다."

"건물을 매각한 게 아니었어? 그럼 그 건물을 소유한 기업의 주식을 매각했다는 얘긴데 그럴 만한 이유라도 있었나?"

"세금 때문이죠."

"세금? 내 기억으론 그 빌딩 매각 차익만 3,000억이 넘는 걸로 알고 있는데, 법인세만 27퍼센트 아닌가? 부가가치세야 나중에 환급받는다 해도 세금이 37퍼센트나 되는데, 그럼 세금을 줄이기 위해서였단 얘긴가?"

"외국 애들이 단순히 절세만 하려고 했겠습니까? 아예 단 한 푼도 내지 않았습니다. 매각 차익은 물론 법인 설립 시 부과되는 취득세와 등록세 213억도 내지 않았습니다. 이에 대해 법원에서는 적법하다는 판결을 내렸습니다."

"정말인가? 그게 가능해? 다른 나라 얘기 하는 거 아냐? 자네도 알다시피 우리나라 국세청이 그리 호락호락한 곳인가?"

"벨기에와 우리나라는 주식 매각 차익에 대해서 세금을 부과하지 않는다는 조세협약을 맺었습니다. 론스타는 이 점을 이용한 겁니다. 벨기에 기업이 한국에서 주식을 팔아 막대한 차액을 남겼다고 해도 협약을 맺은 이상 세금을 부과할 수 없는 겁니다."

"그럼 자네가 방금 말한 그 스타타워란 회사가 벨기에 회사란 말인가?"

"벨기에의 스타홀딩스가 100퍼센트 출자한 한국 자회사입니다."

"스타홀딩스는 당연히 론스타 소유겠군."

정만철은 그제야 고개를 끄덕였다. 최순권의 설명을 듣고 난 후 캐피탈 김영호가 왜 예정에 없던 벨기에로 가서 티파트너스를 설립했는지 그 이유를 알 것 같았다.

"나는 혜성의 신갈 부지를 매각하는 것만 생각했지 세금까지는 생각하지도 못했는데, 부사장 말 듣고 보니 잘못했다간 공들여 일 만들어 놓고 세금으로 다 날릴 뻔했군."

"세금 낼 거 다 내면 어떻게 회장님 문제를 해결하겠습니까?"

"세금을 피하는 건 외국 애들이 우리보다 나으니까 걔네들 방식을 그대로 따라 했다?"

"저도 갑자기 생각나서 회장님께 보고드리고 추진한 일이었습니다. 경황이 없었습니다. 다음부터 주의하겠습니다."

정만철은 얘길 듣고 보니 오히려 최순권을 칭찬해 줘야겠다는 생각이 들었다. 혜성전자의 경영권을 인수하면 박찬민 소유의 차명 법인이 신갈 부지를 헐값에 매수하고, 정부 발표와 함께 매각해서 시세 차익을 남기면 그 돈으로 대한물산의 자금을 메우겠다는 큰 그림만 신경 썼었다. 그런데 정작 세금 문제로 큰 낭패를 볼 수 있었다. 미처 생각지 못한 큰 구멍이었다. 최순권이 그걸 바로잡았으니 최고 수훈 갑이나 다름없었다.

"혜성은 오늘도 상한가지?"

"아무래도 대한그룹이 인수에 개입했다는 기사 때문에 기대심리가 작용한 게 아닐까요?"

"자네 입에서도 심리라는 말이 나올 때가 다 있군."

"단기간에는 심리가 주가에 영향을 미치겠지만, 중장기적으로는 결국 기업의 실적이⋯⋯."

"최 부사장, 자네 순진한 척하는 건가, 아니면 정말 몰라서 그런 건가?"

'이 능구렁이가 내 공을 인정하지 않으려고 주식 얘기로 화제를 돌리는군!'

최순권은 정만철의 의도를 빤히 눈치 채고 있었다.

"주식은 누가 뭐래도 수급이야! 사는 사람이 많으면 주가는 올라가는 거고, 파는 사람이 많으면 주가는 내려가는 단순한 시장이 바로 주식시장이란 말일세. 지금 혜성전자가 단지 개인 투자자들의 기대감 때문에 5일 연속 상한가를 기록한 것 같나?"

최순권은 그제야 정만철이 무슨 얘길 하려는지 눈치 챘다. 그 역시 어느 순간부터 혜성전자 주식 거래에 작전 세력이 개입되었음을 깨달았다. 주식시장에서 작전 세력은 열차로 치면 기관차에 해당한다. 기관차가 나머지 객차를 이끌듯이 작전 세력이 개인 투자자를 끌어당기는 모습이 빤히 보였다.

'나도 너만큼 회장님을 위해 뛰고 있다고 말하고 싶겠지?'

최순권은 정만철을 잘 알고 있었기 때문에 칭찬까지는 바라지도 않았다. 서로 비긴 걸로 하는 게 가장 모양새가 좋을 것 같았다. 아무리 정만철이라도 그가 혜성전자 인수와 박 회장의 문제 해결에 가장 큰 공을 세운 것을 부인하진 못할 것이었다. 마지막 승자는 최순권 자신일 테니, 승자답게 정만철을 포용하는 여유도 부리고 싶었다.

"부회장님! 간만에 송년회 끝나고 거하게 한 잔 하시죠? 2차는 제가 모시겠습니다."

"회장님도 함께 가시자고 해보지 그러나?"

"그래 볼까요?"

늘 그렇듯 두 사람은 마음을 숨긴 채 서로를 바라보며 한바탕 크게 웃었다. 웃음이 오래가지 못하고 다시 어색한 분위기로 접어들 무렵 최순권의 휴대전화가 울렸다. 박찬민이었다.

"예! 회장님!"

전화를 받는 목소리에 잔뜩 힘이 들어갔다.

"부회장님과 함께 있어?"

"예."

"부회장님 모시고 지금 당장 내 방으로 와!"

박찬민의 목소리는 다급했고, 미세한 떨림도 느낄 수 있었다.

'무슨 일이지?'

"회장님인가?"

"그냥 빨리 올라오라고 하시네요."

직접적인 말은 없었지만 불안한 목소리에서 불길한 기운을 감지할 수 있었다. 고지가 멀지 않았는데 제발 아무 일 아니기를 바라는 마음으로 최순권은 정만철과 함께 회장실 전용 엘리베이터에 올랐다.

줄곧 선두에 선 강 대표는 대성문이라고 쓰인 이정표만 따라 묵묵히 걷고 있었다. 그 뒤를 따르는 영준과 윤태호도 말이 없긴 마찬가지였다. 강 대표가 모르고 등산로가 아닌 길로 가도 별말 없이 쫓아갔다.

약수터에서 한 시간가량을 더 올라가자 평창동 등산로 코스와 만나는 다래교가 나왔다. 이정표를 보니 여기서부터 대성문까지는 1킬로미터가 남았다.

"부사장님! 눈물의 다래교네요."

"대표님! 따뜻한 둥글레차 한 잔 하시죠?"

앞서 걷던 강 대표가 영준의 목소리에 올라가던 길을 멈추고 뒤를 돌아보았다. 무슨 생각을 했었는지 강 대표의 표정이 굳어 있었다.

"눈물의 다래교가 무슨 말입니까?"

"우리 부사장님께서 올 초 신년 산행 때 여기서 그만 포기하셨죠. 이 다래교를 타고 다시 내려가셨거든요."

"백운대까지는 얼마나 더 남았습니까?"

"대성문에서 2시간은 더 가야 하니까, 좀 서두르면 2시간 30분이면 되겠네요."

강 대표는 시선을 오른쪽으로 돌렸다. 멀리 보이는 인수봉이 자신을 내려다보는 듯했다.

"사장님! 대성문도 힘들겠는데요?"

그사이 윤태호가 영준에게 다가와 자신의 휴대전화에 찍힌 발신자 번호를 보여 주며 조용히 말했다. 휴대전화 액정 화면에는 강 교수라는 발신자 표시가 뜨고 있었다. 영준은 어찌 된 일인지 설명을 요구하는 눈빛을 보냈다.

"방금 김변에게 전화를 받았는데, 등기는 오전 9시 30분에 끝냈답니다. 30분 전 니코스홀딩스 이름으로 금융감독원 전자 공시에 주식 대량 보유 상황 보고서를 올렸습니다. 그게 주요 신문 인터넷 판에 단신 기사로 나간 것 같습니다."

"김 변호사님께 보도자료만 배포하고, 연희동으로 오라고 하세요."

"호텔로 안 가고요?"

"일단 저희 집에서 회의한 다음 어떻게 할 건지 결정해야겠어요."

윤태호가 휴대전화의 전원을 꺼버릴 때까지도 강 교수의 전화는 끈질기게 울렸다. 이번에는 영준의 배낭 속 휴대전화가 거칠게 진동했다. 발신자는 영준의 이모였다.

"어! 이모, 그러지 않아도 전화하려고 했는데."

"영준아! 지금 MBN에서 속보로 너희 회사가 나오던데, 어떻게 된 거야?"

"나중에 얘기하고, 이모! 전화기 다섯 대만 준비해 줘. 지금 기사 보낼게. 알았지?"

본격적인 경영권 전쟁의 막이 오르는 중이었다. 영준은 크게 심호흡을 한 번 했다. 긴장 탓인지 올라올 때는 몰랐는데 가만히 서 있으니 매서운 산바람 때문에 몸이 부르르 떨렸다.

"사장님! 어떻게 할까요? 이러시다가 감기라도 드시면……."

영준의 안색이 힘들어 보여 윤태호는 괜히 걱정이 되었다.

"대표님! 백운대는 다음으로 저금해 두고, 내려가야 할 것 같습니다."

그동안 큰 바위 위에 올라서서 산 아래 펼쳐진 서울 전경을 내려
다보고 있던 강 대표가 무슨 일인가 하고 급히 내려왔다.

회장실에 들어서자 무거운 침묵 속에 박 회장이 소파에 앉아 있었
다. 그는 두 사람이 들어왔는데도 손에 든 서류 뭉치만 들여다보고
있었다.

"혜성전자 워런트는 해프닝이라고 하지 않았나요?"

박찬민은 두 사람이 미처 자리에 앉기도 전에 질문했다. 신경이
곤두선 날카로운 목소리였다.

"이미 보고드린 대로 은행을 다 뒤져 봐도 워런트는 없었습니다."

최순권의 대답이 채 끝나기도 전에 그의 앞으로 서류 뭉치가 날아
왔다. 좀 전까지 박찬민이 보고 있던 것이었다. 서둘러 내용을 확인
한 최순권은 자신의 두 눈을 의심할 수밖에 없었다.

전혀 일어날 가능성이 없다고 생각했기 때문에 아무런 대비도 하
지 않았다. 단 1퍼센트의 가능성조차 없던 일이었다. 최순권의 상식
으로는 일어날 수 없는 일이 일어났기 때문에 불가항력으로밖에 설명
할 수 없었다. 그래서 아직 빠져나갈 명분은 남아 있다고 생각했다.
하지만 지금은 그런 말장난으로 덮어 버릴 수 있는 상황이 아니었다.

믿기 어려운 상황에 처한 최순권은 어찌할 바를 모르는 표정이
었다.

"부사장! 뭔데 그래?"

보고 있던 정만철이 답답했는지 서류를 잡아채 읽기 시작했다.

"아니 이게 무슨 말도 안 되는 소린가? 회장님 이게 뭡니까?"

정만철 또한 최순권 못지않은 충격으로 어안이 벙벙했다.

"보시는 그대롭니다."

대답하는 박찬민의 목소리는 절망적이었다.

"최 부사장! 자네가 마무리 짓겠다고 하지 않았나?"

어떠한 상황이든 자신에게 유리하게 만들 줄 아는 정만철의 본능이 유감없이 발휘되는 순간이었다.

"부회장님도 확인하셨잖습니까? 워런트는 없었습니다!"

최순권은 워런트가 행사되었다는 것도 미칠 지경인데 이제 와서 책임을 자신에게 떠넘기려는 정만철의 말에 화가 치밀어 올랐다.

"최 부사장님! 니코스홀딩스란 회사 들어 본 적 있어요?"

그대로 두면 둘이서 또 네 탓, 내 탓 할 게 뻔해 보이자 박찬민은 화제를 니코스홀딩스로 돌렸다. 처음 듣는 회사 이름치고는 이상하게 낯설지 않았다. 가만히 기억을 더듬어 보니 며칠 전부터 혜성전자의 의결권을 위임해 달라는 TV 광고를 낸 회사였다. 그렇지 않아도 정만철을 시켜 쓸데없는 짓 하지 말라고 그 회사 대표에게 경고하려던 참이었다. 그런데 경고는 그쪽에서 먼저 한 셈이었다. 도대체 그런 같잖은 투자회사가 사라진 워런트를 어떻게 행사한 건지 박찬민은 궁금하기 짝이 없었다.

"투자회사 같은데, 그동안 계속 보유하고 있다가 이번에 주가가 오르니까 서둘러 워런트를 행사한 게 아닐까요. 행사 기간도 오늘이 마지막 아닙니까?"

때론 단순한 것이 가장 정확한 법이었다. 정만철은 주가가 상승하자 투자회사가 보유하고 있던 워런트를 전환한 것뿐이라고 여겼다.

"그럼 광고들은 뭐죠?"

"전환가가 11,500원이니까 오늘 주가로만 따져도 거의 3배를 번 셈인데, 장사는 제대로 했군요. 제 생각에는 그동안 주가를 더 올려 보려고 광고를 한 것 같습니다. 다 수작이죠. 이런 애들 다루는 방법은 제가 잘 알고 있습니다. 당장 그 회사 대표를 만나서 임시 주주총회 때 저희에게 의결권을 위임해 달라고 하겠습니다. 대한그룹이 위임해 달라고 하는데 설마 거절하겠습니까? 우리 지분과 이 회사의 지분을 합치면 48퍼센트입니다. 이 정도면 우리 측 이사 선임하는 데도 아무런 문제가 없겠습니다."

정만철은 사라진 워런트가 다시 나타났다는 것만 빼고는 그리 심각하게 여기지 않기로 결심한 게 확실했다.

"부사장님! 이 회사는 그동안 왜 가만히 있었을까요? 하필이면 왜 거래 마지막 날 워런트를 행사한 걸까요?"

정만철의 말은 박찬민이 원했던 대답이 아니었으므로 다시 최순권에게 질문을 돌렸다. 최순권은 박찬민이 무슨 의도로 묻는 건지 금방 이해했다. 하지만 그래서 선뜻 대답할 수 없었다. 박찬민과 자신이 걱정하고 있는 것처럼 만약 니코스홀딩스가 죽은 강 회장이 숨겨 놓은 혜성전자의 위장 계열사라면 문제는 걷잡을 수 없이 복잡해진다. 그렇다면 니코스홀딩스가 보유한 혜성전자 24퍼센트의 지분은 치명적인 걸림돌이 될 수밖에 없었다.

정만철은 박찬민과 최순권이 생각하는 것과는 전혀 다른 문제가 맘에 걸렸다. 당장 시장에 니코스홀딩스 주식이 쏟아져 나오면 주가에 영향이 클 텐데 그건 죽 쒀서 개 주는 꼴이나 매한가지였다.

"회장님! 우선 니코스홀딩스에 대해서 샅샅이 알아보겠습니다. 그러고 나서 대응 전략을 수립하겠습니다."

박찬민은 한편으로는 자신이 너무 민감하게 반응하는 것 같다는 생각이 들었다. 행방을 알 수 없었던 워런트의 출현으로 현재까지 미확인이지만 대주주가 하나 더 늘어난 건 분명했다. 그렇다고 대한민국 재계 7위의 대기업 총수인 자신이 안절부절못하는 모습은 너무 소심하고 나약하게 느껴졌다. 정만철의 말대로 니코스홀딩스의 의결권만 받으면 오히려 생각보다 훨씬 빨리 일을 마무리 지을 수도 있었다. 나아가 니코스홀딩스를 잘 구슬려 그쪽의 지분까지 추가로 확보해 놓으면 더 막대한 시세 차익까지 노릴 수 있게 된다. 차라리 잘된 일이다 싶었다.

여기까지 생각하자, 특별히 최순권의 잘못이 아닌데, 가장 애쓴 사람에게 너무 매정했던 게 아닐까 하는 미안한 마음이 들었다. 그렇지만 금방 사과해 버리는 건 제왕에게 어울리는 행동이 아니었다.

"부회장님 말씀대로 가급적 빨리, 오늘이라도 그 회사 대표를 만나 보세요. 하루가 급하니 잘 설득해서 의결권 위임도 받으시고, 우리가 그쪽 지분을 전적으로 매입할 수도 있다고 하고 의사를 타진해 보세요."

"알겠습니다, 회장님!"

왜 불길한 예감은 틀리는 법이 없을까? 박찬민은 처음 비서를 통해 니코스홀딩스 소식을 들었다. 혜성전자의 워런트를 행사해서 티파트너스와 함께 대주주가 되었다는 공시를 봤을 때 불길한 예감이 들었었다.

박찬민은 강 회장이 주거래 은행에 워런트를 보관하고 있으니 꼭 찾아봐 달라는 주연의 목소리를 떨쳐 버릴 수 없었다. 도청한 당시에는 허무맹랑한 이야기라면서 우습게 넘겼었다. 그런데 느닷없이 니코스홀딩스가 나타났다. 부회장은 니코스홀딩스가 워런트를 예전부터 보유했다가 이제야 행사한 것으로 추측했지만 그의 생각은 달랐다. 혹시 주연이 니코스홀딩스에 워런트의 행방을 알려 준 게 아닐까 하는 의문이 들었다. 그 전까진 그쪽 또한 워런트에 대해 전혀 모르고 있었다면?

이런저런 생각에 머리가 터질 듯 복잡했다. 혹시나 해서 워런트를 찾아 전국의 은행을 뒤진 건 자신들이 먼저였다. 그런데 저들은 어떻게 찾았단 말인가! 복잡하게 엉킨 생각으로 박찬민은 한동안 멍하니 앉아 있었다.

그러나 불길한 예감은 그것으로만 끝나지 않았다. 비서실 권 상무가 노크를 하고 급히 회장실로 뛰어 들어왔다.

"무슨 일이야?"

정만철이 회장실에서 무슨 호들갑이냐며 권 상무를 나무랐다.

"방금 니코스홀딩스의 보도자료가 나왔는데 급히 알려 드려야 할 것 같아서……."

최순권이 권 상무가 들고 있는 서류를 받아 읽어 내려갔다.

구조조정 전문 투자기업인 니코스홀딩스가 2005년 12월 29일 혜성전자 워런트 194억 3천만 원을 주당 11,500원에 전환했다. 이로써 니코스홀딩스는 혜성전자 지분의 24.17퍼센트를 보유한 최대 주주가 되었다고 밝혔다. 이에 앞서 지난 23일 벨기에에 본사를 둔 티파트너스의 한국 자회사 티파트너스코리아는 혜성전자 전 최대 주주인 강 모 씨로부터 이 회사의 지분 32퍼센트를 인수해서 최대 주주에 오른 바 있다. 하지만 이번 니코스홀딩스의 워런트 행사로 인해 티파트너스코리아의 지분율은 24.2퍼센트로 낮아졌다.

티파트너스는 내년 2월 15일 임시 주주총회를 통해 경영권을 교체하겠다고 공시한 바 있다. 이에 대해 니코스홀딩스 관계자는 혜성전자의 현 경영진이 회사를 이끄는 데 아무런 문제가 없다고 판단해서, 새로운 이사 선임에 대하여 반대하겠다고 밝혔다. 전문가들은 혜성전자의 M&A가 새로운 국면에 접어들었다고 분석했다.

짧은 기사였지만 박찬민의 심기를 흔들어 놓기엔 더할 나위 없이 충분했다. 다시 회장실에는 세 사람만이 남았다. 기사의 행간에 숨어 있는 의미라도 찾는 건지 세 사람은 읽고 또 읽었다.

"부회장님, 이 기사 쓴 기자 바로 연락되죠?"

박찬민은 충격이 채 가시지 않은 듯 목소리가 공허했다.

"그쪽 회사에서 신문사마다 배포한 보도자료를 그대로 옮겨서 기자도 구체적으로는 아는 게 없답니다."

그렇지 않아도 권 상무가 회장실에서 나갈 때 보고를 받은 정만철이 담담히 말했다.

"회장님! 제가 그쪽과 직접 접촉해 보겠습니다!"

"접촉은 무슨 접촉! 부사장! 이 기사 보면 모르겠어? 지금 이 회사는 감히 우리 대한에게 선전포고를 한 거라고!"

정만철은 답답하다는 듯 언성을 높였다. 어찌 되었건 기사가 이미 나간 상황에서 대한그룹이 먼저 연락을 취하는 건 처음부터 기세를 숙이고 들어가는 꼴이었다. 정만철은 절대 용납할 수 없었다. 그건 박찬민도 같은 생각이었다. 불의의 공격으로 잠깐 코너에 몰리긴 했지만 대한그룹이 먼저 손을 내미는 건 있을 수도 없을뿐더러 해서도 안 되는 일이었다.

"부사장님은 그 회사가 혜성전자의 위장 계열사인지 아닌지 모든 정보력을 동원해서 알아보세요. 만약 위장 계열사라는 것만 밝혀내면 법원에서 의결권 금지 가처분이 받아들여질 확률이 큽니다. 그리고 혜성의 임시 주주총회는 부회장님이 직접 나서서 처리해 주세요."

박찬민이 정만철을 지목한 것은 강공으로 밀어 붙이겠다는 의미였다. 신문기사로 자존심이 상할 대로 상한 그는 니코스홀딩스와 어떠한 협상도 하지 않겠다고 맘을 굳혔다.

"알겠습니다. 제가 깔끔하게 처리해 보겠습니다."

"자, 그럼 이따 저녁에 저희 집에서 뵙겠습니다. 가서 일들 보세요."

역시 박찬민의 결단력은 타의 추종을 불허했다. 모든 일에 심사숙고하고, 많은 고민을 하는 스타일이지만, 결단하고 행동에 옮기는 속도는 그 누구도 따라갈 수 없었다. 정만철과 최순권은 위기의 순간에도 이내 평정심을 찾은 박찬민을 보면서, 역시 재벌 총수는 뭐가 달라도 다르다고 생각했다.

두 사람이 회장실에서 나오기만 기다렸던 권 상무가 다가왔다.

"또 무슨 일이야? 괜찮으니까 말해 봐!"

권 상무는 옆에 있는 최순권의 눈치를 보느라 제대로 보고를 못하고 있었다.

"강 교수 전화 받았는데 혜성전자에서 이사회 결의를 한다는 문자 메시지가 왔답니다."

"요즘은 문자 메시지로도 이사회 소집 통보가 가능한가?"

"등기로 소집 통보를 보냈으니 확인하라는 문자인 것 같습니다."

"그래? 안건이 뭐래?"

"임시 주주총회 장소를 서울이 아닌 창원의 혜성전자 대강당으로 변경하는 내용입니다."

주주총회 장소를 변경하겠다는 건, 대놓고 싸움을 걸어 오는 것이나 마찬가지였다.

"도대체 어떤 겁 대가리 없는 놈들이 이러는 거야? 권 상무! 혜성전자 대표 연락처 알지?"

"꺼져 있습니다. 자택도 받질 않구요."

'허허, 이것 봐라?'

정만철은 직감적으로 뭔가 잘못되어도 크게 잘못되어 간다고 생각했다.

"부회장님! 회장님 말씀처럼 만나서 협상할 그럴 문제가 아닌 것 같은데요?"

옆에서 두 사람의 얘기를 듣고 있던 최순권도 심각한 얼굴이었다. 전혀 생각지도 않았던 시기에 상대가 누구인지도 모르는 싸움을 해야 한다니 찜찜한 기분이 더했다. 니코스홀딩스가 어떤 회사인지 몰라도, 혜성전자의 현 대표이사와 함께 움직이고 있는 것은 확실해 보였다. 그렇다면 인수가 의외로 복잡하게 꼬일 수 있었다.

각자 생각에 잠긴 두 사람은 말없이 엘리베이터에 탔다. 엘리베이터 안에 있는 내내 아무런 대화도 하지 않았다. 그리고 각자의 사무실이 있는 층에서 역시 아무 말 없이 내렸다.

"신문기사 봤지? 지금 바로 내 방으로 오고, 당분간 애들 비상 대기 시켜!"

엘리베이터에서 내린 정만철이 휴대전화로 누군가와 통화하기 시작했다.

니코스홀딩스가 혜성전자의 워런트를 행사했다는 소식에 5일째 상한가를 기록 중이던 주가가 풀리면서 거래량이 늘어나기 시작했다. 정만철의 염려처럼 기업의 주식 수가 늘어난다는 것은 물량 부담을 의미하는 것이기 때문에 결코 좋은 소식은 아니었다. 다행히 매수세는 여전히 살아 있었기 때문에 주가가 하락하진 않았다. 상한가의 절반인 8퍼센트 상승에서 매수와 매도가 치열하게 공방을 펼쳤다.

그것도 잠시, 니코스홀딩스가 혜성전자의 M&A를 반대한다는 뉴스가 언론에 보도되자 다시 주가는 상한가로 진입했고, 매도는 없이 꾸준히 매수가 들어왔다. 연말이라 별다른 뉴스거리가 없었던 각 신문사들과 증권 케이블 방송은 혜성전자의 경영권 분쟁을 매 시간 톱뉴스로 보도하기 시작했다.

기자들이 혜성전자 경영권 분쟁에 관심을 보인 것은 대한그룹의 개입설 때문이었다. 대한그룹은 혜성의 대주주인 티파트너스를 도와 이사회를 장악하려 했고, 니코스홀딩스는 현 대표이사의 경영권을 지켜 주려 했기 때문에 벌써부터 대한그룹과 니코스홀딩스의 전면전이라고 떠들어 대기 시작했다.

중견기업의 경영권을 놓고 거대 재벌과 한낱 투자회사의 싸움을 벌이기는 좀처럼 보기 드문 일이었다. 혜성전자의 M&A 공방전은 차분한 연말 증시를 뜨겁게 달구기에 충분했다.

연말이라 공사 현장도 쉬는 곳이 많았다. 미숙의 국밥집은 점심시간이 다 됐는데도 손님을 찾아보기 힘들었다. 미숙은 나른한 오후 시간을 때우려고 홀에서 TV를 보던 참이었다.

채널을 이리저리 돌리던 중 한 케이블 증권 방송에서 익숙한 회사 이름이 들려왔다. 니코스홀딩스가 혜성전자의 워런트를 행사해서 하루 만에 358억이라는 시세 차익을 남겼고 이런 추세라면 다음 주에 500억 이상의 시세 차익을 남길 것이라고 호들갑을 떨었다.

갑자기 방송에서 영준의 회사 이름을 듣게 되자 미숙은 생각나는 게 있었다. 방으로 들어와 전화를 걸었다.

"난데, 언제 다 되지? 영준이 기사가 곧 올 텐데 좀 서둘러!"

미숙은 전화를 끊고 옷걸이에 걸린 코트 안주머니에서 열쇠 꾸러미를 찾았다. 그중 하나로 족히 몇십 년은 돼 보이는 낡은 장롱을 열었다. 그 속에서 책상 서랍 크기 정도의 금고를 꺼냈다. 금고는 오래된 장롱만큼이나 긴 세월을 보낸 듯 보였다. 금고를 바라보는 미숙의 눈가가 금세 촉촉해졌다. 금고를 살포시 바닥에 내려놓았다.

미숙은 종로의 황 할머니로 불리며 사채시장을 호령했던 시어머니에게 물려받은 것들 중 금고와 장롱만큼은 원래 자리에 그대로 두고 싶었다. 특히 금고에는 시어머니의 일기를 보관하고 있어 더욱 애착이 갔다.

미숙의 평창동 집 금고는 최첨단 보안 설비로 보호되고 있었다. 그러나 시어머니의 금고는 왠지 그곳과 어울리지 않았다. 4년 전 시어머니는 당신이 사채시장에서 살아남은 모든 노하우가 담겨 있으니 잘 보관하라는 말과 함께 이 금고를 물려주었다. 그 후 시어머니는 3개월 만에 모진 세월의 흔적을 가슴에 묻은 채 눈을 감았다.

황 여사는 아비와 서방을 잡아먹은 년이란 사람들의 수군거림을 이겨내고, 여자 혼자의 몸으로 사채시장에서 큰손이 되기까지 파란만장한 인생을 살았다. 한마디로 기구한 운명이란 표현이 어울리는 사람이었다.

이탈리아에서 피아노를 전공할 만큼 엘리트였던 미숙이 사채업자가 된 건 시어머니의 기구한 인생을 대물림한 건지도 몰랐다. 물론 그 역시 자신의 운명이었지만, 시어머니에 비하면 좀 더 나은 편일 수도 있었다.

시어머니에게 세상에 남은 피붙이라고는 외아들이 전부였다. 그런 아들을 교통사고로 잃었는데도 시어머니는 눈물 한 방울 흘리지 않았다. 사고에서 혼자만 살아남은 미숙을 원망하거나 탓하지도 않았다. 하지만 남의 말 좋아하는 호사가들은 가만있지 않았다. 시어머니와 며느리가 똑같이 남편을 잡아먹었다고 뒤에서 수군댔다. 시어머니는 개의치 않았다. 다만 모든 불행의 근원을 자신에게도 돌렸다. 아버지도 남편도 자식도 이제 며느리까지 모두 자신의 기구한 운명의 희생자라고 생각했다. 시어머니는 눈을 감는 순간까지 미숙에게 용서를 구했다. 그렇게 한 많은 세상을 정리하고 떠났다.

미숙은 오랜만에 시어머니의 금고를 여는 순간 그녀의 애처로운 인생과 조우하는 것 같아 마음 한구석이 저려 왔다. 금고 안에는 수십 권의 노트가 있었다. 그 안에서 1950~1960이라고 쓰인 푸른색 노트를 찾았다.

금고의 노트는 황 여사가 세상과 이야기하는 통로였다. 노트에는 그녀와 거래했던 사람들의 인적 사항은 물론 거래 방식, 거래 금액 등이 자세히 적혀 있었다. 이득을 봤으면 얼마나 봤는지, 손해가 나면 어떤 방식으로 회수를 했는지뿐만 아니라 거래 당시의 상황, 거래 상대를 면밀히 관찰한 자신의 느낌과 생각을 적어 놨다. 개성 사람다운 꼼꼼하고 정교한 설명이었다.

미숙은 처음 금고를 물려받고 나서 거의 매일 노트를 펴봤다. 공부라기보다는 일종의 수련인 셈이었다. 이 노트를 마지막으로 펴본 게 벌써 2년 전이었다. 영준이 혜성전자를 인수했다는 뉴스를 접하자, 그 이름이 낯설지 않았다. 과거에 시어머니가 거래한 업체 중 하나인 것 같았다.

미숙은 노트를 맨 앞장부터 쭉 넘겨 가며 기억을 더듬었다. 1953년 4월에 혜성전파사에 천만 원을 빌려 준 기록이 있었다. 부산에서 혜성전파사가 굉장히 유명한 업체였으며 미군 고위 간부가 도와주고 있다는 설명이 함께 적혀 있었다. 무엇보다 시어머니는 혜성전파사 강 사장이 개성 사람이란 것에 더 끌렸던 모양이다. 기록 맨 끝에 '강 사장은 개성 사람이니 남을 속이는 일은 하지 않을 것이다'라고 적혀 있었다.

'어머님이 창업을 도왔던 혜성전자를 52년이 지나서 영준이가 인수하다니.'

미숙은 이 모든 고리가 누군가에 의해 지난 52년 전부터 미리 만들어진 느낌이 들었다. 세상일이 아무 질서 없이 제각기 돌아가는 것 같다가도 가끔 이 모든 게 누군가의 한 치의 오차도 없는 철저한 계획이 아닐까 싶었다.

미숙의 국밥집에 영준이 처음으로 찾아온 건 11년 전이었다. 당시 영준은 스물두 살이었다. 난데없이 군복을 입고 나타나 돈을 벌고 싶다고 했다. 시어머니는 그런 영준에게 돈을 벌려면 국밥집 말고 다른 데로 가라면서 쫓아냈다. 하지만 영준은 끈질기게 졸랐다. 사채시장의 큰손 황 할머니인 거 다 아니까 제발 일하게 해달라고 애원했다. 시어머니는 그 모습이 딱했던지, 이왕 온 김에 국밥이나 한 그릇 먹고 가라면서 영준을 가게로 들였다. 영준은 배가 많이 고팠었는지 국밥 한 그릇을 게 눈 감추듯 비웠다. 그것도 모자라 한 그릇을 더 달라고 했다. 시어머니는 맹랑한 영준이 귀여웠는지 선뜻 국밥 한 그릇을 더 말아 주었다.

"누가 너한테 내가 황 할머니라고 알려 주던?"

영준은 양쪽 볼이 미어터질 듯해도 아랑곳 않고 연신 입속에 국밥을 가득 퍼 넣는 중이었다. 그릇 속의 마지막 밥알 한 톨까지 배불리 먹고 나서야 황 여사의 질문에 대답할 수 있었다.

"여기 몇 번 왔었는데."

"그래? 난 처음 보는데?"

"밖에 있었으니까 할머니가 못 봤겠죠."

"밖에 있었다니?"

"할머니! 운전기사가 회장님 따라다니는 것 봤어요? 밖에서 대기하는 것도 겁나는데."

"너희 회장님이란 분이 누군데?"

"대한물산 서정식 회장님 모르세요?"

"서 회장? 네가 서 회장을 어떻게 아니? 너, 서 회장 지금 어디에 있는지 알아?"

"방금 말했잖아요! 회장님 운전기사였다고."

"할머니한테 거짓말할래? 서 회장 운전기사는 나도 잘 아는데?"

"잘 알면 교통사고 난 것도 아시겠네요?"

그제야 시어머니는 예전 기억이 떠올랐다. 서 회장의 운전기사가 교통사고로 중환자실에 입원하는 바람에 그 아들이 기사 노릇을 대신 한다는 얘기였다.

"그럼 네가 최 기사 아들이란 말이야?"

"영준이예요. 최영준."

"너희 아버지 괜찮으시니?"

"돌아가셨어요. 그때 중환자실에서."

영준은 담담하게 대답했다. 시어머니는 그런 영준을 보며 이 만남 또한 거스를 수 없는 자신의 운명이라고 여겼다. 시어머니는 주방에서 배추를 다듬고 있던 미숙에게 영준이 지낼 만한 근처 여인숙 방을 구해 놓으라고 했다.

그때부터 영준은 더 이상 남이 아니었다. 당시 영국에서 박사 과정을 밟고 있던 남편은 미숙과 시어머니에게 늘 그리움의 대상이었다. 남편과 아들에 대한 두 사람의 허기는 언젠가부터 영준에 의해 조금씩 채워졌다. 영준은 미숙에게는 조카 같은 존재였고 시어머니에게는 손자 같은 존재였다. 남편이 방학 때 한국에 나와 교통사고로 죽고, 시어머니마저 노환으로 세상을 떠난 이후 영준은 미숙이 의지하는 세상에 하나밖에 없는 가족이었다.

옛 거래 장부를 보면서 잠시 과거의 기억을 더듬던 미숙은 휴대전화를 가져왔다는 기사의 말에 서둘러 금고를 닫고 다시 홀로 나왔다.

산에서 내려온 영준 일행은 정릉 매표소에서 대기하고 있던 윤태호의 차를 타고, 연희동 영준의 집으로 향했다. 먼저 도착한 김준석의 차가 공원 옆 도로에 주차되어 있었다.

윤태호의 차를 본 김준석이 차에서 내려 영준 일행과 함께 집으로 들어갔다.

"2층 서재로 가시죠."

영준이 일행을 안내하며 말했다.

"강 대표님, 죄송합니다. 다음에 정식으로 한번 초대하겠습니다."

"죄송하긴요. 그런데 거실 전망 하나는 정말 끝내 주네요."

"집이 좀 낡았죠?"

"나중에 은퇴하면 살아 보리라 하고 맘속으로 동경해 오던 집과 거의 비슷합니다. 아주 훌륭합니다."

"대표님이 보기에도 이런 단독주택에서 저희 사장님 혼자 살고 계신 것이 신기하죠?"

윤태호는 강 대표의 지금 기분을 알 것 같았다. 처음 영준의 집에 온 자신도 비슷한 느낌을 받았기 때문이었다.

'의외군. 타워팰리스 같은 곳에 어울릴 만한 젊은 사람이 이런 오래된 단독주택에 살고 있다니.'

강 대표는 영준을 알아 갈수록 드러나지 않은 뭔가가 있다는 직감을 느꼈다.

2층으로 올라온 강 대표는 도서관을 연상시키는 엄청난 양의 책을 보고 놀라움을 금치 못했다. 먼저 올라온 김준석도 신기했는지 2층 전체를 둘러싼 책들을 둘러보고 있었다.

"책이 몇 권이나 됩니까?"

"3,000권부터는 세어 보지 않았습니다."

"2층은 따로 공사하신 건가요?"

"원래 방 세 개와 화장실이 있었는데 리모델링한 겁니다."

"혹시 이 책들 다 읽으신 겁니까?"

윤태호는 강 대표의 질문에 영준이 어떤 대답을 할지 알고 있었기 때문에 빙그레 웃음을 지었다. 그 모습을 본 영준 역시 강 대표를 바라보는 얼굴에 장난기 어린 미소가 가득했다.

"대표님! 움베르트 에코라는 작가 아세요?"

"에코 하면 《장미의 이름》을 쓴 이탈리아의 유명한 작가 아닙니까?"

"저는 《장미의 이름》보다 《푸코의 추》를 먼저 읽는 바람에 고생을 많이 했었죠. 아무튼 그 사람이 이런 말을 했어요. 서재의 많은 책들을 본 어떤 사람이 혹시 이 책을 다 읽었냐고 물어보면 '아니요! 이 책은 지금부터 다음 달까지 읽어야 할 책입니다. 제가 읽은 책들은 모두 창고에 있습니다!' 라고 말하라더군요."

"예의에 어긋난다고 생각했지만 궁금해서 어쩔 수 없었네요."

강 대표는 영준의 농담을 영준이 불쾌해하는 것으로 오해하고 있었다.

"대표님! 저도 여기 처음 왔을 때 그 질문 했다가 당했어요."

윤태호가 상황 설명에 나섰다.

"그럼 저만 당한 게 아니었군요?"

영준은 강 대표의 말에 씩 웃으며 일행을 서재 중앙의 소파로 안내했다.

"오늘 언론에 보도된 기사를 모두 출력한 겁니다."

김준석은 준비해 온 서류를 세 사람에게 나눠 주었다.

"분위기는 어때요?"

"전화기를 꺼놔서 정확히 모르겠는데, 인터넷을 보니 예상보다 더 폭발적입니다."

"너무 갑자기 저질러서 보완해야 할 게 한두 가지가 아닙니다."

윤태호의 말에 강 대표의 얼굴이 금방 어두워지는 것을 영준이 놓칠 리 없었다.

"어차피 저쪽도 오늘에야 알았을 테니 조건은 똑같은 거 아닙니까?"

강 대표가 흔들려선 승산이 없었다. 윤태호의 말이 틀린 건 아니지만, 불안해하는 강 대표를 의식한 영준이 중요한 문제가 아니라며 딱 잘라 말했다.

"결국 임시 주총 때 표결로 판가름이 난다는 얘긴데, 김 변호사님! 우리가 표를 정확히 얼마나 모아야 하는 겁니까?"

"이번 임시 주주총회 안건이 이사 선임이니까, 상법상 이사 선임은 일반 결의 사항입니다. 주주총회에 참석한 의결수의 과반수가 찬성해야 하고 그 찬성한 과반수의 보유 주식이 전체 발행 주식의 25퍼센트를 넘어야 가결됩니다."

"주주총회 참석 의결수는 위임장도 포함되는 거죠? 과반수가 찬성을 해도 총 주식 수의 4분의 1이 되지 않으면 부결되는 거구요."

"그렇습니다. 그런데 티파트너스가 보유하고 있는 지분율이 24.2퍼센트니까, 25퍼센트를 넘기는 건 어려운 일이 아닙니다."

"그럼 이번 주총 때 이사 선임을 부결시키려면 과반수가 찬성을 막아야 하겠군요."

"우리와 저쪽만 주총에 참석한다고 가정한다면 저쪽이 이길 확률은 100퍼센트입니다. 우리가 저쪽보다 0.3퍼센트 주식이 적으니까요."

"변호사님! 우리가 그동안 장에서 매집한 주식이 3퍼센트는 된다고 하지 않았습니까?"

"저쪽에서도 장에서 일부 매입했다는 것도 감안해야 합니다."

"그동안 거래량을 봐서는 우리가 매입한 것과 큰 차이 없을 것 같은데요?"

김준석은 항상 보수적이고 부정적인 의견을 제시했고, 영준은 그런 김준석의 부정적인 견해를 합리적인 논리로 반박해 왔다.

대부분 리더가 방향을 제시하면 참모가 그에 따른 문제점을 제시하는 것이 일반적인 의사 결정 과정이었지만, 영준은 그 반대였다. 합리적인 근거를 이유로 반대하는 참모가 마음을 바꿀 수 있는 논리를 제시하는 편이 덜 위험하다고 봤기 때문이었다.

다 잘될 거란 환상에 사로잡히게 되면 아무리 문제점을 발견하려 해도 보이지 않기 마련이다. 처음부터 부정적이란 전제하에 그 이유를 하나하나 제거해 나가면 오히려 더 치밀한 계획이 수립되었다. 적어도 영준에겐 가장 안전한 의사 결정 과정이었다. 하지만 잘 모르는 사람이 두 사람 간의 대화를 들으면 좀처럼 좁혀지지 않는 의견 충돌이 곧 큰 싸움으로 번질지 모른다는 불안감을 갖게 되었다.

강 대표의 눈에도 사장인 영준이 부하 직원인 김준석을 설득하려고 애쓰는 것이 이상해 보였다.

윤태호는 정확히 객관적인 입장에서 두 사람의 의견을 종합하는 역할을 했다. 의미 없는 소모전에서 머무르지 않고 생산적인 충돌로 나아갈 수 있는 이유도 그의 역할이 크기 때문이었다.

"김 변호사! 지금 저쪽이 얼마나 모았는지가 중요한 게 아닌 것 같은데? 사장님 말씀처럼 우리나 저쪽이 대세를 확정 지을 만큼 지분이 없는 건 맞잖아?"

"일단 아무도 주주총회에 참석하지 않고 우리만 참석한다고도 가정해야 하니까요."

"변호사님 말대로 우리와 저쪽만 붙었을 경우 승산이 별로 없다는 건 염두해 두겠습니다. 그럼 우리사주는 어떻죠?"

영준은 대화하는 동안 미처 생각지 못했던 우리사주조합의 지분이 떠올랐다.

"14.8퍼센트인데 저는 이번 임시 주총의 승패가 거기에 달려 있다고 봅니다."

"오늘 워런트를 행사한 것 때문에 조합 지분이 11.19퍼센트로 낮아지긴 했지만 만만치 않은 물량인 것만은 확실하네요."

윤태호가 계산기로 바뀐 지분율을 계산하면서 영준과 강 대표를 번갈아 보며 말했다.

"대표님! 우리사주조합이 어떻게 계정 처리되어 있습니까?"

"주주명부에는 양현수 조합장 명의로 등재되어 있습니다."

"조합 계정으로 처리되어 있군요? 조합장과는 사이가 괜찮습니까?"

"그게……."

김준석의 질문에 강 대표가 대답을 주저했다. 영준은 강 대표의 표정 변화를 한순간도 놓치지 않았다. 선한 강 대표의 성품은 이번 싸움에서 가장 치명적인 약점이 될 수 있었다. 의도적으로 속이려는 게 아니라 본인이 스스로 해결하려고 말하지 않은 것들이 나중에 감당할 수 없는 문제가 되는 것을 영준은 원치 않았다.

"괜찮습니다, 대표님! 조합장과 무슨 문제라도 있는 겁니까?"

"형님이 지분을 넘긴 것 때문에 조합장과 크게 다퉜습니다. 제가 서울 올라오던 날 휴가를 냈더군요. 한 번도 그런 적 없었던 친구였는데."

"대표님 같은 분이 화를 내셨다면 그만한 이유가 있었겠죠."

"형 얘기를 하면서 입에 담기도 힘든 욕설을 퍼붓더군요. 아무리 조합장이지만 혜성전자의 종업원이기도 한데, 대표이사인 저를 봐서도 그럴 순 없죠. 도저히 용납할 수 없었습니다. 아버님만 하더라도 조합에 무상으로 출연하실 정도로 배려를 많이 하셨는데……."

"잘하셨어요. 가끔 그렇게 따끔하게 혼내 줘야 조직 기강이 서는 겁니다."

조합장과의 불화는 우리사주조합의 지지를 받는 데 걸림돌이 될 것이 분명했다. 일을 난처하게 만든 것 같아 강 대표는 마음이 무거웠다. 하지만 의외로 영준이 대수롭지 않게 받아들이자 한결 마음이 가벼워졌다.

"김 변호사님! 혜성전자 조합의 의결권 행사 방법은 어떻죠?"

"조합원 총회를 열어 주주총회 안건에 대해서 찬반으로 결정하는 것으로 되어 있습니다."

'조합원 총회라.'

영준은 유리한 고지를 점령했다고 생각했는데, 어느 순간 자신의 뜻과 상관없이 밀려나 버린 기분이었다. 쉽지 않는 게임이 될 것 같아 머리가 무거워졌다. 워런트를 전환해서 극적으로 최대 주주가 되긴 했지만, 소액 주주들과 우리사주조합원들까지 설득해야 하는 만만치 않은 일들이 과제로 남아 있었다.

'우리사주?'

영준의 뇌리에 전광석화처럼 스치고 지나가는 아이디어가 있었다. 무의식에서 첫 2초 동안 섬광처럼 일어나는 순간적인 판단이었다. 평소의 영준이라면 블링크의 유효성을 그다지 신뢰하지 않았겠지만, 이번만큼은 자신의 직관을 믿기로 했다. 가끔은 몇 날 며칠 심사숙고한 것보다 적절한 경우가 있었다.

"대표님! 저를 다른 부서로 옮겨 주셔야겠습니다."

"부서를 옮기다니요? 또 창원에 내려오신다는 말씀이면 사양하겠습니다."

강 대표는 영준의 갑작스러운 부탁에 그럴 수 없다고 단호하게 말했다.

"지금 그런 거 따질 때 아니니까, 제 생각에 따라 주세요."

"어느 부서를 원하십니까?"

거절은 했지만 영준의 의지는 누구도 꺾기 힘들다는 사실을 겪어 봐서 알았다.

"제가 열흘간 회사에 있어 보니 혜성은 다른 회사에 비해 물류팀 규모가 대단하더군요."

"판로가 주로 전국의 직영점, 대리점, 총판이니 조직이 큰 건 맞습니다."

"전무도 물류팀 출신이고, 우리사주조합장도 물류팀 출신이던데요?"

"두 사람 모두 영업팀으로 옮기기 전에 물류팀에 있었을 겁니다."

'근데 이 사람은 생산 라인에 단 며칠 있었으면서 어떻게 그걸 알

았지?'

하여간 영준은 모를 사람이었다.

"물류팀 조직이 너무 큰 것 같던데."

"그래서 외부에 아웃소싱을 줄까도 여러 번 고려해 봤습니다."

"내년 1월 2일부터 절 물류팀에 발령 내 주십시오."

"전 물류팀에 있어 보진 않았지만 혜성에서 제일 고된 부서입니다. 일이 생각보다 아주 힘듭니다."

"호랑이 굴에 들어가지 않고 어떻게 호랑이를 잡겠습니까?"

"호랑이 굴이라뇨? 암튼 인사팀에 조치해 놓겠습니다."

"자, 이제 각자의 역할이 대충 정해졌습니다. 전 당분간 창원에 있어야 할 것 같습니다. 제 기사가 휴대전화를 가져올 건데 앞으로는 그걸로 연락하도록 하세요. 절대 휴대전화 번호는 가족들에게도 알려 주지 마세요. 회사에서도 혜성전자 인수와 관련된 어떤 말도 하지 마세요. 모두 명심하셔야 합니다. 당분간은 매주 토요일 오전 11시에 찜질방에서 회의하겠습니다. 다른 약속 잡지 마시고, 어디로 갈지는 제가 당일 오전에 알려 드리겠습니다."

"저희야 괜찮은데 사장님께서 고생하셔서서 어쩌죠?"

윤태호의 목소리에는 걱정과 미안함이 묻어났다.

"제가 유일하게 노출되지 않았으니 그게 우리의 강점입니다. 끝까지 노출되면 안 됩니다. 아시겠죠?"

영준은 여느 때와 달리 비장한 표정이었다.

회의를 마칠 때가 되자 어느덧 밖에는 서서히 어두움이 깔리기 시작했다. 강 대표는 영준의 차를 타고 다시 메리어트 호텔로 돌아갔고, 김준석은 윤태호와 함께 술을 한 잔 하기 위해 차와 기사를 먼저 집으로 보냈다.

"형님! 이제 제 마음이 아주 편합니다."

"웬일이냐? 회사 일이라면 걱정을 달고 다니면서?"

"오늘 하루에 우리 회사가 번 돈이 380억이 되는 거 모르셨어요? 오늘 같은 날 축배를 들었어야 하는데 말이에요."

"너, 사장님 고생하시는데, 그런 내색 절대 하지 마! 알았어?"

"어휴! 형님은 제가 그렇게 눈치 없이 행동하겠어요? 암튼 이 게임은 져도 이기는 겁니다. 승패를 떠나서 무조건 우리는 득이라고요."

옆에서 신이 난 김준석과 달리 윤태호는 계속 창밖을 응시했다.

"김변……."

"예, 형님."

"우리 사장님 말이야. 왜 이렇게 혜성전자에 집착하실까?"

"워낙 승부욕이 강한 분이니, 덩치 큰 재벌과 한번 붙어 보고 싶은 게 아닐까요? 이번 일은 다윗과 골리앗의 싸움에 견줄 만하죠. 앞으로 우리 회사의 위상은 한층 높아질 거예요. '골리앗을 이긴 다윗, 니코스홀딩스'라, 생각만 해도 멋진데요! 그런 면에선 사장님이 약은 거죠."

"그렇게 단순하기만 하면 맘이 훨씬 편하지. 헌데 굳이 사장님이 창원까지 내려가서 그 고생을 하실 이유가 있을까?"

"아휴, 형님! 우리 사장님 괴짜인 건 형님도 잘 아시잖아요?"

윤태호는 눈을 감았다. 영준을 이해하고 싶었지만, 영준과의 사이에 건너기 힘든 큰 강이 버티고 있는 것 같았다. 눈을 감은 채 혜성전자를 인수하기로 맘먹은 후부터 지금까지의 일들을 되돌아보았다. 영준의 말과 행동, 표정 하나하나가 떠올랐다. 이 일에 사활을 걸고 달려드는 사람 같았다. 그 알 수 없는 신념이 무서울 정도였다.

손님들을 떠나보낸 영준은 집으로 들어가지 않고 공원으로 향했다. 볼품없는 겨울나무들이 앙상한 가지만 자랑하고 있었다. 그래서 인지 오늘따라 공원이 무척 넓고 쓸쓸해 보였다. 영준은 어둠이 완전히 내려앉은 공원 벤치에 홀로 앉아 긴 한숨을 내쉬고 있었다. 언덕 아래, 반짝이는 수십만 개의 불빛은 여전히 아름다웠다.

지난 세월은 영준을 자본가의 대열에 올려놓았지만, 공원에 나와 혼자 있기는 14년 전이나 지금이나 다를 바가 없었다. 노력만 하면 당장 뭔가를 이룰 수 있다고 생각하고 흘려보낸 세월이 덧없이 느껴졌다.

'미안해, 주연아! 내가 너무 못나서 이제야 널 찾는구나.'

긴 시간을 보내고 이제 겨우 그녀를 위한 전쟁을 시작하려는 영준이었다. 영준은 너무 늦은 게 아닐까 하는 초조함과 미안함에 고개를 들지 못했다.

영준은 주연을 지키지 못했던 그날 밤이 떠올라 밤하늘을 차마 올려다볼 수 없었다.

그린메일 1

초판 1쇄 발행 | 2008년 4월 10일
초판 2쇄 발행 | 2015년 1월 20일

지은이 | 조주환

책임편집 | 정인화
디자인 | 최선영·전지은

펴낸곳 | 바다출판사
펴낸이 | 김인호
주소 | 서울시 마포구 어울마당로 5길 17 (서교동, 5층)
전화 | 322-3885(편집부), 322-3575(마케팅)
팩스 | 322-3858
E-mail | badabooks@daum.net
홈페이지 | www.badabooks.co.kr
출판등록일 | 1996년 5월 8일
등록번호 | 제10-1288호

ISBN | 978-89-5561-432-9 04320
      978-89-5561-434-3 04320(전2권)